Widmung

Für Ari Rath,
der 1938 Österreich verlassen musste
und 14 Jahre lang Chefredakteur
der „Jerusalem Post" war

Unfassbare Wunder

Gespräche mit Holocaust-Überlebenden in Deutschland, Österreich und Israel

Alexandra Föderl-Schmid
Konrad Rufus Müller

Böhlau Verlag
Wien Köln Weimar

Danksagung

Für die Vermittlung von Gesprächen
möchten wir besonders
Hella Goldfein und Josi Girsch sowie
Johannes Strasser danken.

Alexandra Föderl-Schmid

Ich bedanke mich für tatkräftige Hilfe
bei meinen Freunden Carmen,
Lars, Jasmin, Thomas und Hannes.

Konrad Rufus Müller

„Ein politisches Testament, eine aufrüttelnde Botschaft an die Gesellschaft."

Heribert Prantl im Gespräch
mit Alexandra Föderl-Schmid
und Konrad Rufus Müller

Prantl: Sie haben 25 Überlebende porträtiert, der Jüngste ist 74, der Älteste 105 Jahre alt. Darunter ist auch Charlotte Knobloch, die Präsidentin der Israelitischen Kultusgemeinde München und Oberbayern. Besonders beeindruckt hat mich ein Satz von ihr: dass sie nicht weiß, ob es in 10 Jahren noch jüdisches Leben gibt in Deutschland. Ich habe Charlotte Knobloch immer als sehr zuversichtlich erlebt, was das Miteinander der Religionen betrifft. Ihr Pessimismus überrascht mich. Zieht er sich durch bei den Porträtierten?

Föderl-Schmid: Ja, fast alle blicken pessimistisch in die Zukunft. Das Spannende an diesem Projekt war, dass wir Menschen in Deutschland, Österreich und Israel getroffen haben mit vielen gemeinsamen Erfahrungen während der Nazizeit. Das hat ihren Blick auf Ereignisse in der Gegenwart geschärft. Sie haben unterschiedliche Perspektiven, abhängig von dem Land, in dem sie leben. Aber alle registrieren sehr genau, worüber berichtet wird: immer mehr antisemitische Vorfälle in Deutschland und die Regierungsbeteiligung der FPÖ in Österreich. Das löst bei den Überlebenden der Shoah vieles aus.

Müller: Ich habe mich mein ganzes Leben für dieses Thema interessiert. Ich komme aus einem katholischen Elternhaus mit starken Bezügen zu jüdischen Freunden meiner Eltern. Mein Vater war Geschäftsführer in einem Tuchladen in Berlin, die Kunden waren fast alle Nazis. Der Eigentümer ist dann Ende der Dreißigerjahre emigriert und die Nazis haben dann meinem Vater das Geschäft angeboten und er hat das abgelehnt. Das werde ich ihm nie vergessen. Der Religionslehrer meiner Mutter war Clemens August Graf von Galen.

Prantl: Bevor er der „Löwe von Münster", der große Bischof und Kardinal geworden ist, der öffentlich gegen die von den Nazis so genannte „Vernichtung unwerten Lebens" aufgetreten ist.

Müller: Meine früheste Erfahrung, was die Judenvernichtung angeht, war, dass mir mein Vater ein Buch geschenkt hat, das 1947 erschienen ist: „Der SS-Staat". Da war ich 8 Jahre alt. Mich hatten auch Berliner Jesuiten sehr früh in diese unglaubliche Geschichte eingeweiht. Als ich ein Porträt von Alexandra über eine Holocaust-Überlebende gelesen hatte, habe ich ihr geschrieben und sie gefragt: „Warum machen wir nicht ein Buch zusammen?" Sie hat sofort zugesagt.

Prantl: Was ich spannend und erschütternd finde, ist diese umfassende Skepsis, die alle Porträtierten äußern. Kurz vor unserem Gespräch habe ich bei einer Veranstaltung Frau Knobloch gefragt: „Nehmen wir an, sie wären bayerische Innenministerin: Was würden sie machen in Bezug auf die AfD?" Ihre Antwort war: „Verbieten!" Mir scheint, dieser Wunsch, etwas zu tun, ist sehr ausgeprägt. Ist das bei den anderen Ihrer Gesprächspartner auch so zum Ausdruck gekommen?

Müller: Es gab manche, die gesagt haben: Wir sind ja nicht mehr die zukünftigen Opfer. Wir sind zu wenige.

Föderl-Schmid: Es sind im Moment stärker andere Gruppen im Visier. Aber diese Angst, dass so etwas oder so etwas Ähnliches wieder passiert, ist bei allen da. Und es gibt diesen starken Wunsch, diese Entwicklung stoppen zu können. Etwas, was manche damals versäumt haben, die gedacht haben: Uns kann nichts passieren. Der Vater ist für den Fronteinsatz im Ersten Weltkrieg ausgezeichnet worden, wir werden verschont. Das war dann nicht so. Weil viele damals die Zeichen der Zeit nicht erkannt haben, haben Überlebende jetzt das Gefühl, sie müssen etwas machen: aufschreien, eingreifen, aufmerksam machen.

Prantl: Antisemitismus ist nicht etwas völlig Neues. Wir hatten das Attentat auf die israelische Mannschaft bei den Olympischen Spielen in München 1972, es gab das Attentat auf den jüdischen Verleger Shlomo Lewin in Erlangen 1980. Es gab schon vor Jahrzehnten Angriffe auf Juden, bevor noch Migranten attackiert wurden. Ist das Gefühl der Bedrohung noch gestiegen?

Föderl-Schmid: Ja. Weil viele nun eine Bedrohung von zwei Seiten sehen: Es gibt den Antisemitismus, der immer schon da war. In Österreich ist dieser braune Bodensatz noch viel stärker vorhanden. Und jetzt kommt ihrer Wahrnehmung nach durch den verstärkten Zuzug noch der Antisemitismus von Muslimen dazu. Einer hat es so formuliert: Das führt zu einer Gemengelage, aus der eine neue Art von

Holocaust entstehen kann. Der Historiker Timothy Snyder vertritt diese These auch in seinem Buch „Black Earth".

Prantl: Es gibt die ganz furchtbaren Äußerungen von Alexander Gauland von der AfD, der sagt, der Holocaust sei „nur ein Vogelschiss" in der langen deutschen Geschichte. Ich habe mich gefragt: Ist das etwas Neues? Dann ist mir ein Satz von Franz Josef Strauß aus den Sechzigerjahren eingefallen. Er hat gesagt, ein Volk, das solche Leistungen beim deutschen Wiederaufbau gezeigt habe, habe ein Recht, von Auschwitz nichts mehr hören zu wollen. Diese Flucht vor der Vergangenheit, aber gleichzeitig auch die Wattierung der Vergangenheit hat die Nachkriegszeit begleitet.

Müller: Herr Strauß war offiziell nie im KZ Dachau. Der erste Ministerpräsident, der dort war, war Edmund Stoiber. Das liegt direkt vor der Haustür. Gibt es dafür eine Erklärung?

Prantl: Ich glaube schon, dass es das Bestreben war, das umzusetzen, was Franz Josef Strauß gesagt hat: Es darf rechts von der CSU keine demokratisch legitimierte Partei geben. Dieses Spiel mit dem Antisemitismus gehört, so glaube ich, schon mit dazu. Beim Olympiaattentat hat Strauß stets die Einzeltätertheorie vertreten. Wenn es ein Attentat gab wie beim Oktoberfest und die Kundigen auf die Wehrsportgruppe Hoffmann verwiesen, eine neonazistische paramilitärische Vereinigung, die erst 1980 verboten wurde, haben die bayerischen Sicherheitsbehörden gesagt: Einzeltäter! Dann gab es, Jahrzehnte später, die neonazistische Terrorbande NSU, Nationalsozialistischer Untergrund: zehn Morde, zwei Bombenanschläge, zahlreiche Raubüberfälle. Wieder gingen die Ermittler jahrelang von Einzeltätern aus, der fremdenfeindliche Hintergrund der Taten wurde nicht ins Kalkül gezogen. Trotz alledem wurde vonseiten nichtjüdischer Deutscher immer ziemlich stolz auf die deutsche Aufarbeitung der Vergangenheit verwiesen. Wie beurteilen die von Ihnen Befragten das?

Müller: Sie machen zumindest Unterschiede in der Aufarbeitung zwischen Österreich und Deutschland aus.

Prantl: Also, Deutschland war besser?

Föderl-Schmid: Ja, genau. Aber einer, der jetzt in Israel lebt, hat folgende Worte regelrecht geschrien: Es gibt keine Wiedergutmachung! Das kann es gar nicht geben für sechs Millionen Ermordete!

Prantl: Wiedergutmachung ist ein komisches Wort.

Müller: Und einer hat gesagt: Niemals vergeben!

Föderl-Schmid: Deshalb bereitet vielen die AfD oder FPÖ Sorgen: Denn das ist die heutige Generation, nicht die damaligen Täter. Wie Frau Knobloch sagt: Im Parteiprogramm stehen Passagen, die jüdisches Leben in Deutschland bedrohen.

Prantl: Früher gab es in Deutschland auch schon die so genannten Republikaner, die NPD und die DVU.

Föderl-Schmid: Aber die waren keine relevante Größe im Vergleich zur AfD. Und die FPÖ ist in Österreich in der Regierung.

Prantl: Die deutschen Innenminister hatten den Versuch betrieben, vom Bundesverfassungsgericht die NPD verbieten zu lassen. Bei der NPD hat man gesagt, wegen des grassierenden Antisemitismus in ihrem Programm müsste man sie eigentlich verbieten, aber sie habe nicht die nötige Potenzialität. So fragt man sich jetzt, und da verstehe ich den Zorn von Charlotte Knobloch und anderen, warum geschieht jetzt nichts? Die AfD hat die Potenzialität, sie sitzt inzwischen in allen 16 Landtagen.

Föderl-Schmid: Und die AfD hat auch eine öffentliche Bühne. Es passieren ständig Tabubrüche nach dem Motto: Man wird doch noch einmal etwas sagen dürfen – etwa das mit dem Vogelschiss.

Müller: Gauland hat in dem Satz mit dem Vogelschiss noch dazu von der „tausendjährigen Geschichte" gesprochen. Das fand ich besonders perfide.

Prantl: Betrachten wir die Jahrzehnte der so genannten Vergangenheitsbewältigung, schauen wir auf die Auschwitz-Prozesse, die von Generalstaatsanwalt Fritz Bauer betrieben wurden. Er war Jude und bei mir hat ein Satz von ihm immer Gänsehaut ausgelöst: „Wenn ich mein Dienstzimmer verlasse, bin ich in Feindesland." Bauer hat die Auschwitz-Prozesse als pädagogischen Prozess bezeichnet und die Pläne von Auschwitz an die Wand des Gerichtssaals gehängt. Es war ein Einschnitt in der deutschen Nachkriegsgeschichte. Und es gab den Kniefall Willy

Brandts vor dem Ghettomahnmal in Warschau. Und es gab das Verjährungsaufhebungsgesetz und schließlich das Holocaust-Mahnmal in Berlin. Es gab auch den Film „Schindlers Liste" mit einer gewissen Popularisierung der so genannten Vergangenheitsbewältigung. Es gab also schon wichtige Etappen. Aber die Befragten haben das Gefühl, das sei oberflächlich?

Föderl-Schmid: Es wird schon konzediert, dass von offizieller Seite etwas getan wurde. Auch dass zumindest Deutschland finanziell viel geleistet hat. Aber viele Juden, die in Deutschland leben, haben dennoch Schwierigkeiten, sich als Deutsche zu bezeichnen. Einer sagte: Ich habe kein Problem, mich als Bayer oder Münchner zu bezeichnen. Diesen Zwiespalt erleben auch Juden, die in Israel leben. Einer hat gesagt: Ich habe Freunde in Deutschland, fahre hierher auf Urlaub, aber ich habe trotzdem noch immer ein ungutes Gefühl dabei und ein schlechtes Gewissen.

Prantl: Diejenigen, die geblieben sind wie Charlotte Knobloch, müssen sich ja häufig von denen, die nach Israel gingen, mit bitterer Kritik fragen lassen: Warum seid ihr eigentlich geblieben im Land der Täter?

Föderl-Schmid: Wir haben auch welche getroffen, die hier nicht einmal Wurzeln hatten, sondern aus der Slowakei gekommen und auf der Durchreise nach Amerika in Deutschland hängen geblieben sind. Von denen kam oft der Satz: Wir wollten nicht bleiben. Und sie fühlen diesen Rechtfertigungsdruck noch stärker, denn sie sind ja erst nach der Shoah nach Deutschland gekommen.

Prantl: Charlotte Knobloch erzählt, sie habe stets einen gepackten Koffer in ihrer Wohnung gehabt. Erst als in München das Jüdische Zentrum eröffnet worden ist, das wie ein architektonisches Wunder dasteht, habe sie sich entschlossen, den Koffer auszupacken. Sie habe nun das Gefühl gehabt, sie könne hierbleiben. Was ist eigentlich für die Überlebenden Heimat?

Müller: Es gibt ein Ehepaar, das 4 Jahre jünger ist als ich und aus der Slowakei nach Deutschland gekommen ist. Beide haben mir den Eindruck vermittelt, dass sie sehr gerne in München leben. Ihre Nachbarn haben sie nie spüren lassen, dass sie

jüdisch sind, sie haben keine negativen Erfahrungen. Sie fühlen sich total wohl hier.

Prantl: Das hört man auch von jungen Israelis, die gerne in Berlin sind. Es gibt aber auch den manifesten Antisemitismus dort, der Juden auf der Straße attackiert. Trotz dieser massiven Übergriffe scheint die Hauptstadt des Täterlandes ein attraktives Ziel zu sein.

Föderl-Schmid: Viele Israelis interessieren sich nicht mehr so sehr für diese Geschichte, sie sind vor allem an billigem Wohnraum und an Jobmöglichkeiten interessiert. Großeltern, die zurückbleiben, haben aber Schwierigkeiten damit, wenn ihre Enkel nach Deutschland ziehen.

Prantl: Mit welchem Blick schauen die Überlebenden auf Deutschland und Österreich, wenn dort Aufklärung, Antirassismus und Minderheitenschutz immer mehr gefährdet sind?

Föderl-Schmid: Manche reden sich diese Entwicklungen schön, nach dem Motto: Jetzt hab ich endlich Frieden geschlossen.

Müller: Manche sagen, es ist doch nicht so schlimm. Und die Landschaft ist schön.

Föderl-Schmid: Andere befürchten das Schlimmste und sagen: Bin ich froh, dass ich nicht mehr mitbekomme, wie sich das weiterentwickelt, etwa nach der Regierungsbeteiligung der FPÖ.

Prantl: In Europa wird der radikale Populismus immer stärker, nicht nur wenn man nach Ungarn, Polen und Italien blickt. Auch in Israel gibt es mit Benjamin Netanjahu jemanden, der schon länger eine rechtspopulistische Regierung führt. Wie sehen die Überlebenden diese Entwicklung?

Föderl-Schmid: Sehr kritisch. Sowohl in ihrem eigenen Land, das ist Israel, als auch in jenen Staaten, aus denen sie kommen. Alle sind politisch höchst interessiert und informiert. Und besorgt. Das ist auch Ari Rath so gegangen, dem langjährigen Chefredakteur der „Jerusalem Post", der mit 13 Jahren Wien verlassen musste und seine letzten Lebensjahre wieder in Österreich verbracht hat. Er war besorgt über die Entwicklungen in beiden Ländern. Ihm haben wir übrigens das Buch gewidmet.

Müller: Viele in Israel sind auch entsetzlich einsam.

Prantl: Ignatz Bubis, der langjährige Vorsitzende

des Zentralrats der Juden in Deutschland, war am Ende seines Lebens erstaunlich pessimistisch. Ich bin damals auch erschrocken. Charlotte Knobloch hat mir erzählt, sie habe ihn in seinen letzten Lebenstagen angerufen und ihm gesagt: „Ignatz, du bist doch so erstaunlich erfolgreich gewesen." Aber er wollte das nicht mehr spüren. Jetzt scheint Knobloch ähnlich düster gestimmt zu sein. Sieht man diese Düsternis in den Porträts?

Müller: Die Einsamkeit und die Trauer sind ganz signifikant, das sieht man auch an meinen Bildern. Selbst bei jemandem, der Chef eines Kabaretts war, erkennt man diese unendliche Traurigkeit.

Prantl: Als jemand, der in den Gesichtern liest: Sieht man die Trauer in den Gesichtern?

Müller: Ja, ich bin ein Hautfotograf. Der Mensch hat mindestens zwei Möglichkeiten der expressiven Ansprache: sein Gesicht und seine Hände. Schmerz, Trauer, Freude. Das vermittelt er mit seinem Gesicht. Was die Hände der von mir Portraitierten erlitten haben, muss ich nicht beschreiben. Das alles wird sehr real, wenn man diesen Menschen begegnet und sie in den Arm nehmen darf.

Prantl: Wenn Überlebende erzählen, was sie in der Reichspogromnacht gemacht haben, wie sie an der Hand des Vaters durch München gelaufen sind – ich kriege dann eine gewisse Scheu, ich mag dann nicht mehr weiter bohrend neugierig nachfragen. Weil es so existenziell ist, weil so viel Schmerz damit verbunden ist. Gibt es diese Scheu auch bei Ihnen?

Müller: Ich wahre hochachtungsvolle Distanz, obwohl die Nähe da ist. Als mich Francois Mitterrand gefragt hat, was ich von ihm möchte, habe ich gesagt: „Ich möchte Ihnen nahe sein, ohne indiskret zu sein." Oder hast du das Gefühl, dass die Bilder, die ich mache, indiskret sind?

Föderl-Schmid: Nein. Ich muss mich auch manchmal überwinden, nachzufragen. Vor allem, wenn ich merke, es tut dem anderen weh, darüber zu sprechen. Und ich erlebe das Gespräch noch einmal, wenn ich es abtippe, und noch einmal, wenn ich den Text schreibe. Manche Sätze haben so eine Wucht, dass sie mich im Schlaf verfolgen. In dem Text stehen die Zitate im Mittelpunkt. Wie die Menschen aus-

schauen, brauche ich nicht zu beschreiben, denn das bringt Konrad mit seinen Bildern viel besser zum Ausdruck. Es sind so starke, eindringliche Bilder!

Prantl: Sie beschäftigen sich schon länger mit dem Holocaust. Hat die Arbeit an dem Buch Ihren Blick noch einmal verändert?

Müller: Das hat das Ganze potenziert. All das, was ich theoretisch wusste, habe ich haptisch erfahren können. Ich finde es ganz großartig, dass Alexandra das den Leuten überlässt, sich in meine Bilder zu vertiefen. Sie hat mir nichts weggenommen und nicht versucht zu erklären, wie diese Leute aussehen. Es ist eine Form von Zurückgenommenheit.

Föderl-Schmid: Für mich geht es darum, diesen Menschen auf die bestmögliche Art gerecht zu werden, die uns ihre persönliche Geschichte anvertraut haben und ihre Einschätzungen. Wir durften ihnen sehr nahe kommen. Bild und Text sind auf der gleichen Ebene.

Prantl: Der Journalist ist eigentlich tendenziell eitel. Insofern ist es schon etwas Besonderes, was Müller sagt – wenn man den Fotokünstler einfach machen lässt, nicht ins Bild eingreift und nicht seine eigenen Journalisten-Worte nimmt, um zu beschreiben, was da fotografiert wurde.

Müller: Ich finde, das Höchste, was man erzielen kann, ist, dass man etwas zustande bringt, was gleichwertig ist. Mir hätte man ohnehin nicht zugetraut, dass ich so ein Buch mache. Ich werde oft verschrien als der Diener der Macht, der Hinkriecher. Für mich schließt sich der Kreis vom Buch von Eugen Kogon, das ich 1948 zu lesen bekommen habe, bis zu diesem Buch 2018. Es wird vermutlich kein weiteres Buch mehr kommen für mich.

Föderl-Schmid: Was zwischen uns beiden ein Unterschied war: Ich kenne einige Menschen, die die Shoah erlebt haben, schon länger und näher. Und für dich war es eine neue Erfahrung. Du hast zum Beispiel noch nie eine Auschwitz-Nummer gesehen.

Müller: Es war eine unmittelbare Erfahrung, auch eine visuelle und haptische Erfahrung. Alexandra kannte einige schon länger und hat sie vorher schon besucht. Für mich waren all das Menschen, die ich noch nie vorher gesehen habe. Meist habe ich sie mir angeschaut, während Alexandra mit ihnen gesprochen hat. Ich musste dann in dieser kurzen Zeit versuchen, diesen Menschen zu erfassen. Nicht nur die Haut. Das ist etwas, das nicht so viele Menschen, die fotografieren, können. Das Gespräch hat länger gedauert, aber für die Porträts habe ich nur wenige Minuten gebraucht.

Prantl: Für den Künstler dauert also das eigentliche Fotografieren nur eine kurze Zeit, aber das eigentliche Erfassen des Fotografierten, die Vorarbeit, viel länger.

Müller: Das ist eine große Gabe, die ich mitbekommen habe. Ich weiß nach diesem halben Jahrhundert, seitdem ich arbeite, dass ich in Menschen lesen kann.

Prantl: Mich hat immer wieder beschäftigt, dass es Zeitzeugen sind, die gesprochen haben. Und ich habe mich gefragt, ob diese Zeitzeugen sich fragen, was mit ihrer Erinnerung passiert, wenn sie nicht mehr da sind.

Föderl-Schmid: Das beschäftigt sehr viele. Für manche war es eine Motivation, bei dem Projekt mitzumachen. Eine Frau hat ihre Geschichte noch nie erzählt, auch nicht, als die Gedenkstätte Yad Vashem in Jerusalem sie darum gebeten hat. Andere wollten sich lange Zeit nicht mit dem Thema beschäftigen und tun dies jetzt erst im Alter. Und eine Frau hat sich zwar fotografieren lassen, aber sie wollte nicht über diese Zeit reden. Für viele ist diese Wunde einfach noch nicht verheilt.

Prantl: Wenn die Wunde noch nicht verheilt ist, warum ist der Titel des Buches dann „Unfassbare Wunder"?

Föderl-Schmid: Viele haben gesagt, es ist eigentlich unfassbar, dass wir überlebt haben. Ein Wunder! Immer wieder kamen Szenen wie diese: Ich sollte abgeholt werden und habe es geschafft zu entkommen. Dieses Staunen hält bei vielen an. Und viele haben den Begriff Wunder verwendet, manche auch Glück.

Müller: Das ist auch eine Darstellung von Lebenskraft. Eigentlich kann man nicht verarbeiten, was diese Menschen erlebt haben. Dass sie so stark geworden sind dadurch. Sie sind hell und wach im Alter von 90, 95 Jahren. Sie sind so gestärkt aus ihrem Schicksal hervorgegangen, das kann man kaum glauben.

Prantl: Das heißt, das Überleben hält wach?

Müller: Ja, vor allem geistig.

Föderl-Schmid: Und viele sehen es auch als Verpflichtung an, gerade jetzt etwas zu sagen, noch einmal zu warnen mit all der erlebten Erfahrung im Hinterkopf. Vor der AfD, vor der FPÖ, die in Österreich in der Regierung sitzt.

Prantl: Bert Brecht hat in „Der aufhaltsame Aufstieg des Arturo Ui" geschrieben: „Der Schoß ist fruchtbar noch, aus dem das kroch." Und weil diese Menschen spüren, dass der Schoß noch fruchtbar ist, wollen sie reden. Was sie gemacht haben, ist also auch eine Art Protokollierung eines Testaments?

Müller: Ja, das ist es. Wir publizieren ein Testament dieser Menschen.

Föderl-Schmid: Es ist auch ein Weckruf. Der Holocaust ist nicht nur Geschichte, sondern Warnung. Die Überlebenden wollen nicht nur ihre eigene Geschichte noch einmal erzählen und aufgeschrieben wissen, sondern auch warnen angesichts dessen, was sie erlebt haben.

Prantl: Es ist also ein politisches Testament, eine aufrüttelnde Botschaft an die Gesellschaft.

Heribert Prantl war vor seiner journalistischen Karriere Richter und Staatsanwalt. Seit 1988 arbeitet er bei der „Süddeutschen Zeitung" und ist Mitglied der Chefredaktion.

Alexandra Föderl-Schmid ist eine Journalistin aus Österreich. Sie war Chefredakteurin und auch Co-Herausgeberin der Tageszeitung „Der Standard" und ist jetzt Korrespondentin der „Süddeutschen Zeitung" in Israel.

Konrad Rufus Müller ist der Fotograf der deutschen Kanzler, der Mächtigen der Politik, der außergewöhnlichen Menschen und starken Persönlichkeiten. Seine Arbeiten wurden in zahllosen Magazinen und in inzwischen 25 Bildbänden publiziert.

„In den Kreisen, in denen wir uns bewegen, erleben wir den Antisemitismus nicht, woanders gibt es ihn aber sehr wohl."

Marianna und Ivan Bergida wurden 1943 in der heutigen Slowakei geboren, Marianna in Kosice, Ivan in Humenne. Marianna wurde vom Kindermädchen aus dem Lager gerettet, Ivan überlebte bis zur Befreiung versteckt im Wald. Beide leben seit 1968 in München.

Ihre Lebensgeschichten verschmelzen ineinander, so wie die Blicke, die sie immer wieder austauschen. Die beiden erzählen auch Bruchstücke aus dem Leben des anderen, denn sie kennen einander von Kindesalter an. Mit ihren Familien haben sie als Juden nicht nur unter den Nazis gelitten, sondern auch Antisemitismus in der kommunistischen Tschechoslowakei erfahren. Dass sie sich nach ihrer Ausreise 1968 ausgerechnet in Deutschland dauerhaft niederlassen würden, war nicht geplant. „Schon den Klang der deutschen Sprache habe ich als Bedrohung empfunden", bekennt Marianna.

Dass Marianna überhaupt noch lebt, hat sie ihrem Kindermädchen Elisabeth zu verdanken. Vier Monate nach ihrer Geburt wurde ihre gesamte Verwandtschaft im Frühjahr 1944 deportiert: Gemeinsam mit ihrer Mutter und der damals 6-jährigen Schwester kam sie in ein Sammellager. Weil der Vater aus der deutschen Enklave in der Slowakei stammte und auch mit den Großeltern nur Deutsch gesprochen wurde, suchten die Eltern „ein deutsches Fräulein". Elisabeth kam auch aus der deutschen Enklave in der Slowakei und kümmerte sich um Mariannas Schwester. Dann wollte sie wegen der Kriegswirren eigentlich nach Hause zu ihrer Familie. Elisabeth ließ sich aber erweichen zu bleiben, als sie hörte, dass Mariannas Mutter erneut schwanger war.

Im Frühjahr 1944 wurde die Stadt Kosice, die damals zu Ungarn gehörte, von Deutschen besetzt. Ihr Vater wurde zusammen mit seinem Vater und einigen jüdischen Persönlichkeiten der Stadt als Geiseln festgenommen.

Kurze Zeit danach wurden dann Tausende Juden von Kosice in einer Ziegelfabrik für den späteren Transport nach Auschwitz gesammelt. Das Kindermädchen durfte aber in das Lager hinein und brachte in einem großen Korb Essen für die Familie mit. „Und in diesem Korb hat sie mich rausgeschmuggelt. Sie wollte unter dem Mantel auch meine Schwester mitnehmen, aber meine Mutter und meine Schwester haben geweint. Meine Mutter hat gemeint, meine

Schwester sei stark genug, sie schaffe das! Sie haben gedacht, sie kommen irgendwohin zum Arbeiten."

Sie kamen aber direkt nach Auschwitz und von der Rampe nach der Ankunft direkt in die Gaskammern. Vor allem Mütter mit Kindern sind gleich vergast worden: „Elisabeth hat später immer gesagt, hätte sie die Judith mitnehmen können, wäre vielleicht auch meine Mutter noch zurückgekommen. Aber alle, Großeltern, Tanten, Onkeln, Cousins und Cousinen, sind vergast worden." Überlebt haben nur ein 14-jähriger Cousin, der auf sich alleine gestellt versteckt in Budapest gelebt hat, und eine Cousine, die im KZ Bergen-Belsen als 12-Jährige überlebte. „Wir haben uns erst in den Achtzigerjahren gefunden", sagt Marianna.

Von ihrer Mutter habe Elisabeth einen Zettel mit einer Adresse in Budapest bekommen, es war eine christliche Familie. „Weil ich ständig geweint habe, haben sie aber Angst gehabt, dass die Nachbarn Fragen stellen. Und sie haben uns weggeschickt."

40 Kilometer ist Elisabeth gelaufen, wie sie später Marianna erzählt hat, es seien Bomben gefallen. Mit dem Kind sei sie dann auf einer Brücke stehen geblieben, von dort aus habe sie jemand aus einem nahe stehenden Haus hereingerufen. „Wir hatten Glück. Wir konnten bleiben. Elisabeth hat nicht verraten, dass ich ein jüdisches Kind bin. Sie hat dann im Haushalt geholfen. Ich war 4 Monate, als ich dorthin kam, und knapp 3 Jahre, als mein Vater uns abgeholt hat. Dort haben wir überlebt."

Der Vater ist vom Gefängnis aus direkt in das KZ Auschwitz-Birkenau gebracht worden. Er war eigentlich promovierter Chemiker, hat aber angegeben, dass er Straßenbauer sei in der Annahme, die werden eher gebraucht. Denn nur wer arbeitsfähig war, hatte eine Überlebenschance in Auschwitz. Mariannas Vater gehörte zu den so genannten „Depot-Juden". Das waren arbeitsfähige Juden aus Massentransporten, die in Auschwitz zum Weitertransport in andere Lager vorgesehen waren. Mariannas Vater kam ins KZ Mauthausen und wurde schließlich 1945

Vorige Seite: Marianna Bergida mit einem Bild ihrer Großmutter Sara Friedrich.

im Außenlager Ebensee befreit. Zeit seines Lebens begleitete ihn ein Messer, das er damals von einem Amerikaner geschenkt bekommen hat.

Nach seiner Rückkehr nach Kosice hat er sich beim Roten Kreuz gemeldet, auch das Kindermädchen hat eine Suchmeldung abgegeben. „Ich war schon fast 3 Jahre alt, als er mich in Albertirsa abgeholt hat." Dabei habe ihr Vater alles vorausgesehen vor dem Krieg. Während seines Chemiestudiums in Frankfurt am Main habe er Hitlers „Mein Kampf" gelesen. „Er hat mitbekommen, was sich in Deutschland so getan hat. Er wollte auswandern und hat versucht, die ganze Familie zu überreden. Er wollte nach Palästina. Meine Großeltern haben aber gesagt, sie seien schon alt. Meine Mutter wollte nicht ohne Eltern gehen. Dann sind sie geblieben", erzählt Marianna.

Ivans Eltern lebten in dem kleinen Ort Snina im Osten der Slowakei. Der Vater und zwei Brüder waren Schneider. Weil sie auch die Uniformen für die Polizei genäht haben, hielt der Polizeichef seine schützende Hand über die Familie. Er empfahl ihnen, in die größere Stadt Humenne umzuziehen, weil er sie dort besser schützen konnte. Dort kam Ivan im Februar 1943 zur Welt.

Mit der herannahenden Front mussten die in der Ostslowakei verbliebenen Juden Richtung Westen ziehen. Im August 1944 brach der slowakische National-aufstand aus. Die vom slowakischen Widerstand und Teilen des Militärs organisierte Erhebung war neben dem Warschauer Aufstand die größte Aktion gegen das nationalsozialistische System in Osteuropa. Als die Deutschen den Aufstand niedergeschlagen hatten und die Slowakei besetzten, suchten Juden in den Wäldern Schutz. „Vom Spätsommer 1944 bis zur Befreiung waren sie dort versteckt. In Hütten und Erdlöchern", berichtet Ivan über das Schicksal seiner Familie und vieler Verwandter.

Es war ein langer, harter Winter. Gelebt wurde von dem, was der Wald hergab. So wurde mit Baum-rinde Tee gekocht. Ab und zu brachten auch Bauern

etwas zu essen vorbei. „Aber es gab auch Bauern, die den Deutschen gezeigt haben, wo sich Juden ver-steckt haben", weiß Ivan aus Erzählungen.

Da er selbst erst etwas über ein Jahr alt war, hat Ivan keine eigenen Erinnerungen daran. „Ich weiß nur Brocken von dem, was meine Eltern erzählt haben, wenn jemand ins Haus kam und einen Bezug dazu hatte. Sonst haben sie darüber geschwiegen." Seine Mutter habe einer Besucherin erzählt, wenn sie ge-wusst hätte, was auf sie zukomme, hätte sie vorher Schluss gemacht. „Darüber bin ich als Kind sehr erschrocken."

Von einer Gruppe von etwa 80 Leuten, die sich dort versteckt hielten, sollte schließlich nur seine Familie überleben. Als die Kampfhandlungen 1945 immer näher rückten, wollten alle über die Wälder der Niederen Tatra auf die russische und damit vermeintlich sichere Seite gelangen. Weil die Groß-mutter nicht mehr gehen konnte, blieben seine Eltern mit ihm bei ihr in diesem Versteck. Die anderen zogen los, fielen deutschen Soldaten in die Hände und wurden alle erschossen – darunter zwei Brüder des Vaters und die Ehefrau von einem. „Wir sind die einzigen, die überlebt haben", sagt Ivan.

Diese Monate im Versteck haben auch bei dem Kind Spuren hinterlassen. Er selbst habe mit etwas über einem Jahr schon gehen und etwas sprechen können. Nach den Monaten im Versteck, wo sich auch Kinder ruhig und still verhalten mussten, konnte er weder das eine noch das andere, berichtet Ivan. „Ich war geschwächt, aber sonst intakt."

Marianna ergänzt, dass sich die Großmutter zuerst schlecht gefühlt haben dürfte, weil die Familie wegen ihr zurückgeblieben sei. „Und am Ende haben sie genau deshalb überlebt. Unglaublich!"

Eine von Ivans Tanten war 3 Jahre in Auschwitz und hat überlebt, die andere Tante hat das mit ge-fälschten Papieren in der Slowakei geschafft. Die eine ist später nach Australien, die andere nach Israel aus-

gewandert. Seine Eltern seien wohl wegen der Großmutter in Kosice geblieben, mutmaßt Ivan. Er sei 15 Jahre alt gewesen, als sie gestorben ist. An die Großmutter kann sich auch Marianna noch erinnern. „Sie war sehr depressiv."

Marianna war 10 Jahre alt, als sie Ivan zum ersten Mal traf. Sie sollte eine seiner Schwestern bei einem Gesangsauftritt am Klavier begleiten. Sie waren auch in einer Klasse, aber erst nach dem Abitur, als Ivan für das Studium nach Prag zog, „hat es richtig begonnen" – ihre Beziehung startete mit einem ausgiebigen Briefwechsel, aus dem Liebe und eine lange Ehe wurde.

Dass die Familien der beiden jüdisch waren, das war in ihrer Umgebung bekannt. Denn ihre Väter hatten Funktionen in der Synagoge und der jüdischen Gemeinde inne. „Ich habe genug Antisemitismus miterlebt als Kind. Die anderen Kinder haben das gesagt, was sie zu Hause gehört haben. Die Slowaken haben keine Hemmungen gehabt, Juden als solche zu beschimpfen", sagt Ivan.

Für Mariannas Vaters, der zwar die Zeit in den Konzentrationslagern Auschwitz, Mauthausen und Ebensee überlebt hatte, blieb es nicht bei Beschimpfungen. Für ihn begann nach 1945 ein zweiter, jahrelanger Leidensweg. Er konnte zwar wieder mit seiner Tochter zusammenleben, aber nur für kurze Zeit. Er protestierte 1949 als Vorsitzender der jüdischen Gemeinde beim Chef der kommunistischen Partei, weil in Kosice einige der sechs Synagogen nach und nach beschlagnahmt wurden. Kurz darauf wurde er verhaftet. Er wurde während einer Geschäftsreise festgenommen und kam einfach nicht mehr nach Hause. Und wieder war es das Kindermädchen Elisabeth, die sich alleine um Marianna kümmerte.

Marianna war damals 6 Jahre alt. „Ich kann mich nur erinnern, dass plötzlich sehr viele Männer mit Hüten da waren und Geld gezählt haben, das sie aus der Fabrik meines Vaters geholt haben. Ich wusste damit nichts anzufangen. Es war oft so, dass ich als Kind etwas gesehen habe, ohne es zu verstehen und es war niemand da, um es mir zu erklären."

Die vom Großvater gegründete Chemiefabrik war ihrem Vater nach dem Krieg wieder zurückgegeben worden. „Dann hat man uns alles weggenommen. Teppiche, Radio, alles, was irgendeinen Wert hatte." In die große Wohnung wurde ein Ehepaar einquartiert, der Mann war vermutlich Geheimpolizist. Elisabeth und Marianna durften ein Zimmer und die Toilette benutzen. Zur Körperpflege mussten sie in die Waschküche im Dachgeschoß gehen.

Mariannas Vater wurde des Hochverrats beschuldigt. Zu dieser Zeit wurden Schauprozesse in der Tschechoslowakei geführt, die einen antisemitischen Hintergrund hatten. Der bekannteste war der so genannte Slansky-Prozess 1952 gegen 14 Mitglieder der kommunistischen Partei, darunter der Generalsekretär Rudolf Slansky. Elf der Angeklagten waren Juden, ihnen wurde eine trotzkistisch-zionistische Verschwörung vorgeworfen. Elf wurden nach dem Urteil gehängt, drei erhielten lebenslange Freiheitsstrafen.

Der Name ihres Vaters schallte aus den Lautsprechern, wenn Marianna in Kosice durch die Straßen ging. „Sie sagten, er sei ein Hochverräter und Zionist." Bekannte wechselten die Straßenseite, wenn sie das Mädchen erblickten, um nicht mit ihr gesehen zu werden. Auch in der Zeitung wurde über ihn geschrieben: „Ich habe mir damals als 6-Jährige überlegt, soll ich stolz sein oder ist es etwas Schlimmes?" 13 Monate saß er in Einzelhaft und wurde gefoltert, um ein Geständnis zu erzwingen. Er verlor auch das Erziehungsrecht.

Erst nach 3 Jahren gab es einen öffentlichen Prozess, bei dem Zeugen gezwungen wurden, gegen ihn auszusagen. Einer der Hauptzeugen hat auf Aufforderung ihres Vaters zugegeben, ihn nie getroffen zu haben, und seine Aussage zurückgezogen. Es gab keine Beweise und er hat kein Geständnis unterschrieben, so wurde er freigelassen.

Auf dem Foto, vermutlich aus dem Jahr 1925, sind Ivan Bergidas Großmutter Rezi und Großvater Michael Leopold Bergida vorne links zu sehen, sein Vater David hinten rechts im Kreise seiner Geschwister.

Aber er durfte nicht nach Hause, sondern musste in Prag bleiben. Nach einem Jahr wurde ihr Vater erneut verhaftet, für weitere 2 Jahre. Er musste in einem Uranbergwerk in Joachimstal arbeiten. „Er war insgesamt 6 Jahre weg und 5 Jahre davon im Gefängnis", erzählt Marianna.

Als er endlich nach Hause durfte, war seine Tochter bereits fast 13 Jahre alt. Mit ihm kamen auch wieder Teppiche und Porzellan zurück in die Wohnung. Um sein Heim musste er aber kämpfen, denn die einquartierten Bewohner wollten nicht weichen und warfen ihm Undankbarkeit vor, weil sie der Tochter und dem Kindermädchen immerhin ein Zimmer überlassen hätten.

Um das Sorgerecht wiederzubekommen, musste er ebenfalls vor Gericht kämpfen. Als Marianna dort gefragt wurde, ob er sich immer um sie gekümmert habe, habe sie geantwortet: „Natürlich!" Da habe der Vater zu weinen begonnen. „Denn er hat sich ja nicht kümmern können."

Marianna wurde später ein Studienplatz verwehrt, weil ihr Vater politischer Häftling gewesen ist. Als diese Entscheidung in der Schule vor dem Abitur getroffen wurde, war Ivan anwesend, denn er war zu dieser Zeit Vorsitzender der kommunistischen Jugend. „Aber ich hatte nichts zu sagen und nichts zu entscheiden dabei."

Aber gleich nach der Sitzung sei er zu ihr gekommen und habe sie informiert, erzählt Marianna. Auch ihre Klassenlehrerin habe diese Entscheidung bedauert und ihr geraten, dass sie zu einem neu gegründeten pädagogischen Institut gehen solle, wo Bewerber willkommen waren. Dort wurde sie aufgenommen und ist von den anderen Studierenden sogar zur Vorsitzenden der kommunistischen Jugendorganisation vorgeschlagen worden. „Als der Professor das gehört hat, ist er blass geworden, so weiß wie sein Sakko." Denn sie war als „schlechter Kader" eingetragen. Die Wahl wurde verschoben. Aber auch bei der späteren Wiederholung haben die Kommilitonen sie erneut vor-

geschlagen und gewählt. Marianna fand die Situation so witzig, dass sie die Wahl annahm und das Amt ein Jahr auch ausgeübt hat.

Zu Hause wurde über die schlimme Zeit nicht geredet. „Nie, kein Wort. Das Schlimmste war, er hat nie über seine Familie gesprochen. Und ich habe nicht gefragt. Ich habe keine Ahnung, wie meine Mutter war. Und das ist wirklich traurig", sagt Marianna. Ihr Vater betrieb dann seine legale Ausreise. Die Genehmigung bekam er 1965 auch deshalb, weil er rehabilitiert wurde und ihm eigentlich vom Staat eine Entschädigung für 5 Jahre Haft zugestanden wäre. „Er wollte kein Geld, sondern lieber seinen Pass. So kam er raus."

Als Mariannas Vater in Deutschland ankam, war er schon 63 Jahre alt. Der ehemalige Fabrikbesitzer war gezwungen, sich um Jobs zu bewerben. Weil er als Chemiker in einer Firma ein Problem lösen konnte, an dem andere vorher gescheitert waren, bekam er die Stelle und blieb in Düsseldorf. Die junge Familie wollte auch auswandern, aber es war nicht möglich. „Mein Vater meinte, er könnte uns über Jugoslawien rausholen. Ich wollte das nicht, denn ich hatte zu der Zeit schon ein Kind und wollte kein Risiko eingehen", berichtet Marianna.

Als der damalige Generalsekretär der kommunistischen Partei, Alexander Dubcek, im Frühjahr 1968 begann, seinen „Sozialismus mit menschlichem Antlitz" umzusetzen, gab es für kurze Zeit die Möglichkeit der legalen Auswanderung. Ivan, der Elektroniker war, durfte im Frühsommer 1968 Mariannas Vater besuchen und bewarb sich bei der Gelegenheit bei IBM. Es wurde ihm eine Stelle angeboten, wenn er bis Jahresende mit Familie auswandern könne. Marianna fragte in Kosice einen Nachbarn, der Beziehungen zur kommunistischen Partei und Behörden hatte, ob er ihnen behilflich sei, legal auszuwandern. Als Gegenleistung bekäme er Haus und Garten.

Schließlich wurde der dreiköpfigen Familie in Aussicht gestellt, im Laufe des Jahres auswandern zu dürfen. Aber am 21. August 1968 marschierten die Truppen des Warschauer Pakts ein und russische Panzer walzten die Hoffnungen des „Prager Frühlings" und die Pläne der jungen Familie nieder.

Der Nachbar musste sich dann auch verstecken und gab ihnen vorher noch den Rat, sie sollten so schnell wie möglich ausreisen. Sein Gewährsmann teilte ihnen mit, noch gelte die Rechtslage aus der Dubcek-Zeit, aber eine legale Auswanderung erfordere ein langes Procedere. Er könne ihnen lediglich eine Genehmigung für drei Tage für eine Besuchsreise nach Wien erteilen. Aber sie konnten nicht sofort fahren, denn Marianna hatte just an diesem Tag eine Mandeloperation.

Aber am 2. September 1968 war es so weit. Nach drei Tagen in Wien hatte Mariannas Vater alles so weit geregelt, dass seine Tochter, der Schwiegersohn und sein 2-jähriger Enkel Robert nach Deutschland kommen konnten.

„Wir wollten raus, aber auf keinen Fall in Deutschland bleiben. Es sollte nur eine Zwischenstation sein auf dem Weg nach Kanada", erinnert sich Marianna. Ivan ergänzt: „Aber dann lief alles so glatt und gut, dass der Drive wegzugehen und noch einmal durchzustarten nicht mehr da war", sagt Ivan.

In der Personalabteilung bei IBM in Sindelfingen habe man ihnen nicht nur eine Firmenwohnung zugeteilt, sondern auch gleich einen Gehaltsvorschuss gegeben. Ein Mitarbeiter der Personalabteilung fuhr mit Ivan zum nächstgelegenen Kaufhaus, um Bettwäsche und Lebensmittel für die erste Zeit zu kaufen. „So haben wir angefangen und so wurden wir aufgenommen."

1970 kam noch Tochter Ruth auf die Welt. Aus einer Zwischenstation wurden 40 Jahre in Sindelfingen. „Gleich von Anfang an haben wir lauter nette Leute getroffen. Wir haben mehr Freunde gehabt, als wir in der Tschechoslowakei hatten", erzählt Marianna, die nach 6 Jahren Aufenthalt in Deutschland als Lehrerin

in einer Grund- und Hauptschule zu arbeiten begonnen hat.

Aus dieser Zeit erinnert sie sich auch an eine Episode: In ihrem ersten Jahr habe sie mit der Klasse eine Weihnachtsfeier vorbereitet. Die Lieder für das christliche Weihnachtsfest kannte Marianna alle auf Deutsch, weil ihr Kindermädchen Elisabeth sie jedes Jahr zu Weihnachten mit ihr gesungen habe. Als sich ein Vater bei ihr für die schöne Feier bedankt habe mit der Bemerkung, man sehe daran, dass sie damit aufgewachsen sei, da habe sie vor allen Leuten gesagt: „Nicht wirklich, ich bin Jüdin."

Am Ende des Schuljahres habe sie dann von den Schülern eine Menora, einen siebenarmigen Leuchter, geschenkt bekommen. „In der Slowakei gab es offenen Antisemitismus. Hier habe ich zu keiner Zeit schlechte Erfahrungen als Jüdin gemacht. Auch unsere Kinder nicht, obwohl es in unserer Umgebung bekannt ist, dass wir Juden sind." Ivan fügt hinzu: „Wir haben uns als Juden in Deutschland von Anfang an viel freier gefühlt als je in der Tschechoslowakei."

Er schränkt allerdings ein, dass es sehr wohl einen Vorfall gegeben habe. Mariannas Vater sei 1980 gestorben, 10 Jahre später sei der jüdische Friedhof in Stuttgart geschändet worden. „Wir sahen am Morgen ein Foto von seinem Grab in der Zeitung: Mit Hakenkreuzen beschmiert und teilweise zerstört." Die Täter waren Jugendliche, die schnell ermittelt wurden. In der Stadt gab es einen Protestmarsch und es war für die beiden beeindruckend, wie sich spontan zahlreiche Menschen daran beteiligt haben.

„In den Kreisen, in denen wir uns bewegen, erleben wir den Antisemitismus nicht, woanders gibt es ihn aber sehr wohl", sagt Ivan. Dass sie ihren Eltern nicht mehr Fragen gestellt haben, tut beiden heute leid. „Wenn ich meinen Vater fragen wollte, dann hat sich sein Gesicht so verdunkelt und ich habe gedacht, dass ich ihm damit weh tue. Das wollte ich ihm nicht antun", erklärt Marianna. Ivan hat 1968 seine Eltern in der Tschechoslowakei zurückgelassen, davor wurde

so gut wie nicht über die Zeit während des Nationalsozialismus gesprochen. „Aber es hat unseren Alltag
nicht bestimmt. Ich bin ganz normal aufgewachsen,
mit allen Freiheiten, die ich brauchte, und dafür bin
ich meinen Eltern noch heute dankbar."

Marianna hat dann später rund 70 Interviews für
die „Shoah-Foundation" gemacht. Regisseur Steven
Spielberg hat nach seinem 1993 erschienenen Film
„Schindlers Liste" ein Projekt initiiert, damit die Erlebnisse der Zeitzeugen auf Videos aufgezeichnet und
vor dem Vergessen bewahrt werden. Damals habe
sie sehr lange gezögert mitzuarbeiten und sich selbst
der Auseinandersetzung mit dem Holocaust zu stellen. „Das ist ein großes, schwarzes Irgendetwas, an
dem will man nicht rühren. Ich habe mir gedacht, das
ist psychisch für mich zu schwierig." Schließlich habe
sie sich doch überwunden, weil sie gedacht habe,
mehr über die eigene Familie zu erfahren und die
Schicksale der Opfer für deren Nachkommen zu
bewahren.

Aber es habe lange gedauert, ehe sie sich getraut
habe, ein Interview mit Auschwitz-Bezug zu führen,
sagt Marianna. Es war also auch eine Konfrontation
mit ihrer eigenen Geschichte? „Ja, und das war
schließlich sehr gut für mich."

„Der Antisemitismus hatte und hat in Österreich Tradition. Damit verbunden ist Deutschtümelei und Nationalsozialismus.“

Hugo Brainin wurde 1924 in Wien geboren, wo er mit seiner Frau Lotte lebt. Sie hat die Konzentrationslager Auschwitz und Ravensbrück überlebt, er überstand die Nazizeit in Großbritannien.

Antisemitismus bekam Hugo Brainin schon lange vor der Machtergreifung der Nationalsozialisten zu spüren. „Beim Fußballspielen auf der Straße hörte ich oft genug: ‚Saujud, geh nach Palästina!'"

Aber ernst wurde es für ihn und seine Verwandten erst, als der damalige österreichische Bundeskanzler Kurt Schuschnigg am Abend des 11. März 1938 zurücktrat mit den Worten: „Gott schütze Österreich." Die berühmte Rede und danach den Satz aus dem Haydn-Streichquartett, zu dessen Melodie noch in der Ersten Republik die Bundeshymne gesungen wurde, hörten der damals 13-Jährige und sein ein Jahr älterer Bruder Norbert in der Wohnung einer Tante in der Glockengasse in Wien. „Als wir dann zu Fuß nach Haus gingen, konnte man überall das Klingen der zerberstenden Glasscheiben hören. Schon damals gab es eingeschlagene Auslagen, die Polizisten sind alle schon mit Hakenkreuzschleifen am linken Arm unterwegs gewesen. Das ging alles unglaublich schnell. Wir haben die Deutschen gar nicht gebraucht, bei uns gab es genug Nazis."

Hunderttausende jubelten Adolf Hitler auf dem Heldenplatz zu, als er am 15. März 1938 auf dem Balkon der Hofburg in Wien „den Eintritt meiner Heimat in das Deutsche Reich" verkündete. „Es war nicht so, dass der Hitler einmarschiert ist. Die Machtergreifung durch die Nazis ist von Österreich aus erfolgt", kommentiert Brainin.

Kurze Zeit später, am 4. April, kam Hitler erneut in die Stadt. Die Route, auf der er im offenen Mercedes fuhr, sollte an ihrem Haus vorbei führen. An eine Episode an diesem Tag erinnert sich Hugo noch heute bis ins kleinste Detail. Der Hausbesorger wollte sich eine bessere Sichtposition auf den Führer verschaffen und läutete bei der Familie. Kurze Zeit später begehrten zwei Männer in schwarzer Uniform ebenfalls Einlass, „meine ersten zwei SSler, erinnert sich Brainin daran und an ihre Frage: „Ist das eine Judenwohnung?" Der Hausmeister versicherte den Männern, dass er persönlich dafür sorgen werde, dass die Fenster geschlossen blieben und nichts auf die

Straße geworfen werde. Als dann von der Straße die Rufe „Heil, Heil, Heil!" und „Ein Volk, ein Reich, ein Führer" heraufschallten, habe der Hausmeister plötzlich den Arm zum Hitlergruß gehoben und mitgeschrien. „Das muss man sich bildlich vorstellen: bei zugemachtem Fenster! Das war ein Sozialdemokrat. Für mich war das ein Schlüsselerlebnis. Der psychische Druck war so stark, dass es ihn mitgerissen hat. Da hab ich gesehen, wie man sich hüten muss vor den Massen. Wo man hingeschaut hat, waren Nazis."

Ein „echter Nazi" habe jedoch Verwandten, Leo Brainin und seiner Frau das Leben gerettet. „Leo war nicht nur Jude, sondern auch Kommunist", erinnert sich Brainin. Der Nazi habe in Uniform die Herausgabe „meiner Juden" beansprucht, als seine Nachbarn im Wiener Bezirk Floridsdorf verhaftet worden waren. Er ermöglichte ihnen so die Flucht. „Aber das war ein Einzelfall", sagt Brainin.

Zu einer regelrechten Massenhysterie wurde die so genannte Reichspogromnacht. So wie jeden Tag seit dem Tod ihrer Mutter im Jänner 1938 waren die beiden Brüder dem jüdischen Brauch folgend auch am 9. November in den Tempel in der Pazmanitengasse gegangen, um Kaddisch zu beten. „Plötzlich hörten wir Lärm, die Tür wurde eingeschlagen. Männer und Jugendliche stürmten herein, mein Bruder und ich liefen hinten bei der Tür hinaus. Es war ein völlig enthemmter Mob, die Horden haben das Gebäude angezündet. Buben, nicht älter als wir selbst, sind mit Stöcken bewaffnet, alten Männern mit weißen Bärten nachgelaufen und haben auf sie eingeschlagen. Wir sind so schnell gelaufen, wie wir konnten." Die beiden kamen unbeschadet an.

Das Zuhause von Hugo und Norbert war damals bei ihrer Tante Dora in der Wiener Nordbahnstraße, wo sie seit dem Tod ihrer Mutter lebten. Der Vater war gestorben, als Hugo Brainin 6 Jahre alt war. Er stammt aus einer weit verzweigten Familie russischer Juden, unter ihnen der bekannte Autor Boris Brainin. Ein Teil der Familie kam Anfang des vorigen Jahrhunderts nach Wien, sie lebten vom Fellhandel und Pelz-

Auf dem Foto auf dem Jahr 1928 sind zu sehen (von links): Hugos Vater Adolf, Großonkel Reuben, Onkel Salomon und Onkel Leo. Vorne sein älterer Bruder Norbert und Hugo Brainin.

geschäft. Während des Ersten Weltkriegs stellte die Familie, die damals in einem Keller wohnte, Militärmützen her und nach dem Krieg Mäntel, die im eigenen Geschäft in der Wiener Innenstadt verkauft wurden. Seine Familie beschreibt Brainin als „nicht sehr religiös". So sei Schinken gegessen worden, „aber auf dem Papier" – um den Teller nicht zu verunreinigen und jüdischen Speisevorschriften Genüge zu tun.

Als der internationale Fellmarkt nach der Machtergreifung der Nazis in Deutschland 1933 von Leipzig nach London verlegt wurde, gingen auch die Brainin-Brüder in die britische Hauptstadt und eröffneten in der noblen New Bond Street 99 ein Geschäft als Stützpunkt. Die Abschiedsrede Schuschniggs verfolgten Salomon und Max Brainin in London. Sie hatten für die eigentlich geplante Volksabstimmung zurückkommen wollen, um für ein unabhängiges Österreich zu stimmen. Das haben sie aber nicht mehr geschafft. „Zum Glück", kommentiert Brainin. Denn nach der Rede „war allen klar, dass nun nichts Gutes kommt". Die Brüder versuchten nach dem so genannten „Anschluss" Österreichs ans Deutsche Reich mit Hochdruck, eine legale Ausreise ihrer Verwandten nach Großbritannien zu organisieren.

Im Dezember 1938 war es so weit. Mit zwei Tanten und insgesamt sechs anderen Kindern bestieg Hugo Brainin einen Zug in Wien und kam am 24. Dezember 1938 in London an. „Mit normalen Dokumenten und Visum, vorher wurde noch Reichsfluchtsteuer gezahlt." Die Pässe hatte er vor der Abreise mit seiner Tante Dora bei der Gestapo abgeholt. „Der Mann hat uns die Pässe hingeschmissen, sie waren mit einem großen J versehen."

Brainin betont, dass es ihnen gleich nach der Ankunft gut gegangen ist. „Wir sind im Vergleich zu den anderen, die mit den Kindertransporten nach England kamen, in bereits von den Verwandten gemietete Quartiere gekommen. Für die vielen Kinder, die mit den von verschiedenen Organisationen durchgeführten Transporten nach England kamen, war es oft ein sehr belastendes Erlebnis. Sie mussten

darauf warten, bis sie von Unbekannten abgeholt wurden." Außerdem ist Brainin sofort als Flüchtling anerkannt worden. In Anspielung auf die Flüchtlingspolitik Österreichs meint er: „Wenn es dort damals solche Gesetzte gegeben hätte wie heute bei uns, dann wäre ich wahrscheinlich in Auschwitz gelandet."

Die beiden Brüder kamen rasch in eine Schule, wo sie bis Kriegsbeginn blieben. Die Luftschlacht um England war der Versuch der deutschen Luftwaffe, nach dem Sieg über Frankreich zwischen Sommer 1940 und Anfang 1941 Großbritannien zur Kapitulation zu zwingen – was nicht gelang.

Die Brüder lebten damals im Nordwesten von London, in Hampstead Heights. Von einem Hügel aus beobachtete Brainin die Geschehnisse am Himmel und hörte jeden Abend gespannt um 21 Uhr die Nachrichtensendung der BBC. Der Jugendliche hatte einen Blechhut, einen Kübel mit Wasser, eine Handpumpe und einen Ausweis, der ihn berechtigte, bei Bränden zum Löschen in jedes Haus zu gehen. Schutz suchte die Tante mit den Geschwistern in einem Bunker, der der Familie des Bruders von Hans Kelsen, dem Architekten der österreichischen Bundesverfassung von 1920, gehörte.

Als die britische Regierung 1940 beschloss, alle männlichen deutschen und österreichischen Emigranten aus Furcht vor getarnten Spionen und Saboteuren als „feindliche Ausländer" zu internieren, betraf das auch jüdische Flüchtlinge – darunter zwei Onkel und seinen älteren Bruder Norbert. „Für ihn war die Zeit auf der Isle of Man ein Glück, denn er hat so zwei österreichische junge Geiger kennengelernt, mit denen er das spätere Amadeus-Quartett gründete", meint Brainin. Das legendäre Streichquartett wurde 1947 in London von den drei aus Österreich geflüchteten Musikern Norbert Brainin, Siegmund Nissel und Peter Schidlof aus der Taufe gehoben, der Brite Martin Lovett schloss sich ihnen an.

Sein Bruder blieb wie die anderen Verwandten nach dem Krieg in Großbritannien, die Firma der

Onkel war rasch nach dem „Anschluss" Österreichs „arisiert" und später liquidiert worden. Nur Hugo Brainin, damals 22 Jahre alt, und sein Cousin Harry machten sich auf den Weg zurück nach Österreich. Die Familienangehörigen in England waren darüber nicht glücklich und in ihrer Sorge um die beiden ermöglichten sie ihnen zumindest eine Rückreise im Schlafwagen.

In Großbritannien hatte sich Brainin den Kommunisten angeschlossen. In der Sowjetunion sah er die entscheidende Kraft, die das Naziregime besiegen konnte. Als er auch an seinem Arbeitsplatz für die britische kommunistische Partei warb, stand bald ein Beamter von Scotland Yard vor der Tür und erklärte ihm höflich, als Ausländer dürfe er keiner politischen Partei in Großbritannien angehören.

Die erste Zeit in Wien wohnten die beiden Cousins beim Vater einer Tante. Er hatte mit Glück mehrere Konzentrationslager überlebt. Brainin war „entschlossen, in Österreich den Sozialismus aufzubauen", als Gegenwehr zu allem Braunen. „Aber ich habe doppeltes Glück gehabt: Das mit dem Sozialismus ist nichts geworden und ich habe meine Frau kennengelernt." Er war ihr bei einer Veranstaltung der KPÖ im Dezember 1946 aufgefallen, weil er während eines Vortrags eingeschlafen war, erzählt Hugo.

Seine Frau kann nicht mehr sprechen, weil sie inzwischen bettlägrig ist und von Hugo, seinen beiden Töchtern Elisabeth und Marianne sowie einer professionellen Hilfe liebevoll betreut wird. Hugo Brainin kennt ihre Geschichte genauso gut wie seine eigene. Und eigentlich spricht er ohnehin lieber über Lotte oder seinen Bruder, über dessen Amadeus-Quartett er noch gerne einen Film anregen möchte.

Lotte Sontag, die 1920 als Tochter von ukrainischen Flüchtlingen in Wien geboren wurde, hatte sich früh sozialistischen Jugendgruppen und dem Widerstand gegen die Nazis angeschlossen. Nach dem „Anschluss" mussten sie und ihre gesamte Familie flüchten. Ihre Mutter wurde in Auschwitz vergast, ihr Vater in Buchenwald umgebracht. Lotte wurde im Juni 1943 in Belgien verhaftet, nachdem sie einem Wehrmachtsangehörigen, der sie später verriet, eine von ihrer Widerstandsgruppe herausgegebene Antikriegszeitung übergeben hatte. Nach schwerer Folter bei der Gestapo und Monaten in einer Einzelzelle kam sie nach Auschwitz-Birkenau. Dort überstand sie drei Selektionen. „Hätte der SSler mit dem Finger zufällig in eine andere Richtung gezeigt, wäre ich in der Gaskammer gelandet. Es ist nur Zufall, dass ich noch lebe", erzählte sie später ihrer Familie. Auch unter den unvorstellbar grausamen Zuständen und trotz der Gefahr gehörte Lotte Brainin der illegalen Widerstandgruppe in Auschwitz an und war an der Organisation der Sprengung eines der fünf Krematorien beteiligt.

Ende 1944 stand die Sowjetarmee vor Auschwitz. In Eile versuchte die SS das Lager zu räumen und Aufzeichnungen zu vernichten. „Berge von Papier lagen zwischen den Blocks auf den Wegen. Man watete förmlich durch Papier. Wir waren voller Freude, dass das Ende unserer Qualen gekommen war. Wir ahnten nicht, was uns alles auf dem Todesmarsch und bis zur endgültigen Befreiung noch erwarten würde", schreibt sie in ihren Erinnerungen. Am 18. Jänner 1945 wurden die Lagerinsassen hinaus in den Schnee getrieben. Tagelang marschierten sie, wer erschöpft zurückblieb, wurde erschossen. Verpflegung gab es keine, der Durst wurde mit Schnee gestillt. Als sie im KZ Ravensbrück ankamen, waren die Frauen ausgehungert und fast erfroren. Die Österreicherinnen, die schon länger im Lager waren, waren sehr hilfsbereit und versorgten die Neuankömmlinge, so gut sie konnten. In den Wirren, als die Front näher rückte und die Frauen zu einem neuerlichen Todesmarsch aus dem Lager getrieben wurden, konnte Lotte mit einer Freundin in einen nahe gelegenen Wald flüchten und sich dort verstecken – bis zur Befreiung durch sowjetische Soldaten am 1. Mai 1945.

In den Nachkriegszeiten seien seine Frau und er immer wieder angefeindet worden, erzählt Brainin.

„Der Antisemitismus hatte und hat in Österreich Tradition. Damit verbunden ist Deutschtümelei und Nationalsozialismus." Er arbeitete im Verkauf beim Anlagenbauer Waagner-Biro und reiste auch viel in arabische Länder, wo ihm das dem Arabischen ähnliche Hebräisch nützlich war. Später war er bei einer Bank beschäftigt. Lotte Brainin arbeitete als Sekretärin in einer Redaktion und später als Chefsekretärin in einer Privatfirma.

Frühere Nazi-Funktionäre tauchten in hierarchisch wichtigen Positionen in Firmen auf. „Wo man hingeschaut hat, waren bei uns Nazis, haben gute Posten gehabt und alles beherrscht." Einige hätten zu „jiddeln" angefangen, wenn sie ihn trafen. Ein Vorgesetzter habe einmal zu ihm gemeint, er solle doch froh sein, dass er nach England musste, so habe er wenigstens Englisch gelernt. „Daraufhin gab ich ihm zurück: Aber dafür hätten nicht 5 Millionen Juden sterben müssen."

Kleinkriegen haben sich die Brainins in all den Jahren nie lassen, sie sind bei Demonstrationen mitmarschiert und als Zeitzeugen in Schulen aufgetreten. „Wir haben uns nie als Opfer gesehen, sondern als aktive Gegner." Als scharfer Beobachter meldet er sich auch bei Zeitungsredaktionen zu Wort, erinnert an vergessene Jahrestage im Kampf gegen den Nationalsozialismus und verfolgt mit wachem Geist das Tagesgeschehen. Überlegungen in Österreich im Sommer 2018, dass das Schächten verboten werden sollte, regen ihn genauso auf wie die Liederbücher von der Regierungspartei FPÖ nahestehenden Burschenschaften, in denen die „siebte Million" zur Vergasung angepeilt wird – eine Anspielung auf die Shoah.

Für ihn sei erschreckend gewesen in diesen Märztagen 1938 rund um den „Anschluss" Österreichs, „wie rasch die Stimmung binnen weniger Stunden kippen kann. Wie Menschen, die am Tag davor noch mit Begeisterung für ein unabhängiges Österreich demonstriert hatten, nun ihrem Hass und ihrer Brutalität gegenüber Juden freien Lauf ließen". Mit Abscheu erinnert er sich an die Demütigungen, wie Juden mit Zahnbürsten Schmierereien von Gehsteigen entfernen mussten. „Diese ‚Reibpartien' waren plötzlich für viele so etwas wie ein Kirtag mit guter Unterhaltung."

Für Hugo Brainin sind die Parallelen zur Gegenwart „unübersehbar". Er registriert auch immer mehr Hetzreden von Politikern, „die heute wieder einen Schuldigen für die von ihnen verursachen Schwierigkeiten nicht nur suchen, sondern auch zu finden meinen. Damals waren es die Juden, heute sind es die Ausländer. Flüchtlinge, die man abwertend ‚Asylanten' nennt, die Roma und Sinti".

Hugo Brainin bezeichnet seine Frau und sich selbst augenzwinkernd als „orthodoxe Atheisten mit jüdischen Wurzeln". Seine positive Lebenseinstellung hat er sich bis ins hohe Alter erhalten. Dazu gehört auch seine Gabe, Witze zu erzählen, die sich bei ihm mit einem glucksenden Gelächter ankündigen, ehe er loslegt und auch sich selbst damit unterhält. „Wenn ich nicht lachen würde, dann müsst ich manchmal verzweifeln."

„Das war in unserem Kopf nicht so von Bedeutung. Ohne Hitler wäre ich überhaupt kein Jude. Ich war keinen Tag religiös."

Arik Brauer wurde 1929 in Wien geboren. Er lebte in den Wochen vor der Befreiung durch die Rote Armee versteckt in einem Schrebergarten. Der Maler gilt als einer der Hauptvertreter der „Wiener Schule des Phantastischen Realismus". Er lebt in Wien und Ein Hod in Israel.

Mit den Namen ist es so eine Sache in dieser Familie. Als Arik Brauer 1929 in Wien geboren wurde, hieß er Erich. Erst rund 30 Jahre später wurde er zu Arik. Denn seine Frau Naomi nannte ihn so. Der Nachname seines Vaters war bis zu dessen 26. Lebensjahr Segal. Als er mit einem gefälschten Pass aus dem zu Russland gehörenden Litauen nach Wien floh, stand der Name Brauer in dem Dokument, das wurde dann der neue Familienname.

In Wien besuchte Simche Mosche Brauer einen Kurs für deutsche Literatur, dort lernte er die Wienerin Hermine Sekirnjak kennen. Aber bis sie einen gemeinsamen Hausstand gründen konnten, vergingen 8 Jahre. Bis zu ihrer Heirat arbeitete sie in einer Spedition, er stellte orthopädische Schuhe her. Arik Brauer wuchs zusammen mit seiner um 2 Jahre älteren Schwester Lena im Wiener Bezirk Ottakring auf. Brauer war ein so genannter „Gassenbub", wie er selbst sagt. „Wer als Kind Mitglied einer Bubenbande war, kann ohne Illusionen ins Erwachsenenleben treten."

Die Familienverhältnisse waren bescheiden: Die Wohnung am Ludo-Hartmann-Platz hatte ein Zimmer, die Küche war ohne Fenster, die Toilette und Wasserleitungen waren am Gang. Die Eltern und Schwester Lena schliefen auf Klappbetten, er selbst auf einer Kohlenkiste. „Ab Mai hat man keine Schuhe mehr angehabt, um sie zu schonen. Es war eine Ehre, wer als erster bloßhapert kam." Brauer nutzt den Wiener Dialektausdruck für barfuß. Für seine Aufnahmen „Sieben auf einen Streich" mit Liedern in der Wiener Mundart hat er sogar 1971 zwei Goldene Schallplatten bekommen.

In seiner Familie wurde gerne getanzt und gesungen, er liebte schon früh das Zeichnen. Drei Nachmittage pro Woche verbrachte er beim Vater in der Werkstatt mit seiner „Haupt- und Lieblingsbeschäftigung". Der Vater erkannte schon früh die Begabung des Sohnes, der später zu einem der Hauptvertreter der „Wiener Schule des Phantastischen Realismus" werden sollte und als Professor an die Akademie in Wien berufen wurde.

Sein Vater konnte jedoch nie wirklich in Wien Fuß fassen. „So sehr die deutschsprachige Kultur und die Errungenschaften des Austromarxismus von ihm bewundert wurden, gelang es ihm doch nie, ein Wiener unter Wienern zu werden. Er trank keinen Alkohol, war absolut nicht sportbegeistert und bei Wienerwald-Ausflügen immer unpassend gekleidet", erinnert sich sein Sohn. Alle in seiner Familie waren Sozialisten. Dass sie auch Juden waren, spielte keine Rolle. „Das war in unserem Kopf nicht so von Bedeutung. Ohne Hitler wäre ich überhaupt kein Jude. Ich war keinen Tag religiös."

Nach den Gesetzen der Nazis galt die Mutter nicht als Jüdin, weil weder sie noch ihre Mutter in der Israelitischen Kultusgemeinde waren. Aber nach jüdischer Tradition ist jüdisch, wessen Mutter Jüdin ist. Auch Brauers Großmutter mütterlicherseits war schon Jüdin, zwei ihrer sieben Kinder – darunter die Zweitälteste Hermine – heirateten Juden. Brauer selbst war zum Stichtag der Machtergreifung Hitlers in Deutschland am 30. Jänner 1933 schon Mitglied der Israelitischen Kultusgemeinde und wurde daher von den Nazis als Jude eingestuft – mit allen Konsequenzen. Nach dem so genannten „Anschluss" Österreichs ans Deutsche Reich musste er den Judenstern tragen und bekam auch die für Juden vorgesehenen Lebensmittelkarten.

Auch in der Volksschule änderte sich schlagartig alles. Bis dahin war er der Lieblingsschüler seines Lehrers, weil er „Spitzenleistungen in so arischen Belangen" wie Völkerball, Laufen, Stangenklettern, Turnen und Volksliedersingen vollbringen konnte. Doch plötzlich war der noch nicht einmal 10-Jährige nur der Jude. „Was den Lehrer am meisten ärgerte, war die Tatsache, dass dieser Bub in keiner Weise dem entsprach, wie ein Judenbengel zu sein hat, nämlich ein verweichlichter Klugscheißer mit Brille und Plattfüßen. Ich habe sein Klischee desavouiert." Dann ging bei einer Sportveranstaltung zu Ehren Hitlers im Märzpark ausgerechnet Brauer als Sieger hervor. „Es kam, wie es schlimmer nicht hätte kommen können, der jüdische Bub lief allen auf und davon."

Brauer wurde disqualifiziert – angeblich, wie sein Lehrer bei der Preisverleihung ausführte, weil er andere beim Laufen behindert hatte. Wahrscheinlich sei dieser erste Schock für ihn gravierender gewesen als alle folgenden Katastrophen, die er mit der Elastizität eines Kindes verkraftete, schreibt Brauer in seinem Erinnerungsbuch „Die Farben meines Lebens". Diesem Lehrer, genannt Surmi sui, widmete er in seinem Liederzyklus „Brauer Liedermappe" ein Gesangsstück.

> „Vierte Klass tragt er die Nazi-Krawatten,
> dauert mei Unterricht nimmermehr lang,
> dressiert er im Turnsaal deutsche Soldaten,
> stellt er den Juden mit'n Gsicht zur Wand."

In Wien zeigte sich der Hang zum Reimen in vielen Sprüchen, mit denen Juden konfrontiert wurden, wo immer sie auftauchten:

> „Sieg Heil, Sieg Heil, Sieg Heil,
> der Jud kriegt seinen Teil."

> „Ein Volk, ein Reich, ein Führer,
> wir wurden immer dürrer,
> die Juden immer fetter,
> Heil Hitler unserem Retter."

In der so genannten „Reichskristallnacht" im November 1938 brachen SA-Männer die Schusterwerkstätte seines Vaters auf, inspizierten und versiegelten sie. Am nächsten Tag kamen sie wieder, um alles abzuholen: Lederballen, Leisten, Werkzeuge und sogar die Schürze des Vaters. Brauer konnte die Aktion durch das Schlüsselloch der Gangtoilette beobachten, in die ihn die Hausmeisterin gesperrt hatte. Zuvor hatte er das Siegel der Werkstatt aufgebrochen. Als ihn die Hausmeisterin, die ihn eigentlich gerettet hatte, nach Abzug der SA-Leute wieder heraus ließ, hörte er sie brummen: „Judengsindl, schleicht's euch nach Palästina."

Es begann danach eine hektische, hoffnungslose Suche nach einem Fluchtweg. Die Amerikaner verlangten ein Affidavit, die Erklärung eines Bürgen. Wer es in die Schweiz geschafft hatte, lief Gefahr, ins KZ Dachau geschickt zu werden. Die Kosten für eine Reise nach Schanghai, das Juden aufnahm, waren unerschwinglich. Also blieb für Simche Brauer nur der Weg über die grüne Grenze zurück in seine ungeliebte Heimat. Er blieb in Riga und wurde 1944 in einem Konzentrationslager umgebracht. „Den Verlust ihres Mannes konnte sie nie überwinden", sagt Brauer über seine Mutter, die mit den Kindern alleine durch die Nazizeit kommen musste.

„Freunde, die in diesem Alter wichtiger sind als alles andere", wandten sich von ihm ab. „Man hat angefangen, mich zu verfolgen. Endlich war einer da, den man verdreschen konnte." Brauer stellt jedoch fest, dass die verbalen und physischen Attacken seltener wurden oder ganz verschwanden, als er den gelben Stern tragen musste. „Diese so offensichtlich vom mittelalterlichen Denken geprägte Schikane erschien den Leuten wohl doch befremdlich. Außerdem war es so mit dem sportlichen Aspekt, Juden an ihrem Aussehen zu erkennen und zu erwischen, vorbei."

Im Mai 1938 kam er in eine Judenschule. Weil so viele jüdische Kinder emigrieren mussten oder deportiert wurden, leerten sich die Klassen fortwährend und Schulen wurden geschlossen. Brauer war in mindestens fünf verschiedenen, ehe 1941 der Unterricht für jüdische Kinder ganz eingestellt wurde. „Ich hatte dann das Glück, in der Kultusgemeinde in der Tischlerei aufgenommen zu werden." Brauer war damals 13 Jahre alt. In der „Reichskristallnacht" wurde zwar die Synagoge in der Tempelgasse im zweiten Wiener Bezirk zerstört, die beiden Nebengebäude mit dem Kinderspital und dem Waisenhaus blieben jedoch bestehen. Dort war die Tischlerei eingerichtet, die offiziell für die jüdischen Einrichtungen da sein sollte. Tatsächlich aber wurden Möbel für Nazi-Bonzen hergestellt. Brauer erinnert sich noch an einen Nazi namens Rixinger, der in Hinterbrühl in der Umgebung Wiens eine Villa billig erworben hat. Dort hat Brauer, der als Lehrbub beschäftigt wurde, wochenlang gearbeitet. Selbst als die Soldaten der

Roten Armee schon in Ungarn waren, hat der Nazi-Bonze darauf gedrängt, dass noch schnell der begehbare Hühnerstall in seiner Villa fertig wird. „Das war eine eigene Welt. Ein Teil der Bevölkerung hat auch geglaubt, die Wunderwaffe würde noch kommen. Gemeint war die Atombombe. Aber die kam nicht. Sobald der Hühnerstall und alles andere fertig war, wurden die Arbeiter mit einem der letzten Transporte nach Mauthausen gebracht."

Ein Interesse daran, dass möglichst lange Juden in der Stadt blieben, hatten auch die Mitarbeiter im Judenreferat der Gestapo. „Die haben gewusst, wenn es in Wien keine Juden mehr gibt, marschieren sie an die Ostfront. Deshalb haben sie Transporte weggeschickt und nach drei Tagen sind die gleichen Leute wieder gekommen und wurden wieder losgeschickt. Sie wollten so tun, als gäbe es noch etwas zu tun", erinnert sich Brauer.

Es erwischte auch ihn noch, er wurde „ausgehoben", wie es damals hieß. Eines Tages standen zwei Juden vor der Tür und erklärten: „Macht euch fertig, morgen kommen wir euch abholen." Brauer wurde in das Sammellager in der Wiener Castellezgasse gebracht. Er sollte mit dem nächsten Transport abgeschoben werden. „Da bin ich abgehauen und meine Mutter hat mich bei einem Onkel im Schrebergarten versteckt. Nachdem sich zwei Wochen nichts gerührt hat, bin ich wieder nach Hause gegangen." Einige werden den Jugendlichen ohne Stern schon im Schrebergarten am Wiener Wilhelminenberg gesehen haben, aber sie haben ihn nicht angezeigt – die Rote Armee kam schon näher.

Als die sowjetischen Panzer durch die Wiener Straßen rollten, wurden sie von dem damals 16-Jährigen mit russischen Liedern begrüßt. „Ich habe noch ausgeschaut wie ein Kind, wog kaum 40 Kilo, hatte keinen Bartwuchs, noch eine Kinderstimme, Sopran." Er lief eine Zeit lang neben einem Panzer mit. „Die Russen haben mir zugewunken, haben gelacht über mein Russisch. Es war ein großer Moment in meinem Leben."

Eigentlich wollte er dann nach Palästina auswandern, aber die Mutter und der viel ältere Cousin Rudi Spitzer, der sich wie seine Schwester nach England hatte retten können, verhinderten seine Emigration. „Rudi Spitzer hat gesagt: ‚Der Antisemitismus kann nur besiegt werden, wenn man hier dagegen kämpft.' Ich war dann sehr aktiv in der kommunistischen Jugendbewegung. Da habe ich viel Zeit verplempert." Untertags hat er aber gemalt, denn er wurde gleich 1945 als 16-Jähriger an der Akademie der bildenden Künste in Wien aufgenommen. „Am Abend habe ich mich der Verwirklichung der klassenlosen Gesellschaft gewidmet."

Brauer hat aber nicht nur gemalt, sondern auch gesungen und getanzt. Er bekam im Herbst 1954 ein Engagement am Raimund Theater. Als einmal etwas gestohlen wurde, hat jemand die Polizei informiert: „Das war bestimmt der Jude." Das habe ihm später der sehr korrekte Polizist erzählt. Er selbst sei an dem Tag gar nicht anwesend gewesen, sagt Brauer.

Zwischen 1953 und 1954 trat er mit seiner Schwester Lena auch als Tanzduo in Israel auf, wo er seine später Frau Naomi Dahabani kennenlernte. Binnen zwei Monaten lernte er Hebräisch, um sich mit ihr und ihrer aus dem Jemen stammenden Familie unterhalten zu können. Die Familie lebte im jemenitischen Viertel zwischen Tel Aviv und Jaffa. Es dauerte ein Jahr, ehe er der Familie vorgestellt wurde.

Nach der Heirat 1957 zog das Paar nach Paris und trat als Gesangsduo „Naomi et Arik Bar-or" (deutsch: Brauer) auf. In diesen 7 Jahren in der französischen Hauptstadt trieb Brauer auch seine Karriere als Maler mit großer Intensität voran. Er malte den ganzen Tag am Fenster sitzend detailreiche Phantasiegebilde und legte damit den Grundstein für seine spätere Karriere. Ernst Fuchs und Friedensreich Hundertwasser kamen häufiger zu Besuch nach Paris.

Als der Kunstmarkt in Paris zusammenbrach und ohnehin die meisten seiner Bilder im deutschsprachigen Raum verkauft wurden, entschloss sich das

Paar, 1965 mit den zwei Töchtern Timna und Talja nach Wien zurückzukehren. Seine Frau sei nicht gerne nach Österreich gekommen, aber in Wien hatte er als Künstler schon viele Kontakte. „Außerdem gibt es nur einen Wienerwald auf der Welt. Ich war ein leidenschaftlicher Bergsteiger und Schifahrer. Meine Frau behauptet, das war der Hauptgrund." Immerhin die Sommermonate verbringt die Familie, zu der noch Tochter Ruth kam, in ihrem Haus im Künstlerdorf Ein Hod zwischen Carmel-Gebirge und Meer – bis heute ist es das Domizil für mehrere Monate im Jahr.

Die restliche Zeit verbringt das Ehepaar Brauer in seiner Villa im Cottageviertel in Wien. Im Inneren ist das Haus voller Brauer-Werke, in einem eigenen unterirdischen Anbau hat der Künstler ein Museum eingerichtet, das für Besucher offensteht. Auch im verwunschenen Garten finden sich seine Skulpturen.

In diesem Anwesen feiert die Familie den Schabbat und die jüdischen Feste, Brauer ist weiter Mitglied der Kultusgemeinde, auch wenn er sich nicht als gläubig bezeichnet. Auf die Frage, ob er sich Sorgen mache über wachsenden Antisemitismus, antwortet Brauer: „Ich mache mir deshalb nicht solche Sorgen, weil es kaum noch Juden gibt. Zumindest nicht in Massen. In Frankreich schaut das anders aus." In den Sechziger- und Siebzigerjahren habe er wegen seiner Lieder, die sich gegen Nazis richteten, auch Todesdrohungen bekommen: Die Buchstaben wurden aus Zeitungen ausgeschnitten. Die Polizei kam und gab ihm den Rat, sich eine Pistole und einen Hund zuzulegen. Mit der Pistole musste er üben, nach einer gewissen Zeit gab er sie dann zurück. „Der Hund war ein Problem, den mussten wir dann immer in einer Kiste mit nach Israel nehmen."

In den Siebziger-, Achtziger- und Neunzigerjahren habe man noch Nazilieder gehört. „Jetzt ist schon eine Generation herangewachsen, die das nicht interessiert. Das ist Geschichte. Ich glaube nicht an eine Kollektivschuld, ich kann mir eine Kollektivschuld nicht erklären. Die Menschheit besteht aus

einzelnen Personen und jeder muss und wird auch für sich selbst seine Rechnung machen, mit sich selbst, mit der Gesellschaft und auch mit der Umwelt." Ob er den Eindruck gewonnen habe, dass in puncto Vergangenheitsaufarbeitung genug getan worden sei? „Ich würde sogar sagen, dass es vonseiten der Medien sogar kontraproduktiv wird." Zu viel? „Es muss schon passieren. Aber man muss es selten und auf hohem intellektuellen und historischen Niveau machen. Es bringt nichts, wenn in jedem Ort ein Holocaust-Mahnmalchen steht."

Er selbst hat eine Figur zur Erinnerung an die „Reichskristallnacht" gemacht. Mit federndem Schritt läuft Brauer voraus in den Garten. In der überlebensgroßen braunen Figur, die auf einem Sockel steht, stecken überall Glasscherben. „Da geht es ans Eingemachte." Sie erinnert gar nicht an die Märchenfiguren, die Brauer ansonsten erschafft. Er hat dieses Werk mehrfach der Stadt Wien als Geschenk angeboten, jahrelang wurde das Projekt aber immer wieder aufgeschoben, nun könnte es klappen: „Besser spät als nie."

Wie sieht Brauer die Regierungsbeteiligung der FPÖ? „Ich würde lieber sehen, wenn die FPÖ nicht in der Regierung wäre. Aber man kann nicht hergehen und so tun, als ob es die Partei nicht gibt." Die FPÖ habe einen beträchtlichen Teil der Bevölkerung hinter sich. „Was man machen muss, ist, sie vom rechten Rand wegzuschieben. Parteichef Heinz-Christian Strache macht das ein bisschen. Ich weiß nicht, ob er begriffen hat, dass er etwas tun muss, weil er sonst nicht in der Regierung bleibt. Er macht's jedenfalls. Es gibt den rechten Rand und die Massen von Wählern, die das nicht stört. Das ist in ganz Europa so, dass die Leute Angst haben vor der Einwanderung."

„Ich fühle mich nicht gut, wenn ich nicht von Juden umgeben bin. Ich fühle mich nur mit Juden sicher. Denn wer kein Jude ist, ist für mich eine Bedrohung. Immer."

Giselle Cycowicz wurde 1927 in Chust, das heute in der Ukraine liegt, geboren. Sie überlebte das KZ Auschwitz-Birkenau. Nach dem Krieg emigrierte sie in die USA, 44 Jahre später wanderte sie nach Israel aus. Sie lebt in Jerusalem und betreut als Psychotherapeutin noch immer Patienten.

„Die Türen öffnen sich und vor uns stehen Leute mit der Uniform und fangen an zu schreien: ‚Heraus! Heraus! Heraus!' Mein Vater ist zuerst gesprungen, dann ich. Es herrschte furchtbares Chaos." Giselle Cycowicz erinnert sich an jedes Detail ihrer Ankunft im KZ Auschwitz-Birkenau am 25. Mai 1944. Mit ihren Eltern Hannah und Wolf Friedman sowie ihrer Schwester Helene hatte sie eine dreitägige Fahrt mit dem Viehwaggon aus Chust hinter sich.

Chust liegt im Gebiet, das Karpato-Rus heißt und in dem die Grenzen und die Staatsbürgerschaften im Laufe der Geschichte rasch wechselten. Bis zum Ersten Weltkrieg war die Stadt Teil der Habsburgermonarchie, dann gehörte die Region zur Tschechoslowakei, wurde von Ungarn besetzt, schließlich der Sowjetunion einverleibt und ist im heute ukrainischen Staatsgebiet. Von den damals rund 20.000 Einwohnern waren rund 8.000 Juden. Bis zum Einmarsch der Nazis waren die Friedmans eine typische Mittelschichtfamilie, die von den Erlösen ihrer Weinhandlung und dem Vertrieb von Mineral- und Heilwassern lebte. Der Vater sorgte dafür, dass seine drei Töchter Hebräisch lernten, am Schabbat war im Haus nur Jiddisch erlaubt. Er war ein frommer Mann mit mächtigem Bart und schwarzem Hut. „Wenn er aus dem Haus gegangen ist, hat man ihm nachgerufen: ‚Verstunkener Jude.' Immer."

Als die Ungarn mit dem autoritären Miklos Horthy an der Staatsspitze Chust im März 1939 besetzten, wurde die Situation für die Juden noch prekärer. Horthy hatte schon früh Verbindungen zum faschistischen Italien und zu Hitlers Drittem Reich aufgebaut. Das bekam auch Giselle zu spüren. „Als ich zum ersten Mal in eine ungarische Schule gegangen bin, hat mir jemand einen Zettel zugeworfen. Darauf stand: ‚Tod den Juden!' Dann ist die Lehrerin gekommen und hat gefragt: ‚Wer sind die jüdischen Kinder? Alle jüdischen Kinder raus!'" Giselle war damals 12 Jahre alt und wollte nichts anderes als lernen, das musste sie dann alleine tun.

Als das Geschäft des Vaters „arisiert" wurde, verarmte die Familie zusehends. Nach dem Einmarsch

der SS am 19. März 1944 wurden alle Juden zuerst in die Synagoge getrieben, sie mussten mehrere Tage dort verbringen. In der Zwischenzeit richteten die Nazis ein Ghetto ein, wo rund 7.000 Menschen zusammengepfercht wurden. Die Eltern hatten nur das Nötigste mitgenommen, alles andere blieb im Haus zurück. Kaum war die Familie weg, kamen die Plünderer, wie ihre Schwester Edith noch beobachten konnte: „Alles, was die Eltern in den 25 Jahren seit der Heirat zusammengetragen haben, haben sie mitgenommen. Vorhänge, schöne Handarbeiten: alles, alles!"

Am 23. Mai 1944 wurden alle Bewohner des Ghettos in Richtung Bahnhof und bis zu 70 Personen in einen Viehwaggon getrieben. Der Zug hielt nach drei Tagen. „Dann haben wir ein Schild gesehen: Auschwitz-Birkenau. Von diesem Ort haben wir noch nie etwas gehört." Ihre Sachen mussten sie zurücklassen. „Sie haben gesagt: ‚Lasst das, ihr werdet das später bekommen.'"

Gleich nach der Ankunft wurde der Vater von seiner Frau und den beiden Töchtern getrennt. Giselle hat ihn noch einmal gesehen: „Er stand in der Mitte der Rampe inmitten einer Gruppe von starken Männern. Ich habe mir vorgestellt, diese Männer nimmt man zum Arbeiten. Das ist gut." Sie erinnert sich an ihren zweiten Gedanken, an das, was der Vater den Töchtern mit auf den Weg gegeben hatte: „Aufpassen auf die Mutti! Und nehmt jede Arbeit an, die man von euch verlangt! Das kann euer Leben retten."

Das Leben des Vaters zumindest hat es nicht gerettet. Der damals 49-Jährige wurde nach mehrmonatiger Arbeit im Kohlebergwerk Buna-Monowitz im Oktober 1944 in Auschwitz in die Gaskammer geschickt. Zum Andenken an ihn hat sie in diesen Oktobertagen 2018 Kerzen in ihrer Jerusalemer Wohnung aufgestellt.

Trotz ihres Alters von 47 Jahren gelang es der Mutter bei den Töchtern zu bleiben und in einer Arbeitskolonne zu landen, die aus Frauen unter 35

Jahren bestand. Gleich nach der Ankunft mussten alle duschen – es gab Wasser, aber keine Seife oder Handtücher. „Man hat uns die Haare abgeschnitten und nur ein Kleid und Schuhe gegeben. Wir hatten keine Unterwäsche, kein Toilettenpapier, keinen Löffel, nichts."

Die Friedman-Frauen kamen in den Block 16 im C-Lager. Von vier bis acht Uhr früh war Zählappell, am Nachmittag noch einmal – es dauerte, bis die Zehntausenden Häftlinge durchgezählt waren. Schlimm war auch die sanitäre Situation. „Wir waren insgesamt 30.000 jüdische Frauen, wir mussten uns zwei Toiletten und zwei Waschräume teilen", erinnert sich Cycowicz. Wegen der unzureichenden Ernährung setzte bei vielen Frauen die Periode aus, was sie angesichts der Zustände als Erleichterung empfanden. „Man kann sich gar nicht vorstellen, welch unvorstellbaren Hunger wir hatten. So einen Hunger!" Cycowicz erzählt von einem Mädchen, das drei Zwiebeln gestohlen hatte und brutal dafür geschlagen wurde. Sie selbst habe einmal während ihrer Zwangsarbeit eine kleine Tüte mit rohen Kartoffeln geschenkt bekommen – und sofort in eine gebissen.

Am schlimmsten waren aber die häufigen Selektionen. „Selektion war brutal, absolut brutal. Selektion war das schlimmste Wort im Lager", erzählt Cycowicz. Bei einer Selektion hatten sie zwar zuerst Glück, denn Giselle, ihre Schwester und Mutter, eine Cousine und eine Tante waren unter den 200 Frauen, die für einen Arbeitseinsatz ausgewählt wurden. Alle Frauen mussten duschen und nackt auf dem Boden sitzend warten. Da kamen drei SS-Männer herein und zeigten auf insgesamt acht Frauen, darunter ihre Mutter und die Tante. „Meine Mutter hat nicht einmal Zeit gehabt, auf Wiedersehen zu sagen. Meine Schwester, meine Cousine und ich haben gesagt: ‚Wir werden über sie nicht sprechen. Gott wird tun, was er tun muss.'" Die drei jungen Frauen mussten Zwangsarbeit leisten in einem Rüstungsbetrieb, einer Fabrik für Flugzeugteile in dem niederschlesischen Ort Mittelsteine: 12 Stunden Arbeit pro Tag, je eine Stunde Fußmarsch von der und zur Fabrik.

Der Tag, an dem der Krieg im Mai 1945 für sie zu Ende ging, begann wie die Tage davor mit einem Zählappell, die Frauen stellten sich wie üblich in Fünferreihen auf. Aber dann sagten die SS-Männer den Frauen, das müssten sie nicht mehr tun. Es sei eine Erklärung unterzeichnet worden, der Krieg sei beendet. „Sie sagten zu uns: ‚Ihr seid frei und könnt machen, was ihr wollt. Wir sind dageblieben, um euch zu schützen. Dafür hoffen wir, dass ihr uns nichts Schlechtes antut.'" Ihre Stimme schwillt noch heute vor Empörung an. Das ist einer der wenigen Momente während der drei mehrstündigen Gespräche, in denen Giselle Cycowicz laut wird. „Das war 10 Minuten nach der Befreiung. 10 Minuten davor haben sie uns nicht einmal als Menschen angesehen!"

Aber anders, als man erwarten könnte, stellte sich kein Glücksgefühl bei der damals 18-Jährigen und ihrer Schwester Helene ein: „Wir waren traurig, erschöpft und müde. Da war kein Lächeln, keine Freude, niemand hat Halleluja gesungen." Beide stellten sich die Frage: Was nun? „Das ist mein Trauma. Wir hatten keinen Platz mehr, wohin wir gehen konnten." Denn eigentlich wollten sie nicht zurück nach Chust, wo man ihrer Familie all das angetan hatte. Aber nach einigen weiteren Tagen im Zwangsarbeiterlager beschlossen sie doch loszumarschieren. Den Großteil der rund 800 Kilometer langen Strecke sind die beiden zu Fuß gegangen, es dauerte zwei Wochen.

An einem Bahnhof, rund 60 Kilometer von Chust entfernt, schrie jemand aus einem Zug auf Jiddisch: „Wer bist du?" Nachdem sich Giselle zu erkennen gegeben hat und den Rufer als Herrn Heimfeld aus Chust identifiziert hatte, rief der ihr zu: „Deine Mutter ist zu Hause." Da entfuhr ihr ein Freudenschrei, erinnert sich Giselle. Auch ihre Tante hatte überlebt. Sie waren von Auschwitz in ein Arbeitslager zur Zwangsarbeit in einer Ziegelfabrik bei Groß-Rosen geschickt worden. Als im Januar 1945 ein „Todesmarsch" zur Räumung des Lagers anstand, empfahl eine SS-Wärterin der sehr geschwächten Mutter, sich zu verstecken. Die Tante blieb bei ihr. Drei Tage später wurden die beiden von Soldaten der Roten

Armee gefunden. Auch Schwester Edith überlebte ihren KZ-Aufenthalt. „Meine Schwester wurde in ein KZ gesteckt an dem Tag, als die Nazis nach Ungarn kamen. Wir waren zusammen, sie war allein."

Auf der einen Seite war es eine Freude, die verbliebenen Familienmitglieder wiederzusehen, auf der anderen Seite fühlten sich alle unwohl. „Es war gut, nach Hause zu kommen. Aber wir hassten es, in Chust zu sein zwischen all den Nicht-Juden. Als wir zurückgekommen sind, hat niemand gesagt: ‚Es tut mir leid.'" Dann wird Giselle Cycowicz noch einmal laut: „Sie haben alles von uns genommen, alles!" Die Bretter auf dem Boden seien herausgerissen worden, um mögliche Verstecke aufzuspüren. Die heiligen Bücher ihres Vaters seien aus den Schränken gerissen und mit Dreck beschmiert worden. „Das hat man alles gemacht, um sich über uns lustig zu machen."

Die Friedman-Frauen hatten überlebt, aber wollten nicht bleiben. So beschlossen sie, in die USA auszuwandern. Giselle heiratete, nahm den Familiennamen ihres Mannes Cycowicz an und bekam drei Kinder. Als das Älteste 11 Jahre alt war und sie selbst 44 Jahre, begann sie ein Psychologiestudium. Damit erfüllte sie sich einen Traum, den sie schon als junges Mädchen in Chust hatte.

Über ihre Shoah-Erlebnisse hat sie aber in all den Jahrzehnten mit niemandem gesprochen, nicht einmal mit ihrem Psychoanalytiker, der selbst Jude war. Ein Film über den Prozess gegen Adolf Eichmann war dann der Auslöser. „Es kam dann alles aus mir raus, wie aus einem Geysir." Aber öffentlich darüber reden konnte sie erst, als sie nach 44 Jahren in den USA nach Israel übersiedelte. „Da konnte ich zum ersten Mal sagen: Ich bin eine Holocaust-Überlebende und ich schäme mich nicht mehr dafür. Das war 50 Jahre nach der Shoah." Aber es gab noch einen anderen Grund, nach Israel zu emigrieren. „Leute wollen uns Juden töten. Ich fühle mich nicht gut, wenn ich nicht von Juden umgeben bin. Ich fühle mich nur mit Juden sicher. Denn wer kein Jude ist, ist für mich eine Bedrohung. Immer." Sie selbst ist orthodoxe Jüdin.

Die gepflegte Dame trägt langärmelige Kleidung, dicke Strümpfe und hält ihr Haar unter einer schicken mittelblonden Perücke bedeckt.

In Israel suchte sie eine Arbeit und kam zu Amcha, dem Nationalen Zentrum für psychosoziale Unterstützung der Holocaust-Überlebenden. Amcha, was auf Hebräisch „eine/r von uns" heißt, wurde 1987 als Selbsthilfeorganisation von Holocaust-Opfern in Israel gegründet und hat auch einen Ableger in Deutschland. Cycowicz' erster Auftrag war, in ein Betreuungszentrum für Senioren zu gehen. „Ich habe zu ihnen gesagt, dass wohl jeder mit einer persönlichen Shoah konfrontiert war und dass man darüber reden kann." An diesem Nachmittag bildeten sich zwei Gruppen, denn die Holocaust-Überlebenden wollten endlich über ihre Erinnerungen sprechen und taten dies 14 Jahre lang, zweimal pro Woche.

Inzwischen sind 400 Psychologen im Einsatz und kümmern sich um die Holocaust-Überlebenden, von denen laut Schätzungen rund 180.000 in Israel leben. Obwohl jeden Tag 30 bis 40 von ihnen sterben, wächst die Zahl Hilfesuchender, die sich an Amcha wenden, immer noch von Jahr zu Jahr. 20.657 Menschen nahmen 2017 Unterstützung in Anspruch. Damit hat sich ihre Zahl binnen 10 Jahren fast verdoppelt, 2007 waren es 10.609.

Obwohl sich Cycowicz „schon ein paar Mal von Amcha in die Pension verabschiedet hat", betreut sie noch immer Patienten. Ihr Terminkalender ist voll, sie ruft bei einer etwa gleichaltrigen Frau an und erfährt, dass sie krank geworden ist. Dann macht sie sich bereit, um im Krankenhaus eine 97-Jährige zu besuchen, die nicht mehr schlucken kann. „Sie hatte ein schreckliches Leben, viel Schlimmes erlebt und jetzt Angst vor dem Tod."

Diese Menschen hätten all die Probleme, die man im Alter habe. „Dazu kommt, dass viele einsam sind, weil sie Angehörige verloren haben. Das wird ihnen oft erst jetzt bewusst. Und die Erinnerungen, die sie quälen und die jemand, der das auch erlebt hat,

Das Foto zeigt Giselle Cycowicz bei der Hochzeit ihrer Enkelin, der ältesten Tochter ihres Sohnes Zeev, und dessen Frau sowie deren weitere Kinder.

besser verstehen kann. Sie haben niemanden, der das wirklich versteht." Deshalb macht die rüstige Psychologin weiter: „Ich habe ein Motto: Ich höre nicht auf, Leute zu behandeln, bis sie sterben. Ich will mich um sie kümmern, solange sie am Leben sind. Wir können für Verluste und Demütigungen, die diese Menschen erlitten haben, etwas zurückgeben: da sein und zuhören." Denn sie selbst weiß, was die Holocaust-Überlebenden mitgemacht haben. „Was fühlt der Mensch? Das ist die stärkste Funktion eines Menschen. Es kann weh tun."

Es sei ihr auch sehr schwergefallen, zum ersten Mal nach Deutschland zu fahren. Inzwischen war sie fünfmal in dem Land. Viele Shoah-Überlebende haben auch abgelehnt, dass Bundeskanzlerin Angela Merkel bei ihrer Rede in der Knesset am 18. März 2008 Deutsch sprechen durfte. Auch Giselle Cycowicz ist damals interviewt worden, sie gab eine Antwort als Shoah-Überlebende und als Psychologin: „Wenn man Deutsch gesprochen hat, bevor man in Auschwitz war, ist Deutsch eine Sprache wie Hebräisch, Arabisch, Englisch oder Tschechisch. Aber wenn jemand zum ersten Mal Deutsch in Auschwitz gehört hat, für den ist das schwer. Dann kommen Erinnerungen hoch."

Sie selbst musste zu ihrem ersten Besuch nach Auschwitz vor 18 Jahren gezwungen werden. „Meine Tochter hat gesagt: ,Du musst gehen.' Ich habe erklärt: Ich setze keinen Schritt nach Polen, das ist der größte jüdische Friedhof." Inzwischen ist sie mehrmals mit Schulgruppen nach Auschwitz-Birkenau zurückgekehrt. Sie sieht es als ihre Verpflichtung an, über Erlebtes zu sprechen: „Wir dürfen niemandem erlauben, dass man uns als Volk noch einmal zu töten versucht. Wir sind keine schlechten Leute."

Ein Bild in ihrem Jerusalemer Wohnzimmer zeigt eines ihrer 21 Enkelkinder mit der israelischen Flagge in der Hand auf den Gleisen in Auschwitz-Birkenau, wo sie selbst vor fast 74 Jahren aus dem Waggon mitten ins Grauen sprang. „Wir sind durch die Hölle gegangen. Nein, das war ärger als die Hölle."

„„Hör zu, stinkender Jud! Schau, dass die Juden möglichst bald nach Palästina kommen.' Dann durfte ich nach Hause gehen."

Gideon Eckhaus wurde 1923 in Wien geboren, 1938 gelangte er mit einem Transport für Jugendliche nach Palästina. Er lebt in Tel Aviv. Er engagierte sich für Entschädigungszahlungen Österreichs und leitete jahrelang den „Club der österreichischen Pensionisten" in Israel.

Dass Adolf Hitler in Österreich an die Macht gekommen ist, erfuhr Gideon Eckhaus in der Synagoge. „Es ging jemand zum Rabbiner, der ging zum Kantor, das Gebet wurde abgebrochen und es hieß: ‚Geht alle nach Hause. Der Hitler ist jetzt in Österreich.'" Und dieses Österreich hat sich verändert, als Eckhaus mit seinem Bruder Siegfried ins Freie trat. „Auf allen Häusern war die Hakenkreuzfahne. Alle haben Hakenkreuze gehabt, nicht nur einer, alle! Wir haben eingeschlagene Fensterscheiben gesehen. Und Plünderungen." Die beiden Buben beobachteten, wie Juden geschlagen wurden, und hörten Rufe: „Wenn's Judenblut vom Messer spritzt!" Eckhaus kann sich auch noch erinnern, dass auf dem Stephansdom eine Fahne mit Hakenkreuz gehisst wurde. Bald nach dem „Anschluss" Österreichs im März 1938 wurde das Geschäft des Vaters „arisiert".

Eckhaus war schon als Kind ein leidenschaftlicher Zionist. Im Alter von 12 Jahren schloss er sich der zionistischen Jugendbewegung an, leitete Gruppen und war deshalb häufig im Palästinaamt. Das Wiener Palästinaamt wurde kurz nach dem „Anschluss" geschlossen, nach zwei Monaten aber wieder geöffnet. Unter dem Druck der Nationalsozialisten musste das Palästinaamt die Auswanderung von Juden mitorganisieren, denn auch Wien sollte möglichst bald „judenfrei" sein.

Einmal ist Eckhaus auch Adolf Eichmann begegnet, der vor seinem Aufstieg in der NS-Hierarchie die „Zentralstelle für jüdische Auswanderung in Wien" leitete. Mit ihr betrieben die Verantwortlichen die zwangsweise Aussiedlung der jüdischen Bevölkerung in Österreich. Dieses Modell sollte später noch in anderen Teilen des Deutschen Reiches Schule machen. Eichmann sei in das Palästinaamt gekommen und habe mit dem Leiter sprechen wollen, der aber gerade nicht da war, erinnert sich Eckhaus. Eichmann habe sich dann auf dessen Stuhl gesetzt. Die anderen Mitarbeiter im Palästinaamt hätten sich nicht in das Zimmer getraut und ihn, den Jüngsten, gebeten, Eichmann zu fragen, was er eigentlich wolle: „Ich muss ehrlich sagen, ich habe ziemliche Angst gehabt. Ich bin hinein und habe gefragt: ‚Wollen sie einen Tee oder Kaffee trinken?' Da hat er geantwortet: ‚Hier stinkt es! Sag ihnen, sie sollen die Fenster öffnen.'" Das sei dann geschehen, Eichmann sei unverrichteter Dinge nach einigen Minuten gegangen. Obwohl es draußen sehr kalt war, habe man sich längere Zeit nicht getraut, die Fenster wieder zu schließen, erzählt Eckhaus von diesem für ihn eindrücklichen kurzen Treffen.

In Wien wurde die Situation für Juden immer unerträglicher, eine regelrechte Menschenjagd gab es in der „Reichskristallnacht". Kurz nach vier Uhr früh begannen am 10. November 1938 die Verwüstungen jüdischer Einrichtungen, später folgten die tätlichen Angriffe auf Juden. Als Eckhaus im Palästinaamt eintraf, war es wieder einmal der Jüngste in der Runde, der von den anderen losgeschickt wurde, um zu eruieren, was in der Stadt los sei. „Was ich da gesehen habe, das hätte ich mir nie vorstellen können." Juden wurden trotz der eisigen Temperaturen nur mit einem Hemd bekleidet auf die Straße getrieben, Männern wurde der Bart abgeschnitten. Thorarollen und Bücher seien verbrannt worden, erinnert sich Eckhaus. „Und es war kein Tempel mehr da."

Als er Bericht erstattet hat, wurde er von den Erwachsenen nach Hause geschickt. Aber dort erwartete ihn gleich bei der Haustür ein Mann in Zivil mit Stiefeln und Hakenkreuz-Abzeichen. Eckhaus musste so wie die anderen Juden stillstehen, was in Eckhaus' Erinnerung lange dauerte, ehe ein Lastwagen vorfuhr. Auf der Ladefläche lagen Menschen, andere standen auf ihnen, es war brechend voll. „Das kann man sich gar nicht vorstellen, was sich da abgespielt hat." Als Eckhaus als Letzter aufspringen will, fragt ihn der Mann nach seinem Alter. Er zeigt ihm den Ausweis vom Palästinaamt, der ihn als freiwilligen Mitarbeiter auswies. „Da sagte er zu mir: ‚Hör zu, stinkender Jud! Schau, dass die Juden möglichst bald nach Palästina kommen.' Dann durfte ich nach Hause gehen."

13 Stunden lang wütete der Mob in Wien. Die Bilanz: Zwischen 20 und 30 Juden wurden ermordet,

6.547 verhaftet, 42 Tempel und Bethäuser zerstört, 5.000 Geschäfte von jüdischen Inhabern geplündert. Nach Einschätzung des Historikers Gerhard Botz war die Judenhatz in Wien „besonders radikal".

Diese Ereignisse festigten mehr denn je Eckhaus' Entschluss, nach Palästina auszuwandern. Aber inzwischen war es eine Flucht, denn in Wien wollte und konnte er nicht mehr leben. Es war eine mühselige Prozedur, bis er alle Papiere zusammen hatte. Der 15-Jährige musste sich großteils alleine durchschlagen. Sein Vater durfte nach einem Aufenthalt in Italien nicht mehr zurück in die nunmehrige Ostmark, sein Bruder war 2 Jahre jünger und die Mutter Sabine war an einer Lungenentzündung gestorben, als Eckhaus 11 Jahre alt war. Die beiden Buben lebten bei der Großmutter.

Der Tross bestand aus 69 Jugendlichen, die nach Palästina auswandern wollten, Eckhaus war der Jüngste. Gleich am Beginn der Bahnfahrt habe sie ein SA-Mann gezwungen, Uhren und Schmuckstücke abzugeben. Dann kam die Grenze zwischen der damaligen Ostmark und Italien. Er schildert jene Szenen, die er vom Waggon aus auf der österreichischen Seite gesehen hat. Männer in kurzen Hosen und T-Shirts mussten Schnee schaufeln. „Ich weiß nicht, ob das Juden waren. Jedenfalls wurden sie sofort geschlagen, wenn sie die Schaufel kurz wegstellten und dann sind sie in den Schnee gefallen. Dieses Bild der Menschen, die im Schnee versinken, werde ich nie vergessen. Das war mein Abschiedsgruß aus Österreich, am letzten Tag des Jahres 1938."

In Triest wollte er noch seinen Vater treffen. „Aber das Schiff ist früher abgefahren, und so habe ich meinen Vater nie wieder gesehen." Erst 20 Jahre später hat der Sohn erfahren, dass Karl Eckhaus in Auschwitz umgebracht worden ist. Sein Bruder konnte über Frankreich und Kuba in die USA flüchten. „Das ist etwas Scheußliches, was sich niemand vorstellen kann. Ich hatte schon den Gedanken, dass ich viele nicht wiedersehen werde, wenn ich gehe. Ich hatte Angst, dass ich meine Familie verliere. Aber für

mich war wichtig, dass ich zu Juden komme", erinnert sich Eckhaus an seine damaligen widerstrebenden Gefühle.

Am 11. Jänner 1939 kam Eckhaus in Tel Aviv an – ganz allein, ohne Familie. Eine Familie in Kfar Wittkin, 40 Kilometer nördlich von Tel Aviv, nahm ihn auf. „Ich war fünfzehneinhalb Jahre alt. Ich kam mit dem Willen, etwas zu tun, um einen jüdischen Staat zu schaffen. Der Staat Israel wurde nicht von Holocaust-Opfern gebildet, sondern von den Pionieren, die schon vorher nach Palästina kamen."

Zuerst arbeitete er in der Landwirtschaft, dann auf dem Bau. Schließlich wurde er von der paramilitärischen Untergrundorganisation Hagana dazu bestimmt, die Jugendabteilung zu leiten. Die Nachricht von der Gründung des Staates Israel, als David Ben Gurion am 14. Mai 1948 um 16 Uhr die Unabhängigkeitserklärung vorlas, vernahm der damals 24-Jährige im Schützengraben zwischen Beer Tuvia und Kfar Warburg südlich von Tel Aviv. „Als Ben Gurion sagte: ‚Der Name des Staates ist Israel', da sind mir die Tränen runtergelaufen."

Eigentlich hätten sie im Schützengraben nicht Radio hören dürfen, meint Eckhaus mit verschmitztem Lächeln. „Aber wir konnten einfach nicht widerstehen." Schon kurz nach Mitternacht brach der Krieg aus, die arabischen Staaten griffen Israel an. „Wir mussten uns dem entgegenstellen. In jedem Krieg musst du den Gedanken haben, dass du siegen wirst. Wenn du denkst, du wirst verlieren, dann hast du schon verloren. Dass der Staat jetzt schon seit über 70 Jahren besteht, ist ein Wunder."

Nach seinem Kriegseinsatz widmete sich Eckhaus einer Aufgabe, die er schon in Wien begonnen hatte und die ihn sein Leben lang begleitete: die Verantwortung für Jugendliche. Eckhaus leitete hauptberuflich 145 Jugendheime. „Es kamen Juden aus aller Welt, Israel musste sie alle aufnehmen, das war nicht so einfach." Die Juden aus Europa hätten die Juden aus dem Nahen Osten „nicht gerade freundlich aufgenommen", merkt er kritisch an. „Man musste alle zusammenbringen. Denn wenn man sie nicht zusammenbringt, gibt es kein Volk. Und ohne Volk gibt es keine Heimat. Das war mein Beitrag zum Aufbau des Staates."

Als Vorsitzender des Zentralkomitees der Juden aus Österreich in Israel war Eckhaus ab 1994 maßgeblich an den Restitutionsverhandlungen mit Österreich beteiligt, er leitete auch jahrelang die Vereinigung der österreichischen Pensionisten, die sich regelmäßig in Räumlichkeiten in Tel Aviv und Jerusalem trifft. 2017 hat er an Kika Goren, die keine Holocaust-Überlebende mehr ist, übergeben. Für die Einrichtung eines weiteren Treffpunkts in Haifa bekam er kein Geld. Von den rund 4.798 leben nur noch einige Hundert, schätzt er.

Eckhaus sah sich als Vertreter der Opfer und Vertriebenen, für deren Rechte er jahrelang zäh kämpfte. 2013 wurde er für seine „Verdienste um die Republik Österreich" von der damaligen Nationalratspräsidentin Barbara Prammer mit dem „Großen Ehrenzeichen" ausgezeichnet. Eine Würdigung, „die mich schon gefreut hat".

Während der Verhandlungsphase hat er auch öffentlich immer wieder die schleppenden Verhandlungen über Entschädigungen für „Arisierungen" und Zwangsarbeit kritisiert und den laxen Umgang mit NS-Verbrechern in der Nachkriegszeit beklagt. „Das ist keine Frage der Rache. Das ist etwas Existenzielles, auch für die Gesundheit einer Gesellschaft, dass Mörder nicht ungestraft bleiben dürfen. Ich hätte erwartet, dass Österreich deutlicher vorgeht gegen die ehemaligen Nazis."

In einer Rede vor dem österreichischen Nationalrat 2005, als die erste Koalition aus ÖVP und FPÖ regiert hat, hat er seinen ehemaligen Landsleuten den Spiegel vorgehalten. Obwohl er krank war und unmittelbar nach seinem Auftritt im Parlament ins Krankenhaus eingeliefert wurde und 10 Tage bleiben musste, wollte er diese Gelegenheit nutzen. Er hielt sich nicht lange mit Begrüßungsfloskeln auf, sondern kam

gleich zur Sache: „Ich bin noch einer der Zeugen dafür, dass nicht alle in diesem Land am 12. März 1938 von deutschen Truppen überfallen und besetzt worden sind. Viele begrüßten den Einmarsch der Hitlertruppen und stürzten sich sogleich auf ihre jüdischen Mitbürger. Mehr als 62.000 dieser Mitbürger wurden in den folgenden 7 Jahren ermordet."

Er ging in seiner Rede auch auf das Schicksal der Shoah-Überlebenden ein: „Manche hatten Glück, sie überlebten. Kaum mehr eine Familie war ganz. Großeltern waren für die meisten jüdischen Kinder, die nach dem Krieg geboren wurden, etwas Unbekanntes. Viele schleppten sich aus den Konzentrationslagern in ein Leben zurück, das ihnen unbekannt geworden ist. Viele leben in einem Staat, der ihnen zum einzig sicheren Hafen geworden ist: Israel. Aus diesem Staat komme ich heute zu ihnen."

Israel sieht Eckhaus als seine Heimat an, aber die Verbindung zu Österreich ist ihm nach wie vor wichtig: „Ich bin in Wien auf die Welt gekommen. Meine Großeltern und meine Mutter sind in Wien begraben, und auf solcher Erde möchte man Heil finden – obwohl ich weiß, dass auf dieser Erde und von den Händen von Österreichern in anderen Ländern viel jüdisches Blut vergossen wurde."

In seinem Wohnzimmer in seiner Wohnung in Tel Aviv hat er zahlreiche eingerahmte Fotos stehen. Sie zeigen seine Frau Sara, mit der er zwei Kinder großgezogen hat, Shimon und Doron. Die beiden haben jeweils selbst drei Söhne, er hat 15 Urenkel. Unter den rund zwei Dutzend Bildern ist eines, das ihn auf einem Pferd zeigt, und daneben steht in großen Buchstaben ein Zitat von ihm: „Ich sage ihnen, dass ich einen Zorn hatte. Ich kann ihnen sagen, dass gleich nach Abschluss des Krieges, des Weltkrieges, der Zorn auf Österreich sehr groß gewesen ist."

Was er heute dazu sagt? „Na, so war's", meint er knapp. Zum Unterschied zwischen Deutschland und Österreich im Umgang mit Holocaust-Opfern gefragt, wählt Eckhaus seine Worte mit Bedacht.

„Die Deutschen haben die Gelder rasch zur Verfügung gestellt, in Österreich ist es erst später dazu gekommen. Bis das Geld kam, sind viele nicht mehr am Leben gewesen." Ob das die Frage beantworte, wie unterschiedlich die beiden Staaten mit ihrem Erbe aus der Nazi-Zeit umgehen? „Ich habe ihnen darauf schon eine Antwort gegeben", meint Eckhaus.

Er will nicht pauschal verurteilen, sondern differenziert: „Es gab damals schon viele Nazis, aber nicht alle Österreicher waren Nazis. Viele haben geschwiegen, ein Großteil hat sich dann den Parolen angeschlossen. Wenn man Propaganda macht, dann schließen sich vor allem viele junge Menschen an."

Er ist auch heute noch überzeugt, „dass man bei der Jugend ansetzen muss". Deshalb trifft er sich auch noch im hohen Alter gerne mit jungen Leuten aus Österreich, die Israel besuchen, und er erzählt bereitwillig und ausführlich aus seinem Leben. „Ich möchte dazu beitragen, dass man die Vergangenheit nicht vergisst. Das mache ich, solange ich noch kann."

„Man wollte mich in den Tod befördern, von Lager zu Lager. Aber ich sitz' noch immer da und hab' die meisten von denen, die damals auf ihren Posten gesessen sind, überlebt."

Marko Feingold wurde 1913 in Besztercebanya das damals zu Ungarn gehörte, geboren. Er hat die vier Konzentrationslager Auschwitz, Dachau, Neuengamme und Buchenwald überstanden. Seit Kriegsende lebt er in Salzburg und verhalf Zehntausenden Juden zur Flucht nach Palästina.

Auf gute Kleidung legt Marko Feingold auch mit 105 Jahren noch Wert. „Mit den Bügelfalten meiner Hose habe ich keine Schwierigkeiten mehr, weil sich keine Frau mehr auf meinen Schoß setzt", meint er und lacht über seinen eigenen Scherz, als er vor der Salzburger Synagoge an diesem heißen Sommernachmittag für den Fotografen posiert.

Feingold hat sogar einen Anzug getragen, als er ins KZ eingeliefert wurde: als einer der ersten Juden, die 1939 in Österreich verhaftet und deportiert worden sind: Auschwitz, Neuengamme, Dachau und Buchenwald – all diese Orte, die für unsägliches Grauen stehen, hat er überlebt. Der Anzug wurde ihm gleich abgenommen, wanderte mit ihm von KZ zu KZ. Nach der Befreiung 1945 bekam er ihn wieder. „Es geht nichts über eine gründliche Verwaltung. Der Anzug war tipptopp", meint Feingold schmunzelnd. „Er hat zwar am Anfang nicht gepasst, aber ich bin wieder hineingewachsen."

Seinen Humor hat er nie verloren, nicht einmal in den schlimmsten Situationen seines Lebens. „Man wollte mich in den Tod befördern, von Lager zu Lager. Aber ich sitz' noch immer da und hab' die meisten von denen, die damals auf ihren Posten gesessen sind, überlebt", sagt er mit einem Schmunzeln. Dass Feingold als einer von fünfen einer ehemals großen Familie und Verwandtschaft tatsächlich überlebt hat, würden andere ein Wunder nennen, er selbst sieht es als „Zufall, denn sonst hätte es 20 Wunder geben müssen".

Als Marko Feingold geboren wurde, war sein Geburtsort Besztercebanya in der heutigen Slowakei noch Teil der österreichisch-ungarischen Monarchie und wurde von Deutschsprachigen Neusohl genannt. Er wuchs in Wien auf, hat viel Zeit im Prater verbracht und als Erwachsener dann miterlebt, „wie es gekippt ist". Feingold hat den Jubel seiner Landsleute gehört nach dem „Anschluss" Österreichs im März 1938 und wenige Monate später im November das Splittern der Glasscheiben jüdischer Geschäfte. „Das höre ich noch, wie wenn es gestern gewesen wäre", erzählt er.

Als Bild aus dieser Zeit sind ihm aber vor allem die Hakenkreuzbinden der Kellner in den Wiener Cafés in Erinnerung geblieben.

Er und sein Bruder Ernst wurden verhaftet und gefoltert, sie sollten das Versteck des Vaters preisgeben, was beide nicht taten. Nach fünf Wochen Gefängnis wurden sie freigelassen und flohen nach Prag, dort wurden die beiden erneut festgenommen und kamen dann nach Auschwitz. „Wir mussten durch einen Kordon von SS-Leuten. Wir wurden geschlagen, es wurde auch geschossen. Ich bekam die Nummer 11.900. Das Lager gab es erst seit sechs Monaten. Damals gab es noch keine Gaskammern. Es hieß auch immer, es wird niemand erschossen, denn es wäre schade um die Kugel. ‚Erschlagen müsst ihr sie!'" Von Auschwitz kamen die beiden nach Neuengamme. Dass er seinem Bruder, der Anfang 1942 dort starb, nicht bis zum Ende beistehen konnte, ist bis heute eine offene Wunde. Dabei war er es, der damals der Schwache war.

Nach der Befreiung durch die Alliierten 1945 wog der damals 32-Jährige nur noch knapp 40 Kilo. Feingold schont die Zuhörer nicht, wenn er über seine Zeit im Lager und die Transporte zwischen den einzelnen KZs spricht: „Die Gedärme hingen mir beim After heraus. Ich hatte Mühe, speziell beim Hinsetzen, da ich mich ja nicht auf meine Gedärme setzen konnte. Die musste ich, brutal gesagt, zuerst hineinschieben." Aber am schlimmsten sei für ihn etwas anderes gewesen, gleich nach der Ankunft in Auschwitz: „Als uns der Friseur den Kopf kahl geschoren hat. Da steht man pudelnackt da. Das ist so demütigend, das kann man schwer erklären. Da hat man ein Gefühl der Wertlosigkeit, da hat man gar keine Menschlichkeit mehr."

Feingold, der 1948 sein Geschäft „Wiener Moden" in Salzburg gründete, hat immer Wert auf sein Äußeres gelegt. Egal, ob er Besucher in seiner Wohnung oder seinem Büro neben der Salzburger Synagoge empfängt, ob er in Tel Aviv eine Veranstaltung besucht: Er hat stets akkurat frisiertes Haar und einen perfekt getrimmten Schnurrbart. Er weiß aufzutreten und sitzt jedem so ungebeugt und vital gegenüber, dass es schwerfällt, seine Lebensgeschichte mit diesem Mann in Verbindung zu bringen.

Mit dem Anzug im Gepäck wollte er, zusammen mit 127 anderen Überlebenden von Buchenwald, schnell nach Hause. Viele Länder schickten Busse, um ihre Leute abzuholen – Österreich nicht. „In Wahrheit wollten sie uns nicht zurückhaben", erregt sich Feingold noch heute. Also haben die Holocaust-Überlebenden kurzerhand drei Linienbusse im nahen Weimar gekapert. Weil die russische Besatzungsmacht den Bus nicht nach Wien durchließ, ist er in Salzburg ausgestiegen und „dort zufällig hängen geblieben". Die Polizei wies ihnen eine Wohnung im ersten Stock in der Haydnstraße 2 zu, das ehemalige Büro der NS-Frauenschaft. „Die erste Zeit hat man mich als Flüchtling betrachtet. Als Österreicher! So ein Unsinn!" Noch heute kann er seinen Zorn kaum zurückhalten.

Das Nachkriegsösterreich ist nicht gut umgegangen mit diesen jüdischen Rückkehrern, mit bürokratischen Mitteln wollte man Feingold sogar eine Entschädigung verweigern. Zu den bürokratischen Spitzfindigkeiten gehörte die Feststellung, dass er, der vier KZs überlebt hat, während der Nazizeit nicht ordnungsgemäß gemeldet war. Er sollte sogar den Nachweis erbringen, dass er wirklich jüdisch ist.

Der Zorn packt ihn jedes Mal aufs Neue, wenn er von antisemitischen Vorfällen erzählt: Wie ein Inserat in der SPÖ-Parteizeitung nicht gedruckt wurde und dann auch noch seine Parteimitgliedschaft ohne sein Wissen ruhend gestellt wurde; wie er in Drohbriefen noch heute als „Saujud" bezeichnet wird. Darüber spricht er immer wieder, bei allen sich bietenden Gelegenheiten, gerne mit Jugendlichen.

Seine Überlebensgeschichte hat Feingold aufgeschrieben in einem Buch mit dem Titel: „Wer einmal gestorben ist, dem tut nichts mehr weh". Er trat in „Die letzten Zeugen" im Wiener Burgtheater auf,

jenem Zeitzeugenprojekt des Autors Doron Rabinovici und des damaligen Intendanten Matthias Hartmann, das 2013/14 unter anderem auch in Berlin und Dresden zu sehen war.

Kaum bekannt ist dagegen ein anderer Teil von Feingolds Lebensgeschichte: wie der jüdische Flüchtling wider Willen zum Fluchthelfer für Juden wurde. Mehr als 100.000 Menschen brachte er über den Brennerpass nach Italien, die letzten 5.500 von ihnen im Jahre 1947 über die wohl spektakulärste Route: zu Fuß über die 2.634 Meter hohen Krimmler Tauern. Es habe sich „so ergeben, dass ich von einer Funktion in die andere reingeschlittert bin", meint er selbst bescheiden.

Begonnen hatte es in der „KZ-Küche". Im Stift von Sankt Peter in Salzburg war nach Kriegsende eine Küche eingerichtet worden, um die Rückkehrer aus Konzentrationslagern und Zuchthäusern zu versorgen. Feingold „weiß selbst nicht warum, das war halt einer dieser Zufälle": Neun Tage nach seiner Ankunft wurde ihm die Versorgung der 550 Personen anvertraut. Obst und Gemüse hätten sie von Händlern, die als Nazis bekannt waren, bekommen. Später übernahm Feingold, der inzwischen eine in seiner Wohnung registrierte Firma gegründet hatte, mit zwei ehemaligen Häftlingen aus Buchenwald die Büroarbeiten für die Verwaltung der Lager für Displaced Persons in Salzburg.

In den ersten Nachkriegsjahren hielten sich die Amerikaner nicht an die Wünsche der britischen Verbündeten, die als Mandatsmacht in Palästina dort keine Juden mehr einreisen lassen wollte. Aber sie wollten nicht selbst tätig werden und wandten sich an Feingold mit der Bitte, „die Juden aus den Lagern wegzubringen". Es waren inzwischen Tausende, die in Salzburg gestrandet waren.

Feingold marschierte in die Verkehrsabteilung der Salzburger Landesregierung, welche die von den Nazis hinterlassenen Fahrzeuge verwaltete. Ein Beamter wollte ihm die fünf verlangten Lkw verweigern.

„Da hab ich ihm geantwortet: ‚Wenn ich die Lastautos nicht kriege, dann bleiben die Juden da.' Und hab auf den Tisch gehauen." Da sei dem Mann herausgerutscht, genau das müsse man verhindern. „So hab ich die Autos gekriegt", sagt Feingold und lacht. Er kam auch in Kontakt mit der Bricha, jener jüdischen Untergrundorganisation, welche die Ausreise von Juden nach Palästina unterstützte.

Bei der ersten Tour über den Brenner fuhr Feingold in seinem Pkw voraus. Dass er aus seiner Zeit als Vertreter in Italien die Sprache beherrschte, beeindruckte die italienischen Zöllner genauso wie die mitgebrachten Konserven. „Ich hab denen erzählt, ich bringe Italiener, die von den Deutschen verschleppt wurden. Das war natürlich eine Lüge", meint er grinsend. Aber sie half. So konnten die sechs Lkw passieren, auf deren Ladefläche sich unter Planen die jüdischen Flüchtlinge drängten.

Nicht nur in dieser Julinacht 1945, sondern Hunderte Male fuhr der Konvoi diese Strecke. Zwischen 300 und 500 Menschen pro Tour wurden so über die Grenze geschleust, zweimal pro Woche – immer dann, wenn Beamte im Innenministerium Dienst hatten, die Feingold kannte. Auf der italienischen Seite wurden sie von Mitgliedern der Bricha in Empfang genommen und dann Richtung Palästina geschleust.

Auf Druck der Briten wurde 1947 die Grenze zwischen Österreich und Italien tatsächlich dichtgemacht. Im DP-Lager Saalfelden, 67 Kilometer südlich von Salzburg, warteten noch immer Tausende auf die Flucht nach Palästina. „Givat Avoda" nannten es die Juden, „Hügel der Arbeit". Da bekam Feingold im Juni 1947 einen Hinweis, dass sich die Amerikaner einen 10 Kilometer breiten Streifen mit direktem Zugang nach Italien gesichert hatten. Feingold fuhr mit den Bricha-Führern Asher Ben Natan und Aba Gefen nach Krimml und entdeckte einen Schmugglerweg. Die nächste Station war das Tauernhaus auf 1.631 Metern. Die Wirtin, Liesl Geisler-Scharfetter, war bereit zu helfen. Also riskierte man die erste Tour kurz vor Mitternacht. Auf der Ladefläche der fünf

Lkw saßen etwa 150 Menschen: Man wollte möglichst viele bei jedem Marsch über die Grenze bringen.

Mit Viktor Knopf fand sich ein Bergführer, der bereit war, die Touren anzuführen: bis zu dreimal pro Woche in den vier Monaten bis zum Winterbeginn. Im Schutze der Dunkelheit ging es über den Pass: 1.011 Höhenmeter hinauf, 1.068 hinab nach Italien, insgesamt 15 Stunden Gehzeit. „Es waren Schwangere und kleine Kinder dabei. Alte Fetzen trugen manche Leute, kein richtiges Schuhwerk, sie waren unterernährt, körperlich schwach. Trotzdem haben es mehr als 5500 geschafft", meint Feingold. „Von Abstürzen hat man nichts erzählt."

All diese Geschichten sind noch sehr lebendig bei den rund 100 Menschen, die sich Mitte November 2017 in Israel bei zwei Veranstaltungen im Daniel Hotel in Herzliya und in einem Saal auf einem Kasernengelände in Ramat HaSharon bei Tel Aviv trafen. Es sind die noch lebenden „Krimmler", wie sie sich selbst nennen, und ihre Nachfahren. Marko Feingold ist für sie der „Judenretter", ihr Ehrengast. Als zum Abschluss die Hatikwa, die israelische Hymne der Hoffnung, gesungen wird, singt er voller Inbrunst mit. Warum er in seinem Alter die weite Reise nach Israel auf sich genommen hat? Feingold versteht die Frage nicht – oder will sie nicht so verstehen. „Um einen Gegenbesuch abzustatten. Es waren noch nicht alle in Krimml, und manche werden wir vermutlich das letzte Mal sehen."

Trotz seiner 105 Jahre meint er die anderen, nicht sich selbst. Und er war auch einige Monate später am letzten Juni-Wochenende 2018 wieder dabei, als sich Dutzende zum Alpine Peace Crossing aufmachten. Jenen Marsch, der die Juden 1947 über die Krimmler Tauern nach Palästina führte. Mit dabei bei dieser Gedenkwanderung waren mehrere Dutzend Israelis, die selbst oder deren Vorfahren diesen beschwerlichen Weg gegangen sind.

Ob er nie daran dachte, selbst nach Israel auszuwandern? „Die ersten Jahre nach der Befreiung hab ich gehofft: Vielleicht taucht doch noch einer meiner Verwandten auf. Dann kam die Frau, das Geschäft. So hat eins das andere ergeben und ich bin geblieben."

Von 1946 bis 1947 war er Vorsitzender der Israelitischen Kultusgemeinde in Salzburg, seit 1979 steht er wieder der Gemeinde mit nicht einmal 70 Mitgliedern vor. Vom damaligen Vorsitzenden der rechtspopulistischen FPÖ, Jörg Haider, hat er umgerechnet 30.000 Euro für das Jüdische Kulturzentrum in Salzburg angenommen. Das hat ihm genauso Kritik eingebracht wie in diesen Tagen die Annahme einer Einladung ins Bundeskanzleramt aus Anlass seines 105. Geburtstags.

Bilder seiner Begegnung im Mai 2018 mit dem konservativen Bundeskanzler Sebastian Kurz und Vizekanzler Heinz-Christian Strache von der rechten FPÖ wurden von der Regierung sogar auf Instagram gepostet. Strache stellte ein Bild auf Twitter, das ihn mit dem Ehepaar zeigt, und lobte Feingold als „humoristischen Menschen". Dass Feingold, anders als der Präsident der Israelitischen Kultusgemeinde Wien, Oskar Deutsch, mit einem Rechten wie Strache Kontakt pflegt, begründet er so: Er sei für Dialog „mit allen" und glaube, dass die FPÖ nun zeigen müsse, wie sie mit der Vergangenheit umgehe.

Er hat zu jenen, die nach 1945 zu ihm kamen und ihn gefragt haben, ob er ihnen verzeihen könne, gesagt: „Ich kann das schon, aber ich kann das nicht für andere tun." Feingold, der früher geschmähte Jude, bekam am Ende seines Lebens viele Auszeichnungen und ist gern gesehener Gast bei gesellschaftlichen Ereignissen in Salzburg oder Wien. Bei einer dieser Gelegenheiten fragte ihn der damalige Salzburger Erzbischof, wie er es anstelle, so jung und fit zu bleiben. Feingolds Rat: „Machen Sie es wie ich, nehmen Sie sich eine junge Frau!"

Lachend bestätigt Feingold diese Begebenheit, die sich auf seine um 35 Jahre jüngere Frau Hanna bezieht. Sie sagt Max zu ihm, nicht Marko – und „Herr Hofrat", wenn es etwas ernster ist.

Als „besonders religiös" bezeichnet sich Feingold selbst nicht. „Ich glaube wohl an einen Gott und bin ihm auch dankbar, denn irgendwas muss es da geben bei all den Zufällen in meinem Leben." Und über die wundert er sich doch hin und wieder. „Dass ich die KZs überlebt habe, so viele Juden über den Brenner bringen konnte und später dann noch über die Alpen ohne gescheite Schuhe. Das war schon eine Kuriosität", sagt er. Und lacht – einmal mehr.

„Es gibt kleinere Stiche, es gibt auch Natur-Antisemiten. Aber die Juden sind heute zu wenige, als dass sich das auszahlt, die Bevölkerung aufzuhetzen."

Helga Feldner-Busztin wurde 1929 in Wien geboren. Mit ihrer Mutter und ihrer Schwester Liese Scheiderbauer überstand sie die Zeit im KZ Theresienstadt und konnte dreimal einem Auschwitz-Transport entkommen. Nach dem Krieg arbeitete sie als Ärztin in Wien.

Dreimal ist Helga Feldner-Busztin einem Transport nach Auschwitz entkommen. „Erst nach der Befreiung haben wir erfahren, was Auschwitz ist. Das haben wir bis dahin nicht gewusst." Es war einmal der Schlaf, der sie übermannt hat, und später der Instinkt ihrer Mutter, der sie vor der Fahrt vom Lager Theresienstadt in das Vernichtungslager Auschwitz bewahrt hat.

Ihre Mutter Hertha, die aus einer adeligen Offiziersfamilie stammte, blond und blauäugig war, hatte erst mit 18 Jahren erfahren, dass ihre eigene Mutter eigentlich Jüdin ist. Im Alter von 26 Jahren trat sie offiziell der jüdischen Gemeinde bei.

Am Krankenbett der Mutter lernte Hertha im Erzherzog-Rainer-Krankenhaus einen jüdischen Assistenzarzt kennen, Paul Pollak. Er stammte aus Brünn und wurde später in Wien Polizeiarzt. Aus Überzeugung, so sagt die Tochter, war er Sozialist „und ein bisschen monarchistisch angehaucht". Die Familie lebte in bescheidenen Verhältnissen im fünften Bezirk in Wien in der Nähe des Margaretengürtels in einem Gemeindebau.

Helga Pollak, wie sie bis zu ihrer Heirat hieß, ging gerne in die Schule und war schon als Kind wissbegierig und ehrgeizig. Sie und ein zweites jüdisches Mädchen durften auf Geheiß des Katecheten während des Religionsunterrichts in der Klasse bleiben. „Das Alte Testament habe ich so und so gelernt."

Dann kam das Jahr 1938. „Bis dahin war alles friedlich, plötzlich wurde alles anders." An zwei einschneidende Erlebnisse kann sie sich noch heute im Detail erinnern: Die eine Zäsur war die berühmte Rede von Kurt Schuschnigg, der am Abend des 11. März seinen Rücktritt mit dem Schlusssatz bekannt gab: „Gott schütze Österreich!" „Mein Vater hat dann schrecklich zu weinen begonnen. Ich habe mitgeweint, obwohl ich nicht genau verstanden habe, worum es geht. Aber ich habe gewusst, jetzt gibt es eine Änderung."

Die ließ nach dem so genannten „Anschluss" Österreichs nicht lange auf sich warten. Der Direktor, ein großes Parteiabzeichen auf der Brust, tauchte in der Klasse auf und rief: „‚Die Pollak und die Kammermann sollen heraustreten.' Er sagte: ‚Wir können keine Juden an unserer Schule dulden, geht sofort nach Hause!' Das hat gesessen. Das ist ein Stachel, der mich bis heute irritiert. Als Kind ist man so wehrlos und hat nicht gewusst, was einem passiert."

Aber nicht nur aus der Schule wurde sie geschmissen, die ganze Familie musste die Wohnung verlassen. „Mein Vater hat die Zeichen der Zeit nicht erkannt, wie so viele andere Juden, die gesagt haben: ‚Ich bin ein verwundeter Frontkämpfer, mir wird schon nichts passieren.'" Ihr Vater kehrte aus dem Ersten Weltkrieg nicht nur mit einem Goldenen Verdienstkreuz, sondern auch mit einem leicht verkrümmten Rückgrat als Folge einer Kriegsverletzung zurück.

Die Familie wurde bei einem anderen Arzt in dessen Wohnung einquartiert, „und es ging uns sogar besser als nie zuvor". Die resolute Dame macht eine Pause, sie weiß um die Wirkung dieses Satzes und setzt gleich zu einer Erklärung an. Das neue Wohnquartier hatte „ein ordentliches Badezimmer" und der Vater verdiente damals „so viel wie noch nie". Er war zunächst als Polizeiarzt beurlaubt und mit 46 Jahren schließlich zwangspensioniert worden. Paul Pollak war nur noch zuständig für „Lungenbehandlung von Juden". Die kamen von nah und fern zu ihm und bezahlten bar. „Aber dieser Zustand dauerte nur drei oder vier Monate. Dann haben sie ihn nach Buchenwald geschickt." Das war am 19. Oktober 1938.

Wer eine Schiffskarte und die Einreisemöglichkeit in einen Übersee-Staat vorweisen konnte, hatte die Chance, aus dem KZ Buchenwald herauszukommen. Zu der Zeit waren nur Kuba und Schanghai bereit, Juden aufzunehmen. „Wir haben uns für Schanghai entschieden, weil Bekannte schon da waren. Meine Mutter hat sehr viele Formalitäten erledigt, aber der Vater ist nicht zurückgekommen." Immer wieder habe die Mutter in der Hoffnung auf seine Rückkehr Tickets gekauft, die dann storniert werden mussten, erinnert sich die Tochter. „Am Schluss haben wir schon nichts mehr besessen, weil alles in die Storno-gebühren geflossen ist. Ringe, Teppiche, alles hat sie verkauft."

Am 10. Juni 1939 ist der Vater endlich zurück-gekehrt. „Daran habe ich noch eine sehr klare Erinne-rung, wie er ausgeschaut hat: Er war ganz einge-fallen, der Kopf geschoren. Er war irritiert. Das war ein starker Eindruck für eine 10-Jährige. Ich habe nicht alles verstanden, aber ich habe viel verstanden."

Die Eltern kratzten noch einmal Geld zusammen für den Ticketkauf. „Er ist dann nach Genua gefahren und hat feststellen müssen, dass er einem Betrüger aufgesessen ist, dass es das Schiff gar nicht gegeben hat. Da war unser ganzes Geld weg." Der Vater muss-te in Italien bleiben, die Juden wurden auf Geheiß der Deutschen von den Italienern interniert.

70 Jahre später hat sich Helga Feldner-Busztin das Lager in der Nähe von Ancona angesehen. „Sie haben es zwar Konzentrationslager genannt, aber das war es nicht. Das war ein Schloss, wo der Dienst-botenteil für die 200 Juden war." Der Vater hat eine kleine Ambulanz aufgebaut und bis 1944 auch Patien-ten aus der Gegend behandelt.

Scheiden lassen wollte sich die Mutter nicht, auch wenn es in ihrer Verwandtschaft sogar Nazis gab. Denn der Großvater hatte nach der Scheidung von ihrer Großmutter „eine sehr nette katholische Frau geheiratet, die uns im Krieg sehr geholfen hat", erin-nert sich Helga Feldner-Busztin. Ella hatte einen Sohn und einen Bruder, die bei der SA waren. „Das ist eine echte Groteske. Onkel Ferri war schon ein illegaler Nazi, aber er war nicht wirklich ein Antisemit. Er war immer sehr nett zu uns." Aber seine Frau habe einmal bei einem Besuch gesagt, auf einen „jüdischen Ses-sel" setze sie sich nicht. „Diesen Spruch werde ich nie vergessen." So sei die Familie „bunt" gewesen, be-schreibt Feldner-Busztin die Verwandtschaft.

Bis Helga 14 Jahre alt war, ist sie mit ihrer Mutter und ihrer 7 Jahre jüngeren Schwester Liese sieben-mal umgezogen. Die kleine Familie war wiederholt in Sammellagern, aus denen sie der Großvater immer wieder herausgeholt hat. Aus der Zeit in der Wiener Neustädter Offiziersakademie und seinem späteren Dienst als k.u.k.-Offizier kannte er nunmehrige NS-Größen. Ernst Kaltenbrunner, der spätere Chef der Sicherheitspolizei, der als einer der 24 Haupt-kriegsverbrecher bei den Nürnberger Prozessen angeklagt wurde, empfing ihn und sicherte ihm zu, dass seiner Tochter nichts passieren werde. „Mich hat er nicht erwähnt."

Bis zum 14. Lebensjahr galt der „Schutzstatus" der Mutter auch für die beiden Töchter. Am 14. Februar 1943 wurde Helga 14 Jahre alt. „Dann hieß es, jetzt gibt es keine Extrawürstl mehr, die Helga muss fah-ren. Meine Schwester und meine Mutter wären nicht verschickt worden. Aber meine Mutter wollte unbe-dingt mit." Das Ziel der Deportation war Theresien-stadt. Es war wieder der Großvater, der erwirkte, dass sie erst einen späteren Transport nehmen konn-ten, denn die damals 6-jährige Schwester Liese hatte Scharlach.

Am 28. März ging es von einem Sammellager los, nach zwei Tagen Fahrt in einem alten Personenzug kamen sie an. „Wir haben gewusst, es geht nach Theresienstadt. Wir haben nur nicht gewusst, was Auschwitz ist." Die 14-jährige Helga und ihre Mutter haben verschiedene Arbeiten verrichtet. Zuerst war Helga in der Keramikwerkstatt, aber von dort wollte sie weg, „weil es keine Zubußen gab" – zusätzliche Nahrungsmittel, die für körperlich anstrengendere Tätigkeiten zugestanden wurden. „Ich war pausenlos hungrig." Die Arbeit in einem Sägewerk war zu schwer, dann war sie zum Putzen eingeteilt, ehe sie in der Landwirtschaft landete.

Außerhalb der Stadtmauern von Theresienstadt wurden Obst und Gemüse angebaut, manchmal wanderte auch etwas in die Taschen der Arbeits-kräfte. „Ich war dadurch wesentlich kräftiger und auch besser ernährt. Gewohnt habe ich in einem deutschen Kinderheim, da bin ich richtig sozialisiert worden. Die deutschen Juden aus der Tschechoslowakei haben die Kinder zu Gemeinschaftssinn erzogen. Sie haben auch den Gedanken an Zion in unsere Köpfe implantiert. Das hat lange Zeit bei mir gewirkt."

Dreimal war Feldner-Busztin für einen Auschwitz-Transport eingeteilt. „Dass ich ihnen dort von der Schaufel gehüpft bin, war auch ein Glück. Ich habe damals aber keine Ahnung gehabt, was Auschwitz heißt." Im Herbst 1944 sind Transporte von jeweils rund 2.000 Menschen in Theresienstadt für Auschwitz zusammengestellt worden. „Alle sind gefahren, weil es geheißen hat: ‚Ihr kommt in ein Arbeitslager und dort kriegt ihr mehr zu essen.' Ich habe nicht gewusst, wo es hingeht."

Die damals 15-Jährige hatte beim ersten Mal eine hohe Nummer von etwa 1.600. „Dann bin ich plötzlich müde geworden, ich habe ein leeres Zimmer gefunden. Als ich aufgewacht bin, war der Transport weg. Dann habe ich mich gemeldet, es hat geheißen: ‚Dann fährst du eben nächste Woche.'"

Wieder wollte die Mutter mit, aber diesmal hieß es, das sei nicht möglich. „Da hat sie gesehen, das stinkt. Daraufhin hat sie gesagt: ‚Weißt du was? Du hast wieder so eine hohe Transportnummer über 1.800, jetzt machst du es absichtlich.'" Sie habe das zwar eigentlich nicht wollen, sich dann aber doch dem Transport entzogen. „Ich war ein einzelnes, kleines Mädchen, um das sich niemand gekümmert hat. Dann ist halt jemand anderer gefahren, bis die 2.000 voll waren. Das tut mir noch immer leid."

Als zum dritten Mal der Befehl kam, nach Auschwitz zu fahren, ist die Mutter zum Leiter der Landwirtschaft gegangen. Es war gerade die Zeit, in der die Erdäpfelernte anstand. Arbeitskräfte standen kaum noch nur Verfügung. „Die Mutter hat ihn überzeugt, so fuhr ich aufs Feld statt nach Auschwitz." Dass in Auschwitz ihr Vater war, erfuhr sie erst später, denn die restliche Familie hatte monatelang keine Nachrichten von ihm erhalten.

Dass sich der Wind für die Deutschen gedreht hatte, konnten sie in Theresienstadt während ihrer Arbeit auf dem Feld beobachten. „Zuerst sind die Truppen immer nach Osten marschiert, zackzack. Ab Februar 1945 hat man gesehen, sie gehen in die andere Richtung und nicht mehr im Gleichschritt. Da haben wir gedacht, jetzt wird es Zeit."

Die Befreier tauchten am Rande von Glashausbeeten auf. Hinter einem Erdhügel erschien plötzlich vor der damals 16-Jährigen eine Gewehrspitze und eine Kappe mit einem besonderen Emblem. „Es war ein Sowjetstern, der auf einen Judenstern traf. Das war am 8. Mai 1945."

In der Endphase wurden andere Lager weiter im Osten geräumt, die KZ-Insassen nach Theresienstadt gebracht. „Ich habe sie nur von der Ferne gesehen, sie waren nackt und völlig ausgehungert." Viele hatten Flecktyphus, weshalb das Lager nach der Befreiung noch zwei Monate lang unter Quarantäne gestellt wurde.

In dieser Zeit traf ein Brief vom Vater ein, der über das Rote Kreuz erfahren hatte, dass seine Frau und die beiden Töchter noch lebten. Er selbst hatte zwischen April 1944 bis zur Befreiung am 27. Jänner 1945 Auschwitz überlebt. Von einem Transport mit 200 Menschen haben das nur zwei geschafft. „Er war schon vorher ein Wrack. Nachher war er sehr schwierig. Er hat sehr lange gebraucht, bis er sich gefangen hat. Bei der Polizei haben sie ihn wieder genommen, bei der Arbeit scheint er halbwegs funktioniert zu haben. Zu Hause hat er aber geweint und jede Nacht geschrien." Hat der Vater zu Hause über seine Erlebnisse geredet? „Nicht über Auschwitz. Er hat über Buchenwald gesprochen, er hat sehr positiv geredet über seine Zeit in Italien. Aber Auschwitz war tabu."

Viele seiner Familienmitglieder wurden von den Nazis umgebracht. „Die Familie meines Vaters hat in Brünn gelebt und ist von dort nach Theresienstadt gebracht worden. Die Großmama ist dort sehr bald gestorben. Die anderen sind nach Auschwitz deportiert und vergast worden. Meine Tante in Budapest ist von den Pfeilkreuzlern in die Donau getrieben worden." Die Pfeilkreuzler waren die Anhänger einer faschistischen und antisemitischen Partei in Ungarn.

Nach dem Ende des Krieges wollte sie nach Palästina auswandern. „Unsere Familie hat im Holocaust viel mitbekommen. Wir haben nur durch eine Reihe von Zufällen überlebt." Aber dann gab es doch Gründe zu bleiben: die eigene Familie, und sie hat ihren späteren Mann Hans Feldner-Busztin kennengelernt. Er hat untergetaucht in Wien die Nazizeit überlebt. Über sein Schicksal hat die Enkelin Anna Goldenberg 2018 das Buch „Die Versteckten Jahre" (Zsolnay Verlag) geschrieben. „Außerdem habe ich mir gedacht, jetzt zeig ich es ihnen." Dableiben, um es den ehemaligen Nazis zu zeigen? „Ja, auch. Ich habe damals einen starken Hass gehabt. Wenn man 16 Jahre alt ist und die ganze Zeit vorher ist uns eingeprägt worden, dass wir minderwertig sind, dass wir schlechtes Blut haben, das löst bei einem Jugendlichen etwas aus. Das war ein starker Stachel."

Ihrer Familie wurde in Wien anfangs eine Wohnung zugeteilt, in der sie gemeinsam mit dem Ariseur wohnen mussten. „Sie können sich vorstellen, dass das keine besonders liebevolle Beziehung war." Die Möbel kamen aus dem Depot der Kultusgemeinde, die Care-Pakete aus Amerika halfen, den im Wien der Nachkriegszeit präsenten Hunger zu stillen.

Gemeinsam mit ihrer besten Freundin entschied sie sich, die Matura zu machen und zu studieren. Mit 23 Jahren promovierte Helga Feldner-Busztin in Medizin. In den Spitälern, in denen sie gearbeitet hat, „waren noch viele alte Nazis". Ein Oberarzt habe sie regelrecht gequält, manche hätten sie sehr „schmafu" – ein Wiener Ausdruck für schäbig – behandelt. Sie sei ohnehin aufgefallen: die Jüngste, sehr ehrgeizig, verheiratet, eine Jüdin. Bei einem Kollegen habe sie im Dienstzimmer ein Porträtfoto von ihm selbst in SS-Uniform gesehen – 10 Jahre nach Kriegsende.

Mitte der Fünfzigerjahre ging sie mit ihrem Mann, der ebenfalls Medizin studiert hatte, in die USA. Länger als ein Jahr haben sie es nicht ausgehalten, vor allem wegen der Rassentrennung sind sie zurück nach Wien. „Ich habe mir gedacht, das brauch ich nicht auch noch."

Feldner-Busztin selbst bezeichnet sich als „überzeugte Atheistin", aus dem Judentum kann man nicht austreten, aber aus der Kultusgemeinde, was sie gemacht hat. In Wien arbeitete sie als Internistin, bekam vier Kinder und freut sich heute über elf Enkelkinder. Acht Familienmitglieder leben in dem vielfach an- und umgebauten Haus im 19. Bezirk unter einem Dach. „Eine alte Frau wie ich kann es nicht besser treffen. Ich beschwere mich über die Regierung, aber nicht über mein Leben."

Die Aktivitäten der Koalition aus ÖVP und FPÖ sieht sie sehr kritisch. „Diesmal geht es nicht gegen die Juden, sondern gegen die Zuwanderer." Könnte es noch einmal gegen die Juden gehen? „Nein. Nicht in Österreich. Es gibt kleinere Stiche, es gibt auch Natur-Antisemiten. Aber die Juden sind heute zu wenige, als dass sich das auszahlt, die Bevölkerung aufzuhetzen."

„Ich habe zwei Töchter und einen Sohn, sechs Enkelkinder. Das ist meine Botschaft an Hitler. Ich bin hier mit meiner Familie, ihn gibt es nicht mehr."

Mosche Frumin wurde 1939 in Rovno im damaligen Polen geboren. Seine Familie floh bis nach Usbekistan. Gemeinsam mit seiner Mutter gelangte er 1947 über die Alpen in Österreich nach Italien und weiter nach Palästina. Er lebt als Künstler in Kiriat Bialik.

Jeden Tag beschäftigt er sich mit dem Holocaust. Hinter seinem Haus in Kiriat Bialik im Norden Israels hat Mosche Frumin in einem eigenen Bungalow sein Atelier. Hier fertigt er mit schier unerschöpflicher Energie seine Skulpturen aus Holz an, von denen sehr viele mit seinem dominierenden Lebensthema zu tun haben. Eine Statue heißt „Vom Holocaust zur Auferweckung", sie symbolisiert, wie eine Figur sich allmählich aufrichtet. Ein anderes Werk zeigt sechs Flammen, die aus einem Krematorium in die Höhe schießen, sie sollen die sechs Millionen ermordeter Juden während der Nazizeit darstellen. Viele seiner Kunstwerke enthalten ein Ei. Warum? „Es hat lange gedauert, bis ich verstanden habe, warum ich das mache. Das Ei symbolisiert die nächste Generation. Das stellt eine Verbindung zum Holocaust her. Das Leben geht weiter. Ich habe zwei Töchter und einen Sohn, sechs Enkelkinder. Das ist meine Botschaft an Hitler. Ich bin hier mit meiner Familie, ihn gibt es nicht mehr."

Er selbst war „ein Kind ohne Kindheit", beschreibt Frumin. „Als ich 3 Jahre alt war, da war ich schon ein alter Mann." Denn als er dieses Alter erreicht hat, starb sein Vater. „Aber ich weiß nicht wie und wo genau. Meine Mutter hat mir das nie erzählt." Er selbst will seine eigene Geschichte auf seine eigene Weise erzählen und vor allem die Skulpturen für sich sprechen lassen: „Um nicht zu vergessen und nicht zu vergeben." Sie vergeben nicht? „Nein! Nicht dieser Generation von damals", erklärt Frumin mit erregter Stimme. Den nächsten Satz spricht er aber schon wieder leiser aus. „Die Generation, die nach dem Zweiten Weltkrieg geboren ist, hat damit nichts zu tun."

Über die Erfahrungen während des Holocaust reden wollte auch er selbst jahrzehntelang nicht. Erst die Enkelkinder haben ihn dazu gebracht, seine Geschichte auch in Worte zu fassen. Mosche Frumin war ein Jahr alt, als die erste Bombe das Wohnhaus in seinem Heimatort Rovno, das damals in Polen und heute in der Ukraine liegt, getroffen hat. Seine Mutter hat ihm später erzählt, dass er ab diesem Moment zu sprechen aufgehört hatte – und er sollte für lange Zeit verstummen.

Der Vater war Manager einer großen Fabrik. Auf der Flucht vor den Nazis und vor Pogromen aus Polen machte sich die dreiköpfige Familie mit einem Pferdefuhrwerk auf in Richtung Osten, immer weiter, immer weiter, bis sie schließlich in der Usbekischen Sowjetrepublik landeten. Irgendwo auf dem Weg starb der Vater. Der Hunger war ein ständiger Begleiter, erinnert sich Mosche. „Meine Mutter hat mir beim Schlafengehen erzählt: ‚Am nächsten Tag kannst du so viel Brot essen, wie du willst.' Und so bin ich dann trotz des Hungers eingeschlafen. Am nächsten Tag war es wieder so. Das ging dann 5 Jahre lang so, fast jeden Abend." Auch in Usbekistan zogen sie immer wieder um, 1945 kehrten sie nach Polen zurück. Aber bleiben wollte die Mutter nicht. „Die Polen und Ukrainer waren teilweise schlimmer als die Deutschen." So zog es sie nach Palästina. Dass sie erst nach Jahren am Ziel sein würden, konnte die Mutter damals noch nicht ahnen.

Über die Tschechoslowakei gelangten sie nach Österreich. Zuerst sollten die Juden, die auf dem Weg nach Palästina in dem Land strandeten, im ehemaligen Konzentrationslager Ebensee in Oberösterreich untergebracht werden. „Wir haben einen riesigen Berg Schuhe gesehen. Meine Mutter hat sofort gesagt: ‚Da bleiben wir nicht.' Sie wollte nicht, dass ihr 6-jähriger Sohn ein Krematorium sieht." Nach einer Station in Wegscheid landeten sie schließlich in Saalfelden in einem Lager für Displaced Persons, von den Bewohnern Givat Avoda, Hügel der Arbeit, genannt. Hier strandeten jüdische Flüchtlinge, die nach Palästina wollten. Denn die Briten, eine der Besatzungsmächte in Österreich, waren auch die Mandatsmacht in Palästina. Sie wollten aus Rücksicht auf die Araber nicht noch mehr Juden auf dieses Fleckchen Land am Mittelmeer lassen.

So harrte Mosche mit seiner Mutter mehr als ein Jahr lang in Saalfelden aus. Der damals 6-Jährige besuchte auch eine Schule, er ist auf einem Klassenfoto zu sehen. Aus dieser Zeit sind mehrere Aufnahmen erhalten. Eines zeigt Mosche mit seiner 3 Jahre jüngeren Freundin Sophie. Auf einem anderen Foto ist er gemeinsam mit seiner Mutter zu sehen, beide in schöner Kleidung. Seine Mutter arbeitete als freiwillige Helferin in einem amerikanischen Krankenhaus. Als Dank erhielt sie ein Leintuch und ließ sich daraus einen Mantel schneidern. Gemeinsam mit dem Sohn, für den aus Militärdecken eine neue Jacke entstanden war, ließ sie sich 1947 bei Foto Bauer in Saalfelden ablichten. Bei seiner ersten Rückkehr 2007 ging Mosche Frumin erneut zu diesem Fotogeschäft, das inzwischen der Enkelsohn übernommen hat. Er stellte die damalige Szene nach. Statt mit dem dicken Mantel posierte er mit einem leichten Hemd. Zwei Aufnahmen zeigen Mosche Frumin vor einem Fahrrad an einer bestimmten Straßenecke in Saalfelden – 60 Jahre liegen dazwischen.

Die Aufnahme, auf der Mutter und Sohn posieren, ist am 28. März 1947 von Saalfelden an seine Tante Shonya geschickt worden, die bereits 1936 nach Palästina gelangt war. Es sollte noch mehr als ein Jahr dauern, ehe sie selbst es dorthin schafften. Sechsmal haben seine Großmutter, seine Mutter und er selbst versucht, die Grenze von Österreich in Richtung Italien zu passieren, um weiter nach Palästina zu reisen. Aber jedes Mal wurden sie abgefangen. Einmal kamen sie nur knapp davon und konnten sich in eine Scheune voller Heu retten. Die österreichischen Gendarmen versuchten sie dann dort zu finden. Immer wieder stachen sie mit Gabeln in die Heumenge. Seine Mutter habe sich mit ihrem Körper schützend um ihn gelegt, so wäre sie getroffen worden. „Zum Glück ist uns nichts passiert." Eine seiner Skulpturen zeigt die Szene von damals, wie eine Frau mit ihrem Körper ein Kind schützt. Ein anderes Werk zeigt wieder sechs Stelen für die sechs Millionen Juden und dazwischen ein riesiges Schloss – Symbol für die verschlossenen Grenzen.

Angebote, in die USA oder nach Kanada zu reisen, lehnte die Mutter kategorisch ab, sie war eine überzeugte Zionistin. Vor dem siebten Versuch im Sommer 1947 wurde die kleine Familie geteilt: Mosche wurde mit anderen Kindern in ein Fahrzeug gesteckt, die Großmutter mit Bandagen versehen in einen Rettungswagen. Beide Fahrzeuge gelangten über die Grenze bis nach Mailand.

Die Mutter musste jedoch zu Fuß die Alpen über den Krimmler Pass überqueren. Es war kalt und gab Schnee, die Flüchtlinge hatten keine richtigen Schuhe an. Diese Route hatte der Salzburger Fluchthelfer Marko Feingold ausfindig gemacht. Er schleuste rund 5.000 Juden über diesen gefährlichen Weg, der mehr als 1.000 Höhenmeter bis zum Pass führte und allen 15 Stunden Gehzeit abverlangte. Aber alle anderen Fluchtmöglichkeiten wurden zu diesem Zeitpunkt von den Briten blockiert, auch die Amerikaner und Franzosen ließen keine Juden mehr durch.

Erst nach einem Monat fanden Mutter, Großmutter und Sohn einander in Mailand wieder. Über Bari ging es dann per Schiff in Richtung Palästina. Als am Horizont die Briten auftauchten, türmte die Mannschaft und die Briten enterten das Schiff. Die Flüchtlinge wurden in Haifa an Land gebracht, weiter ging es mit dem Schiff „Empire Comfort" nach Zypern. Das Schiff und die Zeit in dem zypriotischen Lager hat Mosche Frumin in Skulpturen verewigt.

Ab August 1946 deportierten die Briten mehr als 50.000 Juden nach Zypern und ließen sie nicht nach Palästina. Mosche, seine Großmutter und Mutter mussten ein Jahr lang im „Summer Camp 55" in einem Zelt leben. Am 9. Juli 1948 kamen sie schließlich in Israel an. David Ben Gurion hatte knapp zwei Monate davor am 14. Mai die Unabhängigkeit ausgerufen, noch in der Nacht griffen arabische Staaten den neuen Staat an. Zwei Tage nach seiner Ankunft kamen die ersten ägyptischen Bomber, erinnert sich Mosche Frumin.

Er wuchs im Jugenddorf Hadassa auf, wo er später auch seine Frau Pnina traf. Unter den Jugendlichen, die selbst oder deren Eltern vor dem Holocaust geflohen waren, gab es ein ungeschriebenes Gesetz: „Es gibt keine Vergangenheit, nur die Gegenwart und Zukunft existiert." Als Erwachsener habe er sich nie bewusst mit dem Holocaust auseinandergesetzt.

„Aber das Thema war stets präsent, die ganze Zeit." Auch mit seiner Mutter, die 1992 starb, sprach er nicht über die damaligen Erfahrungen. „Meine Mutter hat nie darüber reden wollen. Nie. Niemand hat geredet. Ich habe die Skulpturen gemacht, aber auch nicht geredet." Seine Kunstwerke verkauft er auch nicht. „Das ist ein Teil von mir." 12 Jahre lang lehrte er an der Universität Haifa, er hatte Dutzende Einzelausstellungen in Israel, Australien und den USA.

Nach Österreich ist Frumin 2007 zurückgekehrt, als er im Radio einen Aufruf von Ernst Löschner gehört hat. Der ehemalige Bankmanager wandte sich an all jene, die selbst die Krimmler Tauern überquert hatten, oder an ihre Nachfahren. Er selbst hatte erst kurz davor erfahren, dass über diesen abenteuerlichen Weg Juden aus Osteuropa in Richtung Palästina flüchteten. Löschner wollte an diese Geschichte erinnern und suchte Zeitzeugen in Israel.

Frumin meldete sich bei der österreichischen Botschaft, die den Kontakt herstellte. Löschner lud ihn dann nach Österreich ein. Mosche Frumin war einer der ersten Redner beim Alpine Peace Crossing, jener Gedenkwanderung, bei der der Flucht der Juden über diesen Gebirgspass gedacht wird. Frumin war es wichtig, bei dieser Veranstaltung im Ort Krimml auf Hebräisch sprechen zu können. Seither wird diese Wanderung jedes Jahr abgehalten und auch 2018 war Frumin wieder dabei. Ausgerüstet mit zwei Stöcken wanderte er das erste Teilstück mit. Seine Tochter war mit ihrem Mann und den Zwillingen extra aus Israel angereist. Am Tag vor der Wanderung gab es eine Führung in der nunmehrigen Wallner-Kaserne des österreichischen Bundesheeres, vor der inzwischen ein Gedenkstein an das ehemalige Displaced-Persons-Lager für jüdische Flüchtlinge erinnert. Auch auf der Route gibt es Gedenktafeln und einen „Hain der Flucht", dessen Bäume 2017 auf einer Almwiese im Krimmler Achental kurz vor dem steileren Anstieg in Richtung Windbachalm gepflanzt wurden.

Einmal noch wandelte er auf seinen damaligen Spuren, als 2014 ein Film über die Bricha gedreht wurde. Die Bricha war jene Untergrundorganisation, die zwischen 1944 und der Gründung des Staates Israels 1948 Juden aus Europa bei ihrer Flucht und der illegalen Einwanderung nach Palästina half. Ob er ohne diese Projekte auch nach Saalfelden zurückgekehrt wäre? „Nein, da wäre ich nie gegangen. Ich war in Berlin, das war sehr schwierig. Es war schwierig für mich, mich dort aufzuhalten", antwortet Frumin. Warum? „Ich weiß es nicht genau. Es war die Hauptstadt der Nazis. Es war sehr schwierig, ich kann es nicht genau sagen." Würden Sie noch einmal nach Berlin zurückkehren? „Nein."

Viele junge Israelis machen sich insbesondere nach Berlin auf. Wie wäre das für ihn, wenn auch seine Enkel diesen Weg gingen? „Sie müssen das tun, was gut ist für sie. Sie haben die Zukunft noch vor sich und müssen ihre eigenen Entscheidungen treffen." Wie wichtig ist es, an die Geschichte zu erinnern? „Es ist ganz wichtig, die nächsten Generationen zu lehren: Vergesst nicht! Und ich vergebe nicht. Ich war 8 Jahre lang ein Flüchtling." Aber Mosche Frumin legt großen Wert auf eine Unterscheidung zwischen Flüchtlingen und denjenigen, die in ein Land kommen, um dort zu arbeiten. „Nur Flüchtlinge muss man aufnehmen." Was er an seine Enkel weitergeben wolle? „Nie zu vergessen."

An diesem Punkt mischt sich seine Tochter Inbal ins Gespräch ein, die am gleichen Institut in Haifa, wo ihr Vater unterrichtet, studiert hat. Sie ist auch Künstlerin und visuelle Gestalterin, ihr Talent bringt sie in Filmen ein oder bei der Gestaltung von Ausstellungen. Sie drängt ihn, doch mit ihr in seinen Geburtsort Rovno zu fahren: „Nein, ich will nicht!", blockt Mosche Frumin ab. „Ich fühle mich nicht an Rovno gebunden. Ich habe nichts mit dem Ort zu tun." Als seine Tochter ihm entgegenhält, dass er doch in Krimml und Bari sowie auf Zypern gewesen sei und mit seinem Geburtsort doch den Zyklus abschließen könne, sagt Frumin ein letztes Mal: „Ich will nicht. Ich will nicht zurück nach Polen. Nein, nie! Ich weiß nicht warum."

„Ich war mit Asche bedeckt und man sah noch Knochen, denn es ist ja nicht alles verbrannt. Ich stand da in einem Berg von Asche, eigentlich in einem Berg voller Toter."

Rudolf Gelbard wurde 1930 in Wien geboren. Mit seiner Familie kam er ins KZ Theresienstadt. Nach dem Krieg war Gelbard ein engagierter Kämpfer gegen den Faschismus. Er starb am 24. Oktober 2018 in Wien.

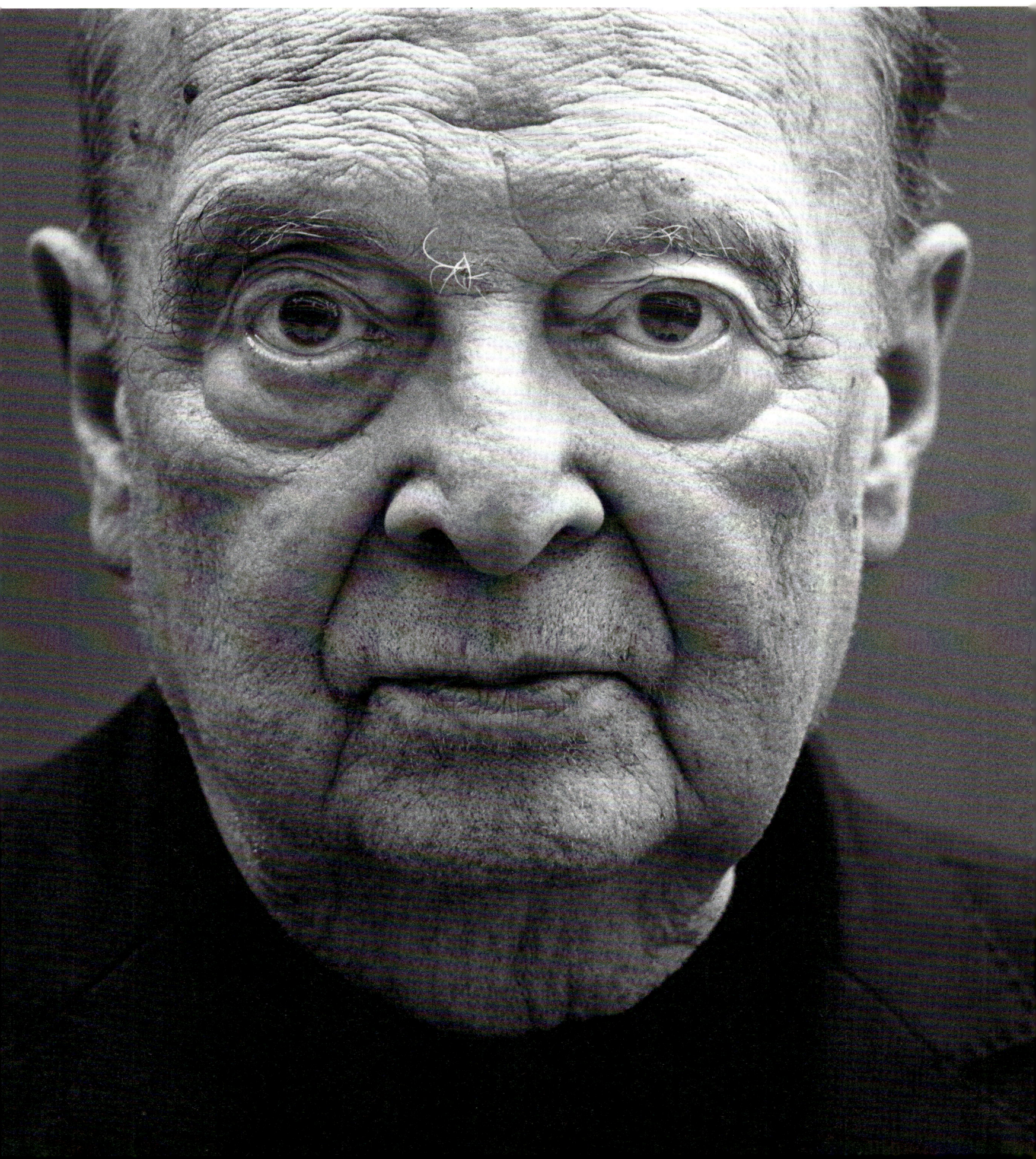

Er konnte auf die Nerven gehen: Rudolf, genannt Rudi, Gelbard war bekannt dafür, dass er bei fast jeder politischen Veranstaltung in Wien eine Frage stellte oder in seiner Wortmeldung historische Hintergründe ergänzte. Gelbard rief zu fast jeder Tages- und Nachtzeit in der Redaktion an, hielt sich nicht lange mit Begrüßungsfloskeln auf, sondern kam gleich zur Sache. Dann folgte ein Monolog über einen Jahrestag, über den nicht berichtet worden ist, oder das Ergebnis seiner Recherchen über die neuesten Ausfälle von Burschenschaftern. Gelbard hatte Zeit und verlangte das auch von seinem Gegenüber. Er war kaum zu stoppen, streute Zahlen, Fakten und Zitate ein. „Genaue Information ist Abwehr" – das war sein Motto.

Ihn trieb an, dass all das, was er erlebt hatte, immer wieder passieren konnte – oder noch immer. Gelbard sah sich als Kämpfer, Mahner und Aufklärer, keinesfalls wollte er vor allem als Opfer gesehen werden. Deshalb erzählte er nur sehr wenig über seine eigenen Erfahrungen als Bub während des Nationalsozialismus: Wie er mit seiner Mutter verbotenerweise in ein Restaurant gegangen sei und dann dort, als es verlangt wurde, das Horst-Wessel-Lied gesungen habe. „‚Das wird einmal ein strammer Hitler-Junge', haben sie zu meiner Mutter gesagt. Ich habe den Text gekonnt, weil ich instinktiv gespürt habe: Es ist gut zu wissen, wie der Gegner denkt."

Den Eltern hat er nicht immer gesagt, wo er sich herumtrieb. „Ich habe mir schon einige Stückerln erlaubt, bevor wir ins KZ gekommen sind: ohne Judenstern raus und sogar ins Kino." Einmal hatte so ein Ausflug Folgen. Von HJ-Burschen wurde Gelbard durch die Wiener Straßen gejagt. Er kam dann mit einem „Spitz", also einem Fußtritt, und dem Ruf ‚Schleich di, klaaner Judenbua' davon. Dass er damals Angst empfunden hat, gestand Gelbard auf Nachfrage noch ein. Aber mehr wollte er zu seinen Gefühlen nicht sagen.

Nüchtern, fast distanziert schilderte er Begebenheiten aus dem KZ Theresienstadt, in das die Familie 1942 deportiert wurde. Er beschränkte sich auf das Notwendigste, auf das, was aus seiner Sicht gesagt werden musste. Damit man verstehen konnte, was ihn zeit seines Lebens beschäftigt hat, warum er nie zur Ruhe kam und es sich und den anderen nicht leicht gemacht hat.

Was Gelbard in Theresienstadt erlebt hatte, war schon beim Zuhören kaum auszuhalten, und er wusste das: „Unglaublich, was der Mensch ertragen kann und an was er sich gewöhnt." Dann erzählte er eine Episode aus dem April 1945, Gelbard arbeitete damals im so genannten Bahnhofskommando. „Es kam ein Transport mit Häftlingen an, ich glaube aus Groß-Rosen. Wir haben die Türen aufgemacht, es war schrecklich. Die Hälfte war tot." Sie mussten Tote und noch Lebende mit einem Stock trennen. Die Mitglieder seines Kommandos hatten Lebensmittel gespart für diese Neuankömmlinge, die tagelang nichts zu essen bekommen hatten. „Die haben sich dann gegenseitig das Stück Brot aus dem Mund gerissen, wie Tiere. Vertierte Menschen." Wie man das aushalte als 15-Jähriger? „Da hat man nicht so viel gedacht, sondern das einfach gemacht."

So war es dann auch, als kurz vor Kriegsende Gelbard dazu eingeteilt wurde, Pappkartons mit der Asche von Ermordeten aufzureißen, die man verschwinden lassen wollte. „Ich stand auf diesem Lastwagen und habe die Urnen aufgerissen. Ich war mit Asche bedeckt und man sah noch Knochen, denn es ist ja nicht alles verbrannt. Ich stand da in einem Berg von Asche, eigentlich in einem Berg voller Toter."

Seine Eltern und er selbst haben überlebt: die Schikanen im KZ, den Hunger und auch, als man alle Häftlinge in Theresienstadt einen Tag lang für einen Zählappell stehen ließ. „Unser Überleben war ein Betriebsunfall. Nach der Rückkehr aus dem KZ musste ich aber die entsetzliche Wahrheit erkennen. Meine Großfamilie wurde fast gänzlich ermordet. 19 Mitglieder waren tot." Auch seine Eltern sind wegen der Folgen der Haft sehr jung gestorben, sein Vater war erst 44 Jahre alt.

Nach ihrer Rückkehr aus Theresienstadt wurde der Vater von Nachbarn gefragt: „Was? Hat man euch nicht vergast?" Und noch im Jahre 1945 wurde er bei einem Kinobesuch als „Saujude" beschimpft, den man wohl vergessen habe zu vergasen. Viele Verfolgte haben nach ihrer Rückkehr überall Nazis gesehen, Gelbard differenzierte: „Ich habe immer gewusst, es gibt auch das andere Österreich. Als Schuschnigg seine Abschiedsrede hielt, saßen in unserer Wohnung Juden und Nichtjuden zusammen, Sozialdemokraten und Monarchisten. Und alle haben geweint." Die Rede des damaligen Bundeskanzlers Kurt Schuschnigg am 11. März 1938 machte den Weg frei für den „Anschluss" Österreichs ans Deutsche Reich.

Obwohl er in Theresienstadt zum überzeugten Zionisten geworden ist, blieb er nach 1945 in Österreich. Aber seine Erfahrungen im Wien der Nachkriegszeit haben in ihm den Kampfeswillen geweckt. Das Rüstzeug hat er in Theresienstadt von seinen Jugendführern mitbekommen, „die alle Sozialisten und Zionisten waren". Ihnen hat er mit Begeisterung zugehört und vieles nachgeholt, was er nach dem Rausschmiss aus der Schule als „Judenkind" nicht mehr lernen konnte. Die Diskussionen der Männer, die später alle ermordet wurden, haben sein nie versiegendes Interesse an Zeitgeschichte geweckt. Er verbrachte später viel Zeit in Bibliotheken und besuchte als außerordentlicher Hörer die Universität Wien. Als es 1946 zu ersten Störaktionen bei einer Vorlesung über „Juden im Mittelalter" kam, beteiligte sich Gelbard an der folgenden ganztägigen Belagerung der Hochschule.

Das war seine erste „antifaschistische Aktion", wie er es nannte, viele weitere sollten folgen. 1948 störten Gelbard und seine Mitstreiter eine Versammlung ehemaliger „Ariseure", die den Verein „Schutzverband der Rückstellungsbetroffenen" gründen wollten. 1955 sprengten sie ein Treffen von Neonazis, wo der ehemalige Nationalratsabgeordnete Fritz Stüber einen Vortrag über „Hungerrenten und die jüdischen Forderungen an Österreich" halten wollte. 1956 ge-

lang es den Aktivisten, die Gründung der Kameradschaft IV der SS zu verhindern. Handgreifliche Auseinandersetzungen gab es 1959 wegen der so genannten Schiller-Feier, einem Aufmarsch von Deutschnationalen, Neonazis und volkstreuen Verbänden.

Es sollte nicht lange dauern, ehe es den ersten Toten infolge einer politischen Gewalttat nach 1945 in Österreich gab: Ernst Kirchweger. „Ich habe nicht gesehen, wie er niedergeschlagen wurde, ich habe ihn nur im Blut liegen gesehen." Nach Einschätzung Gelbards hätten die gewaltsamen Zusammenstöße im März 1965 noch weiter eskalieren können. „Wir haben eine sehr gute Ordner-Gruppe gehabt, es hätte sogar mehr Tote geben können."

Auslöser für die Auseinandersetzungen waren die Vorlesungen eines Hochschullehrers, die als „Borodajkewycz-Affäre" in die österreichische Geschichte eingehen sollte. Der an der Hochschule für Welthandel lehrende Professor Taras Borodajkewycz streute antisemitische Sprüche in seine Vorlesungen ein, die bei vielen Studenten sogar auf Zustimmung stießen. Ein „antifaschistisches Studentenkomitee" und ehemalige Widerstandskämpfer, darunter Gelbard, riefen zu einer Demonstration auf, auch dessen Unterstützer kamen: „Einige hatten die unglaubliche Frechheit zu rufen: ‚Hoch Auschwitz, Hoch Boro!' Das muss man sich vorstellen." Von Sympathisanten Borodajkewycz' wurde Kirchweger am 31. März 1965 mit einem Fausthieb niedergeschlagen und so schwer verletzt, dass er zwei Tage später starb.

Als „unerträglich" prangerte Gelbard jahrzehntelang bei jedem seiner Auftritte öffentlich die Freisprüche oder Urteile mit geringen Haftstrafen ehemaliger NS-Täter an. Er zählte sie auf, nannte die Täter beim Namen, um sie so vor dem von ihnen gewünschten Vergessen zu bewahren. „Ich war erschüttert, dass so viele nichts gelernt haben. Denn über die Prozesse, über Auschwitz, Treblinka und all die anderen Vernichtungslager wurde damals berichtet. Auf mich hat das eine fürchterliche Wirkung gehabt. Dass man nichts wissen hat wollen."

Ihn, der zu jedem zeitgeschichtlichen Thema aus dem Stegreif dozieren konnte, trieb um, dass immer mehr Geschichtsverdreher Österreich als Bühne für ihre Auftritte nutzten: Gottfried Küssel, Gerd Honsik, der amerikanische Revisionist David Hoggan und der britische Holocaust-Leugner David Irving. Bei einer Demonstration gegen Irvings Auftritt 1989 stand Gelbard auf der einen und der spätere FPÖ-Chef und Vizekanzler Heinz-Christian Strache auf der anderen Seite.

Eine Regierungsbeteiligung der FPÖ und einen stärkeren Einfluss der deutschnationalen Burschenschafter zu verhindern, war in den letzten Jahren der Antrieb des überzeugten Sozialdemokraten, der 1947 in die Partei eingetreten war. 2015 war Gelbard einer von neun Holocaust-Überlebenden, die die rechtsextreme Zeitschrift „Aula" klagten. In dem Blatt wurden Überlebende des KZ Mauthausen unter anderem als „Landplage" und „Massenmörder" bezeichnet, die nach der Befreiung des KZs „plündernd durchs Land" gezogen seien. „In meiner Klage heißt es: ‚Durch die Äußerungen in der ‚Aula' fühle ich mich persönlich betroffen, ich werde pauschal als Verbrecher bezeichnet.' Das kann ich doch nicht auf mir sitzen lassen."

Die Kläger gewannen das Verfahren, die „Aula" musste einen Widerruf bringen, aus dem Gelbard immer wieder zitierte. Das machte er dann auch mit Glückwunschschreiben sämtlicher FPÖ-Granden, die die „Aula" zu einem Jubiläum veröffentlichte. Dieser juristische Sieg war ihm eine Genugtuung in seinem ratlosen Kampf, der manchmal wie einer gegen Windmühlen schien.

Unmittelbar nach der Wahl im Oktober 2017, bei der ÖVP und FPÖ zugelegt hatten, wandte er sich in einer Videobotschaft an die Öffentlichkeit. Gelbard warnte eindringlich vor einer Regierungsbeteiligung der FPÖ und listete NS-Kriegsverbrecher auf, die noch immer Mitglieder von Burschenschaften waren. Diese FP-nahen Burschenschaften hätten sich nie von solchen Männern distanziert oder huldigten ihnen sogar nach wie vor auf Ehrentafeln, erklärte

Gelbard. Er nannte unter anderem Irmfried Eberl, den Kommandanten des Vernichtungslagers Treblinka, der bei der Innsbrucker Burschenschaft „Germania" als Ehrenmitglied geführt wird. Gestapo-Chef Ernst Kaltenbrunner wird von der „Arminia Graz" weiterhin in Ehren gehalten. „Von diesen Mitgliedern haben sich diese Burschenschaften nie distanziert, obwohl man alles über ihre Taten weiß." Als Reaktion auf das Video erhielt der Holocaust-Überlebende zahlreiche Hassbotschaften in sozialen Medien, die ihn nicht direkt erreichten, aber von denen ihm Freunde erzählten. Denn der stets Wissbegierige hielt sich vom Internet fern mit der Begründung, dass er sonst maßlos diesem grenzenlosen Medium verfallen würde. Gelbard, der nach Tätigkeiten als Kaufmann und im Sozialministerium ab 1975 als Redakteur für zeitgeschichtliche Themen bei der Tageszeitung „Kurier" arbeitete, setzte auf Papier. Wichtige Artikel schnitt er aus, sammelte sie in Flügelmappen und steckte sie in seine Aktentasche. Mit seinen unzähligen Zetteln, die oft mit Anmerkungen versehen waren, versorgte er all jene, von denen er sich Unterstützung in seinem antifaschistischen Kampf erwartete.

Er sah die Gefahr des Faschismus als allgegenwärtig an. Selbst im hohen Alter und mit seiner Gesundheit ringend gönnte er sich kaum Pausen. Seine Frau Inge unterstützte ihn mit schier unerschöpflicher Geduld, die sie auch aus ihren Tai-Chi-Übungen bezog, nach Kräften. Er stand als einer der „Letzten Zeugen" in der gleichnamigen Produktion von Matthias Hartmann und Doron Rabinovici auf der Bühne des Burgtheaters.

Der an Krebs erkrankte Gelbard verließ das Krankenhaus am 8. Mai 2018 für einige Stunden, um am „Fest der Freude", das an das Kriegsende erinnert, auf dem Heldenplatz zu sprechen. Dort, auf dem Balkon, stand er schon einmal, als der damalige Bundespräsident Thomas Klestil ehemalige KZ-Häftlinge in die Hofburg eingeladen hatte: „Es hat geregnet, aber ich wollte unbedingt auf den Balkon hinaus, wo er stand: Hitler. Er, der uns Juden vernichten wollte. Ich habe mir damals gedacht: Wir haben überlebt, wir haben gesiegt. Wenn auch nur sehr wenige", erinnerte er sich.

An diesem Maitag stand er auf einer Bühne vor diesem Balkon und wusste, dass es wohl sein letzter öffentlicher Auftritt sein würde. Seine Stimme hatte nicht mehr die gewohnte Kraft und Schneidigkeit, mit der er den für ihn wichtigen Worten noch mehr Gewicht verlieh. Aber er wollte noch einmal kämpfen, ein allerletztes Mal. Wie immer streifte Gelbard seine persönliche Leidensgeschichte während der Nazizeit nur kurz: „Ich bin der Letzte, der noch hier steht, weil ich immer der Jüngste war." Dann hob er noch einmal an, über „den industriellen Massenmord" zu sprechen. „Es wurden zwei Drittel der Juden in Europa ermordet. Durch Schlachthäuser auf Rädern und in Menschenvernichtungsfabriken." Von der Vergangenheit schlug er rasch einen Bogen zur Gegenwart: „Deshalb trifft mich besonders, dass eine Partei so zugelegt hat, die von den Burschenschaften durchsetzt ist" – gemeint war die FPÖ.

Am Ende zog Gelbard ein persönliches Fazit: „Wir mussten diesen Kampf führen. Nicht gerne. Wer will nicht Harmonie? Aber es musste sein, glauben Sie mir!" Wie häufig wählte er ein Zitat von Ferdinand Lassalle, einem der frühen Wortführer der Arbeiterbewegung. „Lassalle hat einmal gesagt: ‚Aussprechen, was ist.' Was ich sage, sind Fakten. Genaue Information ist Abwehr."

Das war sein Vermächtnis – aber eigentlich hätte er sehr viel mehr zu sagen gehabt. Bei einem allerletzten persönlichen Treffen zwischen zwei Krankenhausaufenthalten an einem heißen Augustnachmittag im Garten des jüdischen Altersheims Maimonides in Wien fielen ihm noch einige Punkte ein. Dann hielt Rudi Gelbard inne und sagte nach einer für ihn ungewöhnlich langen Pause: „Jetzt müssen andere weiterkämpfen."

„Menschen wurden wie Tiere behandelt. Der SS-Mann fühlte sich mächtig mit seiner Peitsche gegenüber mageren, ausgehungerten Frauen, die nachts bei 23 Grad Kälte in einem Stoffzelt schlafen mussten."

Rosa Girsch wurde 1932 in Siauliai geboren, das heute zu Litauen gehört. Sie überlebte die Zeit im Ghetto, das KZ Stutthof und Zwangsarbeit in Außenlagern. 1968 übersiedelte sie mit ihren Kindern nach Israel, wo sie in Tel Aviv lebt.

Zurückkehren will Rosa Girsch auf keinen Fall, „nicht einmal, wenn man mir einen Berg von Gold geben würde". Gemeint ist Litauen, wo sich ihre Familie bis zur Deportation ins KZ Stutthof 1944 aufhielt. 3 Jahre lang lebte sie im Alter zwischen 9 und 12 Jahren im Ghetto in ihrer Heimatstadt Siauliai, auf Deutsch Schaulen. „Man hat mir meine Jugend genommen."

Nach dem Überfall auf die Sowjetunion und damit auf das von ihr besetzte Litauen gelangte die deutsche Wehrmacht am 26. Juni 1941 auch nach Schaulen. In den folgenden zwei Wochen wurden rund 1.000 jüdische Bewohner bei regelrechten Hetzjagden ermordet. Im Juli 1941 wurde im ärmlichen Kaukazas-Viertel ein Ghetto eingerichtet. Bis zu 5.000 Juden lebten unter elendigen Bedingungen zusammengepfercht auf engstem Raum. Der Vater musste Zwangsarbeit verrichten, von draußen versuchte er, Nahrungsmittel ins Ghetto zu schmuggeln. Aber einmal wurde er dabei erwischt. „Mein Vater kam ins Gefängnis, von dort kam niemand lebendig zurück. Aber er ist lebendig herausgekommen. Angeschwollen vor Hunger und ohne Zähne."

Im Ghetto sprach sich herum, was im nahe gelegenen Ghetto Kaunas passiert ist: Dass „Aktionen" durchgeführt wurden, deren Ziel war, Kinder und Alte zu finden, die dann ermordet wurden. „Das hat sich herumgesprochen. Dann hat man jeden Tag gewartet, dass das auch in Schaulen passiert." Eines Morgens, es war gegen fünf Uhr früh, war es so weit. Girsch, die damals 10 oder 11 Jahre alt war, erinnert sich an Schüsse, an das Weinen der Kinder und die Schreie der Mütter, die von draußen ins Haus drangen. „Meine Mutter versteckte mich. Gemeinsam mit zwei Waisenmädchen, die von unserer Familie aufgenommen worden waren, mussten wir in einen Verschlag auf dem Dachboden schlüpfen", erinnert sie sich. „Im Ghetto hat man überall die Schießereien gehört, lange Zeit. Am Nachmittag war es dann ganz still. Ich habe mir damals gedacht, jetzt sind alle tot. Und dann: Ich will nicht mehr am Leben bleiben ohne meine Eltern."

Plötzlich habe sie Stimmen gehört, die Sprache war Russisch oder Ukrainisch. „Da habe ich geklopft und Männer haben uns herausgeholt. Ich habe sofort gesehen, dass das Zimmer, wo wir wohnten, geplündert war. Ich sah noch ein Stück Brot, das hab ich schnell genommen. Ich drückte es unter meine Achsel. Und wir, die drei kleinen Kinder, marschierten dann bewacht von den riesigen fremdsprachigen Posten hinaus."

Sie wurden zu einem Platz geführt, wo ein großer, überdachter Lastwagen stand. „Wir bekamen einen Befehl zum Hinaufklettern. Die zwei Mädchen stiegen zuerst hinauf, ich folgte ihnen. Auf der ersten Stufe untersuchte ich schnell, ob sich jemand aus unser Familie, Bekannte oder Klassenfreundinnen drinnen befanden. Ich sah Mütter mit weinenden Kindern, alte Leute, aber keinen, den ich kannte."

Im gleichen Augenblick erfasste ihr Blick rechts, etwa 50 Meter entfernt, eine Menschenmenge auf einem Hügel. „Ich dachte blitzschnell, dass sich jemand aus meiner Familie in dieser Menschenmenge befinden müsste, falls sie nicht schon erschossen worden waren. Ich sprang von der Treppenstufe herunter und rannte so schnell ich konnte in dieser Menschenmenge. Die Posten schossen und suchten mich."

Plötzlich waren Stimmen zu hören: „Frau Edelmann, hier ist die Resele!" Das war Rosas Kosename. Mutter und Schwester zogen ihre Kleidung und Stiefel aus. „Sie haben aus mir eine andere Person gemacht. Ich war auf einmal eine Erwachsene. Man hat nach mir gesucht und mich nicht erkannt."

Gegen Abend durften die Menschen wieder in ihre Wohnstätten zurückkehren. „Das Weinen und Schreien der Mütter, denen man ihre Säuglinge und Kinder entrissen hat, war herzzerreißend und unerträglich", erinnert sich Girsch. „Meine Mutter benahm sich für mich unverständlich: überschwänglich und sehr glücklich. Der Grund ihres Jubels war, dass sich das Jüngste ihrer drei Kinder von der Kinderaktion retten konnte. Aber ich dachte, meine Mutter solle weinen und schreien, weil man ihre Eltern ins Gas geschickt hat." Bei dieser Aktion dürfte es sich um jene vom 5. November 1943 gehandelt haben, eine der schlimmsten im Ghetto von Schaulen. Rund 600 Kinder, aber auch rund 200 Alte und Kranke, wurden mit Lastwagen abtransportiert und in den Tod geschickt. Nur 12 Kinder haben überlebt, darunter Rosa. Erst später erfuhr die Familie, dass der Großvater schon während des Transports gestorben ist. Die Großmutter kam ins Vernichtungslager Auschwitz. „Man weiß es nicht genau, was passiert ist. Aber sie ist in die Gaskammer gekommen."

Im Sommer 1944 wurde das Ghetto von Schaulen liquidiert. Alle Juden, die noch verblieben waren, wurden zwischen dem 15. und 22. Juli in vier große Transporte mit Viehwaggons gesteckt. Rosa Girsch erinnert sich noch an eine wunderschöne Allee. „Nach rund 150 Metern gab es eine Art Gebäude mit einem riesigen Schornstein, aus dem Rauch stieg." Beim Aussteigen aus dem Waggon drückte die Mutter jedem der fünfköpfigen Familie ein schweres Päckchen in die Hand, sie marschierten los. „Weil ich ein Kind war, wurden alle Grausamkeiten, die geschehen waren, von meinen Eltern und Geschwistern vor mir verschwiegen. Aber hier reagierten meine gesunden Instinkte: dass dieser Schornstein ein Zeichen ist, dass man uns da vernichten wird. Weil ich annahm, dass wir hier zur Vernichtung angekommen sind, warf ich das teure Paket den Abhang hinunter." Ihre Geschwister taten es ihr gleich, auch ihre Pakete rollten den Abhang hinab. Die praktisch veranlagte Mutter wollte den Paketen nachlaufen, aber ihre Tochter Rachel hielt sie zurück.

Ihre Schwester lief voraus und berichtete dann, was sie gesehen hat: Eine Selektion – Männer auf die eine, Frauen auf die andere Seite; die Kinder nach links, die Älteren nach rechts. Die restlichen Familienmitglieder haben Rosa, die damals elfeinhalb Jahre alt war, eingeschärft, sie müsse ihr Alter mit 16 Jahren angeben, wenn sie danach gefragt wird. Auch einem etwa gleichaltrigen Waisenjungen, der aus Schaulen mitgekommen war, wurde diese Ant-

wort eingetrichtert. Beide Kinder wurden beschworen, sie dürften nicht mit der Mutter zusammen gehen, sondern müssten alleine die Selektion passieren. „Man hat mir mit dem Stock einen Schlag auf den Kopf gegeben und mich gefragt: ‚Wie alt bist du?' Ich sagte prompt: ‚16'. Da hat man mich durchgelassen in Richtung Leben. Der Junge hat das gleiche gesagt, musste aber nach links in den Tod."

Ihre Mutter und Schwester haben es ebenfalls durch die Selektion geschafft. Es wurden täglich 1.000 arbeitsfähige Frauen ausgewählt und zur Zwangsarbeit geschickt. Mutter und Schwester waren dabei, aber Rosa wurde immer als nicht arbeitsfähig zurückgeschickt. „Meine Mutter und Schwester schmuggelten sich zur Masse der Arbeitsunfähigen, um mich nicht alleine zu lassen." Dieses Procedere funktionierte einen Monat lag, bis nur noch einige Alte, Kranke und Kinder übrig blieben. „Meine Schwester sagte dann: ‚Wenn es mir nicht gelingt, dich in den nächsten Arbeitstransport mit hineinzuschmuggeln, kommen wir alle nach Auschwitz.' Unter großer Gefahr ist es diesmal gelungen. Wir sind in das Außenlager Elbing gekommen." Das KZ Stutthof hatte 36 Außenlager, es war in die Kriegswirtschaft des Deutschen Reiches voll eingebunden. Rosa Girsch erinnert sich an die Kälte, an Temperaturen unter minus 23 Grad in diesem Winter 1944/45. „Wir mussten einige Meter tief in die Erde graben für Panzergräben. Die Erde war aber gefroren. Ich konnte nur wenig schaufeln, meine Schwester hat mein Kontingent mitgemacht."

„Als Trauma geblieben" sei ihr aber etwas anderes, das Verhalten eines polnischen Mädchens. Sie habe das Mädchen, das in ihrem Alter war, mittels Zeichensprache gebeten, ihr doch eine weiße Rübe aus dem Feld über den Zaun zu werfen. „Sie hat mich ausgelacht. Das hat mir so weh getan. Das tut mir heute noch weh! Sie hat uns angeschaut: ‚Geschieht euch recht!' Sie hatte ein Springseil und hüpfte lächelnd mit verachtendem Blick davon. Wir waren dünn, ausgehungert und sahen sehr armselig aus."

Der Hunger hat sie auch zu gefährlichen Aktionen getrieben, etwa zu Weihnachten 1944. Hinter dem Zaun des Arbeitslagers lag ein Bauernhaus. „Von dort kamen wunderbare Gerüche: Weihnachten, Backen, Kochen. Als mir die Posten den Rücken zukehrten, bin ich zum Bauernhaus gelaufen. Ich weiß nicht, woher ich diese Kraft nahm. Man hätte mich erschießen können." Sie habe die Sprache nicht gekonnt und mit dem Finger auf die Schalen der Pellkartoffeln verwiesen, um zu zeigen, dass sie diese haben möchte. Die Familie schenkte ihr zwei Kartoffeln und ein Stück Kuchen. „Das war sehr viel!" Rosa riskierte noch mehrmals ihr Leben für Nahrungsmittel. Einen Satz hat sie auf Polnisch gelernt, den kann sie noch heute: „Vielleicht wird uns die Dame etwas geben!" Einmal habe sie sogar eine Nadel und einen Faden bekommen, einmal Salz. „Ein Stück Brot, das war ein Fest!"

Schon damals ließ sich Rosa nicht alles gefallen. Zwei SS-Männer, von denen einer Jiddisch gekonnt und sie „Resele" genannt hatte, brachten ihr jeden Morgen ein belegtes Brot. Als sie die Frauen dann eines Tages als „dreckige Juden" beschimpft hatten, weil eine Kontrolle anstand, lehnte sie am nächsten Tag die Gabe ab. „Ich war sehr gekränkt, so eine Beleidigung! Das sollten sie merken."

Sie erinnert sich noch an einen anderen Vorfall: Um vier, fünf Uhr früh haben SS-Leute die Frauen aus ihren Stoffzelten getrieben: „Weiber, alle antreten, alle raus!" Schneller gehen, laufen – so seien sie angetrieben worden. „Ich war sehr beleidigt und bin nicht gelaufen. Da hat der SS-Mann die Peitsche genommen und mich so geschlagen, dass ich hingefallen und ohnmächtig geworden bin. Auch wenn es weh getan hat, hatte ich ein angenehmes Gefühl: dass ich mich nicht erniedrigt habe und nicht so gelaufen bin wie alle anderen." Ob das schon ein Akt des Widerstandes war, will sie nicht beurteilen. „Menschen wurden wie Tiere behandelt. Der SS-Mann fühlte sich mächtig mit seiner Peitsche gegenüber mageren, ausgehungerten Frauen, die nachts bei 23 Grad Kälte in einem Stoffzelt schlafen mussten."

Von ihrer Widerstandskraft war aber fast nichts mehr geblieben, als sie im Januar 1945 auf den Todesmarsch geschickt wurde. Stutthof und seine Außenlager sollten wegen der anrückenden sowjetischen Truppen evakuiert werden. „Am ersten Tag wurden alle, die nicht mehr gut gehen konnten und zurückblieben, erschossen", erinnert sich Rosa Girsch. „Am zweiten Tag war es so kalt und wir waren so hungrig, denn Essen hat man uns nicht gegeben. Ich hatte kaum noch Kraft, ich hatte nicht sehr viel mehr als 30 Kilo. Ich konnte nicht mehr laufen und ließ mich zurückfallen. Ich wollte, dass man mich erschießt. Ich konnte nicht mehr."

Rosa Girsch kann sich an diese Szene nicht mehr erinnern, aber ihre ältere Schwester Rachel habe später erzählt, dass sie unter Tränen ihre jüngere Schwester anbettelte, nicht aufzugeben. Sie ohrfeigte Rosa, um sie wachzurütteln, und befahl: „Du stehst auf und gehst!" Rosas Füße waren gefroren. Ihre Schwester zog ihre eigenen Schuhe aus und Rosa an. Mutter und Schwester packten Rosa unter den Armen, so schleppten sie sich weiter. „Der Schnee war hoch und meine Schwester war barfuß. So gelangten wir mit letzten Kräften zu einer Bauernscheune mit Stroh, wo wir übernachten durften." Am nächsten Tag sind die Wachposten weggelaufen, der Krieg war zu Ende.

Die ganze Familie hat überlebt, das haben nur rund 500 jüdische Einwohner ihrer Heimatstadt Schaulen geschafft – nicht einmal 10 Prozent der einst dort lebenden Juden. Nach Kriegsende schlugen sich Vater und Bruder, die von den weiblichen Familienmitgliedern bei der Selektion im KZ Stutthof getrennt worden waren, in die alte Heimat durch. „Meine Mutter hat beschlossen: zu den Russen geht sie nicht. Sie war gescheiter als mein Vater." So blieben sie vorerst in einem verlassenen Haus in Polen. Aus Angst vor Vergewaltigungen durch sowjetische Soldaten hängte die Mutter ein Schild vor die Tür, das vor Typhus warnte – so blieben die Frauen verschont.

Nach 3 Monaten setzte sich die Mutter mit ihren beiden Töchtern und einem Mädchen, Schejnale, das sie aufgenommen hatte, in einen Zug Richtung Warschau. Dort wollten sie erfahren, was aus den männlichen Mitgliedern der Familie Edelmann geworden ist. Rosa und die eineinhalb Jahre ältere Schejnale wurden am Bahnsteig zurückgelassen. Plötzlich hielt ein Zug mit Frauen, die gerade aus dem KZ befreit worden sind. Aus dem Fenster eines Waggons schaute Schejnales Mutter heraus. „Unglaublich! Der Zug hielt genau dort, wo wir saßen. 3 Monate nach dem Krieg. Das war ein Wunder!" Schejnale und Rosa, die inzwischen beide in Tel Aviv leben, haben bis heute Kontakt.

Der Vater verkaufte das Haus in Litauen, als er die Nachricht bekam, dass seine Frau und die Töchter überlebt hatten und in Polen waren. Er musste an Geld kommen, damit er und sein Sohn gegen Bestechung die Grenze Richtung Westen passieren konnten. Im Garten fand der Vater auch jenes Geld, das sie vor ihrer Deportation ins Ghetto unter einem Baum vergraben hatten. Rosa hatte Scheine der Russen gesammelt, weil sie rot waren und lustig aussahen. Nach dem Einmarsch der Deutschen 1941 waren sie wertlos – nach dem Krieg hatten sie plötzlich wieder einen Wert.

1946 kam die ganze Familie über Stettin in Berlin an. 2 Jahre lang waren sie in einem von den Alliierten errichteten Lager für Flüchtlinge, so genannte Displaced Persons, im Berliner Stadtteil Mariendorf. Als die Sowjetunion 1948 Berlin blockierte, konnten die Bewohner nicht mehr auf dem Landweg versorgt werden, Nahrungsmittel mussten mit einer Luftbrücke eingeflogen werden.

Die in Berlin gestrandeten Flüchtlinge, unter ihnen die Familie Edelmann, wurden nach Bayern ins Displaced-Persons-Lager Feldafing gebracht. In München lebte bereits eine weiter entfernt verwandte Tante, Sonja, die aus dem litauischen Kaunas stammte und mit ihrem 20-jährigen Sohn ebenfalls überlebt hat. „Er hat sich in mich verliebt, ich mich in ihn, wir haben geheiratet", fasst Rosa Girsch knapp zusammen. „Ich war eine starke Zionistin. Er hat mir verspro-

chen, in 3 Monaten fahren wir nach Israel. Das hat fast 20 Jahre gedauert." In der Zwischenzeit kamen in München fünf Kinder auf die Welt. Schließlich übersiedelte sie 1968 mit den Kindern und ohne Mann nach Israel. Der Mann pendelte künftig zwischen München und Tel Aviv, wo Rosa Girsch im Stadtteil Neve Tzedek lebt.

Erst viel später hat sie nach und nach erfahren, dass viel mehr im Ghetto in Schaulen, im KZ Stutthof und den Außenlagern geschehen ist, als ihr bewusst war. „Meine Eltern haben immer versucht, dass ich so wenig wie möglich erfahre, was in Wirklichkeit passiert. Obwohl ich nicht gerne über diese Zeit gesprochen habe, habe ich einer Freundin vor etwa 10 Jahren erzählt, dass in unserem Lager niemand gestorben ist. Meine Schwester war zufällig anwesend und hat sich darüber fürchterlich aufgeregt und gesagt: ‚Jeden Tag sind mehr als 30 Frauen gestorben. Wir haben dich verschont.' Sie wollten meine junge Seele nicht verletzen."

Bisher hat sie es auch abgelehnt, über ihre Erfahrungen während der Nazizeit zu sprechen – außer mit ihrer Enkelin. Auch der Anfrage der Gedenkstätte Yad Vashem, die Berichte von Überlebenden sammelt, hat sie widerstanden. „Ich wollte nie über diese Zeit sprechen. Ich habe viele Jahre lang auch keine Bücher darüber lesen wollen. Ich wollte nicht die Gefühle aufreizen."

Im Gegensatz zu ihrer Schwester wollte sie auch später nicht mehr an die Stätten des Grauens zurückkehren: nicht nach Schaulen, nicht nach Stutthof. „Ich hasse keine Deutschen. Ich fahre gerne nach Deutschland, auch wenn es nicht ganz koscher ist. Aber ich bin nicht imstande, nach Litauen zu fahren, da hat man mir die Jugend genommen. Ich hatte keine Jugend."

„Als ich am Bahnhof stand, habe ich gesagt: Ich komme nie wieder zurück. Nie wieder!"

Sidonie Goldstein wurde 1922 in Wien geboren. Ihr Vater schaffte nach einem Aufenthalt im KZ Dachau die Flucht nach Palästina, Mutter und Tochter folgten ihm 1939. Sie lebt in Jerusalem.

Sie ist 96 Jahre alt und schaffte es, den österreichischen Bundeskanzler erröten zu lassen. Während seines Israel-Besuchs im Juni 2018 hat sich der junge konservative Regierungschef mit Holocaust-Überlebenden im Club der österreichischen Pensionisten getroffen. „Ich habe ihm gesagt: Sind sie schön! Meine Enkelin, die nicht Deutsch kann, hat zu mir gesagt: ‚Was hast du zu ihm gesagt? Er ist ganz rot im Gesicht geworden.' Es ist so: Der Mann ist eine Schönheit. Das hat mit seinem Beruf nichts zu tun."

Sebastian Kurz lud bei dieser Gelegenheit alle ehemaligen Österreicher ein, im November nach Wien zu kommen – in diesem Jahr jährt sich zum 80. Mal die so genannte „Reichskristallnacht". Sidonie Goldstein nahm die Einladung an. Obwohl sie damals am 31. Dezember 1939 geschworen hat, nie wieder nach Österreich zu kommen. „Als ich am Bahnhof stand, habe ich gesagt: Ich komme nie wieder zurück. Nie wieder!" Es sollte mehr als 44 Jahre dauern, ehe sie erstmals wieder einen Fuß auf österreichischen Boden setzte. Das habe sie auch nur gemacht, weil ringsherum alle gefragt hätten: „Was? Du bist noch nicht gefahren?"

In den vergangenen Jahren ist sie jeden Sommer auf Urlaub nach Österreich gefahren, sie genießt die Zeit und kehrt mit Rezepten und guten Erinnerungen nach Israel zurück. „Es ist sehr schön dort." Von ihrem letzten Besuch im August hat sie eine golden glänzende antike Standuhr mitgebracht, die einen besonderen Platz in ihrem Esszimmer hat. Kommen Gäste aus der alten Heimat, bittet sie sie in ihrer sehr direkten Art, ihr statt Mozartkugeln lieber Würstel mitzubringen. „So gute Würstel gibt es nur in Österreich. Dieses Aroma, ganz wunderbar!" In ihrem Haus in Jerusalem kredenzt sie Gugelhupf und insistiert, dass man nicht nur ein Stück davon essen soll.

Sidonie Goldstein spricht Wienerisch, so wie man es damals gesprochen hat. Sie lässt immer wieder ein melodisches „Ich bitt Sie!" ins Gespräch einfließen. Mehr als 60 Jahre lang war sie mit einem Wiener ver-heiratet und hat sich in Jerusalem ein Ambiente geschaffen, das an die frühere Heimat Österreich erinnert. Dabei kann und will sie sich an vieles nicht mehr erinnern, was damals in den Dreißigerjahren in ihrer Heimat geschah. Ihre damalige Identitätskarte hat sie aufbewahrt, die sie als „Sidonie Sara Scheinhorn" ausweist. Der inzwischen vergilbte grüne Ausweis ist am 2. Oktober 1939 ausgestellt worden, damals wurde noch Kurrent geschrieben. Es prangt ein Stempel mit Nazi-Emblem darauf. Sie hat dieses historische Dokument auch dem Bundeskanzler gezeigt, eine Aufnahme davon, wie sie dem österreichischen Bundeskanzler den Ausweis hinhält, ziert den Bericht über dessen Israel-Besuch im Juni 2018, den sie ausgeschnitten und aufbewahrt hat.

„Was soll ich Ihnen erzählen? Es war alles höchst unangenehm. Ich hab alles miterlebt 1938. Dann hat man in Angst gelebt." Zuerst war der Einmarsch der deutschen Truppen, dann folgte der „Anschluss" Österreichs ans Deutsche Reich und der umjubelte Empfang von Adolf Hitler am 15. März 1938 auf dem Heldenplatz in Wien. „Bei den Fenstern haben sie Teppiche rausgehängt und Kerzenleuchter aufgestellt. Und das Bild vom Hitler. An jedem Fenster konnte man das sehen. An das kann ich mich gut erinnern. So hat das angefangen."

Auch in der Schule gab es von einem Tag auf den anderen Veränderungen. „Wir haben eine Klassenlehrerin gehabt, Professor Doktor Berta Leichtmaier hat sie geheißen. In all den Jahren war sie sehr nett. An dem Tag, an dem die Deutschen in Österreich einmarschiert sind, ist sie mit einem Abzeichen gekommen. Das hat gezeigt, dass sie schon eine illegale Nationalsozialistin war. Dabei hat sie jahrelang eine jüdische Klasse unterrichtet."

Mit dem „Anschluss" kamen auch die Razzien bei Juden. „Sie sind in der Nacht in die Häuser gekommen, sie haben Listen gehabt. Sie haben mit den polnischen Juden angefangen." Da auch ihre Familie aus Polen kam, haben alle monatelang mit dem Schlimmsten gerechnet.

Der Vater wurde in der so genannten „Reichskristallnacht" zwischen 9. und 10. November 1938 aus der Wohnung im zweiten Wiener Bezirk abgeführt und ins KZ Dachau gebracht. „Im gleichen Haus in der Engerthstraße war ein Lebensmittelgeschäft. Die Leute von dort sind gekommen und haben meiner Mutter gesagt, sie geben ihr einen Tag, um die Wohnung zu verlassen. Die Mutter hat alles zurückgelassen, sie hat gar nichts mitgenommen. Möbel, alles, was dort war, ist dort geblieben." Untergekommen sind sie dann bei Bekannten.

Wie lange ihr Vater in Dachau war, daran kann sich Sidonie Goldstein nicht mehr erinnern. „Meine Freundin hat gehört, dass diejenigen, die im Ersten Weltkrieg gedient haben, raus dürfen. Ich bin dann mit ihr zu einer Stelle gegangen. Und mein Vater und auch ihr Vater wurden freigelassen. Mein Vater musste unterschreiben, dass er binnen zwei Wochen das Land verlässt. Das hat er gemacht. Meine Mutter und ich blieben zurück."

Ihr Vater, der Rechtsanwalt Dr. Martin Scheinhorn, schaffte es nach Palästina, seine Frau Esther und Tochter Sidonie machten sich Ende Dezember 1939 auf den Weg. Die Reise ging über die Donau nach Rumänien, dort mussten sie warten, denn für die Weiterfahrt fehlte Geld. Die Gruppe wurde geteilt: Ein Teil wurde gezwungen, nach Jugoslawien zu reisen. „Die nach Jugoslawien geführt wurden, sind vernichtet worden. Von dort ist niemand zurückgekommen." Schließlich bestiegen Esther und Sidonie Scheinhorn ein Lastschiff Richtung Palästina. „Zwei Monate haben meine Mutter und ich auf Klappsesseln geschlafen. Wir waren froh, dass wir die zwei Klappsessel gehabt haben. Es war so kalt, dass das Wasser in einem Glas, während man es in der Hand gehalten hat, sofort gefroren ist."

Wie viele Leute auf dem Schiff waren, daran kann sich Sidonie Goldstein nicht mehr erinnern. Nur dass sie aus vielen unterschiedlichen Ländern kamen. In der Nähe der türkischen Küste sei das Schiff von den Briten, die damals die Mandatsmacht in Palästina

waren, abgefangen worden. „Die Engländer haben unseren Pass genommen, sie haben uns nach Haifa und dann in ein Lager gebracht, nach Atlit." Dieses Lager hatten die Briten eingerichtet, dort internierten sie illegale jüdische Einwanderer. Am 10. Oktober 1945 befreite die jüdische Untergrundorganisation Hagana in einer vom späteren Ministerpräsidenten Jitzchak Rabin geplanten Aktion die Internierten.

Sidonie und ihre Mutter Esther hielten sich nur ein paar Wochen dort auf. „Wir haben Essen bekommen, rundherum war Stacheldraht, die Engländer sind patrouilliert. Aber im Lager konnten wir uns frei bewegen." Als sie aus dem Lager kamen, sind sie bei einer Tante, der Zwillingsschwester ihrer Mutter, in Haifa untergekommen. Der Vater arbeitete bei Afula in der Landwirtschaft. Dafür sollte auch Sidonie ausgebildet werden, sie kam auf eine landwirtschaftliche Schule bei Petach Tikwa.

Ihren Mann hat sie schon in Wien gekannt, er kam auf dem gleichen Schiff wie ihr Vater in Palästina an. 1944 wurde der erste Sohn, David, geboren, der inzwischen verstorben ist. 1957 kam Rami auf die Welt, der wie ihr Vater Rechtsanwalt wurde. Sie hat drei Enkelkinder. Ihr Mann Hans hat sich mit einem Kühltransporter selbstständig gemacht, er hat Hotels beliefert. So konnten sie sich ein Grundstück im südlichen Jerusalemer Stadtviertel Baka leisten, zwei kleine Häuser bauen und vermieten. „Wir haben unsere guten und unsere schlechten Zeiten gehabt."

An Politik ist Sidonie Goldstein seit jeher interessiert. Zwei Politiker mit Österreich-Bezug haben in Israel besondere Aufmerksamkeit genossen: „Bruno Kreisky war verhasst bei den Juden, auch wenn er selbst einer war. Weil er den Arafat gemocht hat. Und es gab den Teddy Kollek. Jeden Tag haben die Religiösen gegen ihn demonstriert. Wann ich am Rathaus vorbei gekommen bin, sind sie draußen gestanden. Jeden Tag, jahrelang."

Bruno Kreisky, der die Nazizeit im schwedischen Exil verbracht hatte und zwischen 1970 und 1983

österreichischer Bundeskanzler war, hatte ein schwieriges Verhältnis zu Israel. Teddy Kollek, der mit seiner Familie 1935 aus Wien nach Palästina emigriert war, war 28 Jahre lang Bürgermeister von Jerusalem.

Goldstein verfolgt auch das aktuelle politische Geschehen, seit Jahrzehnten liegt jeden Tag die linksliberale Zeitung „Haaretz" vor der Tür. „Vor Jahren waren wir politisch tätig. Für die Awoda. Die wähl ich aber nicht mehr. Ich wähle jetzt Meretz", sagt Goldstein. Die 1968 gegründete Arbeitspartei Awoda ist eine zionistische Partei und politisch links positioniert. Im politischen Spektrum Israels noch etwas weiter links angesiedelt ist die 1992 gegründete Partei Meretz.

Aber Premierminister Benjamin Netanjahu von der rechtsgerichteten Likud-Partei werde ohnehin wiedergewählt, davon ist Goldstein überzeugt. Auf die Frage des österreichischen Kanzlers, ob er etwas für sie tun könne, habe sie geantwortet: „Können's den unsrigen nicht mitnehmen?" Gemeint war damit Netanjahu, dessen Namen Sidonie Goldstein nicht einmal aussprechen mag. Und seine Antwort? „Er hat gelacht." Wie schaut sie auf die Gegenwart, auf die Regierung, die Kurz mit der FPÖ gebildet hat? „Ich weiß, mit wem er zusammen ist. Aber er ist noch immer besser als der, den wir haben." Dafür hat es ihr eine andere Politikerin angetan: „Die Merkel! Ich rede nicht von Schönheit, alles an ihr ist großartig. Gibt es nicht noch so eine?"

Wenn sie in Österreich sei, dann beschäftige sie sich nicht mit Politik. „In Österreich bin ich auf Urlaub." Jedes Jahr werde es schwieriger für sie, dorthin zu kommen, sie bleibe nur noch eine Woche, begleitet von ihrer Familie. Früher habe sie mit ihrem Mann, der 100 Jahre alt geworden ist, jedes Jahr einen Monat dort verbracht.

Aber einmal pro Woche greift sie in Jerusalem zum Telefonhörer, um mit einer Schulfreundin in Österreich zu telefonieren. „Sie ist mit mir in die Volksschule gegangen. Sie hat sich bei einem Nach-

haseweg bei mir eingehängt und meine Hand genommen. Und das habe ich nie vergessen, deshalb habe ich sie gesucht." Und nach mehr als 50 Jahren hat sie die Freundin gefunden, die inzwischen in einem Altersheim in Neusiedl lebt. Seit dem Tod ihres Mannes vor 10 Jahren spreche sie nur noch selten Deutsch. „Verschiedene Worte fehlen mir. Weil alle meine Freundinnen und die meisten Bekannten sind schon begraben."

Bei einem ihrer Besuche in Österreich haben sie und ihr Mann die damalige Hausbesorgerin getroffen. Ihr Mann habe von ihr wissen wollen, was sie über das Schicksal seiner Mutter wisse. Er ist nach Palästina emigriert, der Vater gestorben und die Mutter ist im Haus in Wien zurückgeblieben und später in ein jüdisches Altersheim gebracht worden. „Dort hat man sie umgebracht, sie ist verhungert." Die Reaktion der Hausmeisterin empört Goldstein noch heute: „Sie hat nichts gewusst, gar nichts, als mein Mann sie über seine Mutter gefragt hat. Sie hat so getan, wie wenn sie nichts gewusst hat." Andere Verwandte sind nach Riga deportiert und dort ermordet worden.

Dann wiederholt Sidonie Goldstein einen Satz, den sie schon mehrfach benutzt hat: „Es war eine unangenehme Zeit." Die Erinnerungen daran haben sie anfangs auch intensiv begleitet bei ihren Besuchen in der alten Heimat. „Als ich zum ersten Mal nach Wien gekommen bin, da hatte ich ein komisches Gefühl. Wenn ich Schmuck gesehen habe, dann hab ich gedacht, das war einer von Juden. Denn man hat uns genommen. Viel, sehr viel! Und nicht nur Schmuck."

Die von den Nazis am 2. Oktober 1939 ausgestellte Identitätskarte weist sie als „Sidonie Sara Scheinhorn" aus.

„Ich habe schon vor Jahren darüber gesprochen, dass es irgendwann wieder eine Art von Holocaust geben wird. Wenn auch ganz anders und aus einer ganz anderen Richtung, als wir vermuten."

Roman Haller wurde 1944 in der Nähe von Tarnopol in der heutigen Ukraine geboren. Weil sich seine Eltern verstecken mussten, sind weder sein genaues Geburtsdatum noch sein Geburtsort bekannt. Er lebt in München und ist Direktor der Nachfolgeorganisation der Claims Conference.

An welchem Tag Roman Haller genau geboren ist, weiß er nicht. Auch seinen Geburtsort kennt er nicht. Der inzwischen 74-Jährige hat sich vor einigen Jahren zwar vor Ort bemüht, diese entscheidenden Lebenskoordinaten herauszufinden, es war ihm aber nicht gelungen. „Es war irgendwann zwischen dem 7. und 10. Mai und irgendwo in den Wäldern bei Tarnopol. Das ist in der heutigen Ukraine."

Die Stadt in Galizien gehörte ab 1919 zu Polen. Dann wurde sie infolge des deutsch-sowjetischen Nichtangriffspakts durch Russen besetzt und der ukrainischen Sowjetrepublik einverleibt. In den ersten Julitagen 1941 kamen deutsche Truppen nach Tarnopol, wo rund die Hälfte der knapp 34.000 Einwohner damals Juden waren. Es kam zu den ersten Pogromen, polnische und ukrainische Zivilisten waren daran beteiligt, genauso wie die berüchtigte SS-Einsatzgruppe C, eine in der Ukraine aktive Sondereinheit. Die SS zeigte sich erfreut darüber, dass in der Stadt „eine erfreulich gute Einstellung gegen die Juden" vorherrschte. Kurz darauf wurden die Juden in ein Ghetto getrieben, „die Situation war sehr, sehr schwierig", erzählt Haller und bezieht sich bei all seinen Schilderungen auf Berichte seiner Eltern.

In Tarnopol war auch Wehrmachtsmajor Eduard Rügemer eingesetzt. In seinem Heereskraftpark mussten auch Juden Zwangsarbeit leisten. In seiner Villa arbeitete eine 19-jährige Polin, Irena Gut. Sie war seine Haushälterin und wurde später die Geliebte des fast 40 Jahre älteren Majors. Beide haben 1943 erfahren, dass das Ghetto mitsamt seinen Bewohnern liquidiert werden sollte.

Was dann geschah, darüber gebe es verschiedene Versionen, erzählt Haller. Laut Irena Gut sei von ihr der Impuls ausgegangen, Menschen zu retten und deshalb habe sie sich dem Major hingegeben. Damit habe sie ihn überzeugen können. Rügemer habe diese Darstellung bestritten, sagt Haller. „Laut meinen Eltern haben beide dazu beitragen, dass Menschen gerettet werden konnten. Klar ist: Wenn es die beiden nicht gegeben hätte, dann wäre ich nicht am Leben."

12 der rund 18.000 Juden aus dem Ghetto wurden herausgeschmuggelt und im Keller der Villa versteckt. Warum genau diese Menschen ausgewählt worden sind, ob sie den beiden Rettern sehr nahe gestanden sind oder mit ihnen zusammengearbeitet haben, darüber gibt es keine gesicherten Erkenntnisse.

„Aber irgendwann wurde die Sache zu gefährlich. Angeblich hatte jemand von der Sache Wind bekommen. Irena Gut und Eduard Rügemer hatten Angst, dass sie auffliegen." Die beiden brachten ihre 12 Schützlinge in ein Waldstück, darunter Hallers Mutter Ida, die schwanger war.

Im Wald wurde ein Unterschlupf gebaut, der Schutz bieten sollte. Der Major und die Haushälterin sorgten für Essen und andere lebensnotwendige Dinge. Dann kam der Tag immer näher, an dem die Geburt stattfinden sollte. Wie Haller später erfuhr, habe man darüber gesprochen, dass das Kind – also er selbst – gleich nach der Geburt erstickt werden müsse. Denn die Gefahr sei zu groß, durch ein schreiendes Baby entdeckt zu werden. Nach heftigen Debatten habe sich aber die Gruppe entschlossen: „Entweder wir werden alle erschossen oder alle bleiben am Leben."

Aber da niemand aus der Gruppe wusste, wie man einem Kind auf die Welt hilft, hat man sich einem polnischen Förster anvertraut, in der Annahme, er kenne sich mit Tieren und folglich auch mit Geburten aus. „Den hat man dann im entscheidenden Augenblick geholt, er hat in der Tat geholfen und auch mitangepackt. So wurde ich geboren", erzählt Haller. Die folgenden Tage waren eine besonders gefährliche Zeit, weil sich der Frontverlauf in diesem Gebiet ständig änderte. „Das muss man sich einmal vorstellen: Eine junge Mutter mit Kind in so einer Situation." Aber dann setzte sich die Rote Armee durch und die geretteten Juden konnten nach rund zwei Monaten ihr Versteck verlassen.

Hallers Eltern wollten mit ihrem Kind aber nicht bleiben, sondern nach Amerika auswandern. Sie mussten in die amerikanische Zone und gingen deshalb nach Deutschland, nach München . Sie kamen in ein Displaced-Persons-Camp nach Freimann. Dort beantragten sie ein Visum und dessen Bearbeitung dauerte und dauerte. „Irgendwann wollte mein Vater Lazar nicht mehr warten und hat angefangen, Arbeit zu suchen. Irgendwelche Hilfsarbeiten." Er hat dann auch eine kleine Wohnung gefunden am Romanplatz in München. Der damals schon sehr selbstbewusste Roman Haller „war als Kind davon überzeugt, der Platz wurde nach mir benannt" – das erzählt er heute schmunzelnd.

Seine Eltern haben gleich in den ersten Nachkriegsjahren die Suche nach ihren Rettern begonnen. Irena Gut konnten sie damals nicht finden, aber den ehemaligen Major haben sie in Nürnberg entdeckt. „Es hat sich herausgestellt, dass er Stress mit seiner Familie und Probleme hatte. So haben sie ihn nach München geholt. Er hat zum Teil bei uns gelebt, obwohl wir damals in sehr beschränkten Verhältnissen gewohnt haben." Für das jüdische Kind wurde der ehemalige Wehrmachtssoldat zum Ersatz für den Großvater, den er nie hatte. Haller, der damals noch nicht Deutsch sprechen konnte, bezeichnete ihn liebevoll als „Zeide", das jiddische Wort für Opa. „Er war mein Liebling. Wir haben zusammen gespielt und sind spazieren gegangen. Ich war immer untröstlich traurig, wenn er weggefahren ist." Als Rügemer 1955 starb, hat man das längere Zeit vor dem Kind verheimlicht.

Ein Kontakt zu Irena Gut ergab sich erst in den Achtzigerjahren. Da flatterte dem inzwischen sehr erfolgreichen Unternehmer in München ein Schreiben eines Rabbiners aus Los Angeles ins Haus. „Er wollte wissen, ob ich jener Roman Haller bin, der unter diesen Umständen geboren wurde. Ich werde gesucht. Ich habe dann zurückgefragt: Von wem?" Von Irena Gut, die nach ihrer Heirat Gut-Opdyke hieß. „Da war klar, wir mussten uns sehen!" Sie kam nach München in Begleitung eines TV-Teams. Im Scheinwerferlicht haben sich die beiden in der Ankunftshalle des Flughafens begrüßt und umarmt. „Es war eine große Freude. Ich wusste, dass ich ihr mein Leben zu verdanken habe. Meine Eltern haben sie dann auch getroffen."

Dann gab es noch ein Wiedersehen in den USA in einer Fernsehshow. Dort hat Irena Gut-Opdyke erzählt, wie sie 12 Juden gerettet hat. Nach dem Ende ihrer Schilderungen hieß es: Das Baby, von dem Irena erzählt habe, sei da – und Roman Haller trat aus den Kulissen hervor. „Alles ziemlich amerikanisch", so Hallers Beschreibung.

Dabei hatte sie ihrem amerikanischen Mann William und ihrer Tochter Jeannie lange Zeit nichts davon erzählt. Erst als sie in ihrem kalifornischen Heim 1972 ein Holocaust-Leugner anrief, der eine Umfrage machen wollte, gab sie ihr bisher gehütetes Geheimnis preis. Fortan nützte sie in den USA sämtliche Plattformen in der Öffentlichkeit, um über die Judenvernichtung in Europa zu erzählen. So entstand sogar ein Stück mit dem Titel „Irena's Vow" (Irenas Gelübde), das bis 2009 am Broadway gespielt wurde und Irenas Rettungsaktion und ihre Version nachzeichnet. Der Titel bezog sich auf einen Schwur, alles zu tun, um Juden zu helfen. Sie hatte sich selbst dazu verpflichtet, als sie einen Wehrmachtssoldaten dabei beobachtete, wie er ein jüdisches Kind in die Luft warf und erschoss. 1982 wurde Irena Gut-Opdyke als eine der Gerechten unter den Völkern in Yad Vashem geehrt. Es gab zwischen Haller und ihr noch Begegnungen in München und Israel, ehe sie 2003 starb.

Als Haller am Rande einer Konferenz in Yad Vashem nachfragte, ob posthum auch eine Ehrung für Eduard Rügemer möglich wäre, erhielt er zu seiner Überraschung die Auskunft, dass diese bereits fixiert sei. Wegen des Gesundheitszustandes von Rügemers 90-jährigem Sohn Erich wurde die Ehrung im Februar 2014 in dessen Heimatort Allersberg bei Nürnberg vorgenommen. Haller sagte damals in seiner Rede: „Auch 70 Jahre nach der Shoah lohnt es sich, die Menschen zu ehren, die damals nicht weggesehen haben, wenn Menschen wegen ihrer Hautfarbe, Religion oder politischen Überzeugung umgebracht wurden. Die Welt soll wissen, dass es diese Rügemers gegeben hat."

Ob es den Eltern nicht schwer gefallen sei, in einem Land zu bleiben, wo es nicht nur Rügemers,

sondern viele ehemalige Nazis gegeben hat? Eigentlich hätten sie doch nach Amerika gewollt. Haller, der seine Lebensgeschichte bis zu diesem Punkt zügig erzählt hat, macht eine längere Pause, ehe er antwortet. Die Eltern hätten „irgendwie Angst" davor gehabt, in die USA auszuwandern.

Dann nennt er einige Gründe: Sie hätten kein Englisch gesprochen, das Jiddische war dem Deutschen zumindest ähnlich. Außerdem sei die Mutter herzkrank gewesen. Beide seien über 40 gewesen. Sie seien aber stets auf gepackten Koffern gesessen, hätten den Plan nie offiziell beerdigt. Als Begründung gegenüber den Behörden, warum sie nicht gefahren sind, musste ein Arzt mehrfach bestätigen, dass ihr Kind nicht reisefähig sei. „Aber sie haben nie gesagt, wir bleiben jetzt."

Ob es für sie schwierig gewesen sei, im Land der Täter zu leben? Haller holt noch einmal Luft und verweist auf den Titel seines zweiten Buches: „Und bleiben wollte keiner!" In seinem 2004 erschienenen Werk hat er Lebensgeschichten von Juden im Nachkriegsbayern aufgezeichnet. „Keiner der Opfer der Shoah wollte bleiben und meine Eltern auch nicht. Aber den Schritt zu machen, irgendwo anders wieder neu anzufangen, das war für sie auch sehr schwierig. Sie haben sich irgendwie arrangiert. Sie haben sich hineingelebt in die Situation, im Land der Täter auf Zeit zu leben. Je mehr Zeit verging, umso mehr haben sie sich hineingelebt." Für ihn selbst sei es „okay" gewesen. Seinen Wunsch, nach England zu gehen, habe er aber nicht umgesetzt, weil die Eltern gemeint hätten, er könne sie als einziges Kind doch nicht alleine lassen, sie bräuchten ihn.

Mit ihren schrecklichen Erfahrungen sind die Eltern ganz unterschiedlich umgegangen. Die Mutter wollte über diese Zeit überhaupt nicht sprechen. Er habe nur als Kind ihre Albträume mitgekriegt und ihre wiederkehrenden Rufe: „Gestapo! Gestapo!" Ganz anders dagegen der Vater: „Wenn er jemanden kennengelernt hat, dann hat er nach fünf Minuten erzählt davon, was er erlebt hat und wie schlimm das war. Bei mir ging es

hier rein und hier raus. Ich konnte es nicht ertragen, dass meinen Eltern so etwas angetan wurde."

Erst viel später habe er sich intensiv damit auseinandergesetzt, seit 2006 vertritt Haller nun als die Nachfolgeorganisation der Claims Conference in Deutschland Opfer der Shoah, verhandelt über Entschädigungszahlungen und setzt Restitutionen durch von verfolgungsbedingt entzogenem Vermögen in der ehemaligen DDR. „Es war zu spät, weil mein Vater nicht mehr gelebt hat. Und mit meiner Mutter konnte man darüber nicht sprechen, bis zum Schluss nicht."

Er selbst habe nur einen Vorfall während seiner Schulzeit erlebt, der ihn als Kind sehr irritiert hat. Ein Lehrer habe gesagt: „Bei euch geht es zu wie in einer Judenschule!" Seine Eltern hätten ihn zu beruhigen versucht mit Beschwichtigungen, das sei „halt so ein deutscher Ausdruck".

Wenngleich er persönlich keine antisemitischen Vorfälle erlebt habe, alarmierten ihn die Meldungen über zunehmenden Antisemitismus in Deutschland. Er fühle sich in seinen Befürchtungen bestätigt, die er schon vor einigen Jahren in Diskussionen im Freundeskreis geäußert habe. Er habe damals eine polarisierte, gespaltene Gesellschaft in Deutschland und ein Erstarken der Rechten vorausgesagt. „Inzwischen hat sich alles bestätigt. Wir haben eine sehr starke Rechte, wir haben eine sehr starke AfD. Wir haben eine antisemitische Linke. Deutschland ist sehr gespalten. Wir haben den Zuzug von Menschen aus Ländern, wo Antisemitismus sehr stark den Menschen eingepflanzt wird."

Es sei klar gewesen, dass nach der Nazizeit der Antisemitismus in Deutschland und Österreich nicht von heute auf morgen verschwinden würde. „Man hat immer gesagt, 10 bis 15 Prozent der Deutschen sind latent antisemitisch. Das war irgendwo da." Deshalb habe er schon vor Jahren „darüber gesprochen, dass es irgendwann wieder eine Art von Holocaust geben wird. Wenn auch ganz anders und aus einer ganz anderen Richtung als wir vermuten".

Als Kind fühlte sich Roman Haller in Lederhosen wohl, als Erwachsender bezeichnet er sich lieber als Bayer denn als Deutscher. Auf diesem Foto, so schätzt Haller, ist er 5 Jahre alt.

Auf die Frage, ob er sich vor einer Art Holocaust fürchte, antwortet Haller nur mit einem Wort: „Ja!" Ob er seine Befürchtungen näher beschreiben könne? „Der Antisemitismus schaukelt sich im Moment hoch. Es gibt heute nur vereinzelt Fälle, dass jemand sagt: ‚Du, Saujud!' – Aber es wird mehr. Es kommen häufiger Sätze wie: ‚Man wird doch wohl noch einmal Israel kritisieren dürfen.' Das ist der Ersatz-Antisemitismus, er wird vorgeschoben."

Haller macht dafür auch die Berichterstattung in den Medien verantwortlich. Man kritisiere das Vorgehen der Israelis in Gaza und es gebe auch Kritik daran, dass Israel eine Mauer gebaut hat. Es werde aber nicht berichtet, dass es seither weniger Anschläge durch Palästinenser gebe. „Es gibt Zeitungen, die ich nicht mehr lese. Weil man diese Tendenz spürt. Zeitungen schreiben oft das, was Menschen lesen wollen. Dadurch schaukelt sich das auch hoch. Irgendwann ist es auch in der Politik angelangt."

Viele Deutsche hätten das Gefühl, dass sie schuldig seien, und meinten jetzt mit Blick auf Israel sagen zu können: „Die Juden, die haben doch etwas Dreck am Stecken! Was die mit den armen Palästinensern machen, ist nicht koscher. Das gibt vielen eine Genugtuung." Dazu komme, dass viele Deutsche erschreckend wenig über die Geschichte wüssten: etwa dass Palästina britisches Mandatsgebiet gewesen sei und der UN-Teilungsplan 1947 auch einen eigenen Staat für die Palästinenser vorgesehen habe, was aber die arabischen Staaten abgelehnt hätten. „Dass es Vorschläge zur Teilung gab, das ist in den Köpfen vieler Deutscher nicht verankert." Außerdem komme noch der muslimische Antisemitismus durch den Zuzug hinzu. Er habe viel mit jüdischen Organisationen in Deutschland zu tun, die ihm berichteten, dass sie früher keine Briefe mit antisemitischem Inhalt bekommen hätten, heute en masse. Besorgniserregend sei auch, was sich in Schulen abspiele.

In seinem 2001 erschienenen Buch „Davidstern und Lederhose" hat Haller seine Kindheit beschrieben. Wie es ist, als jüdisches Kind in Bayern aufzuwachsen. Wie sieht er seine Identität als Erwachsener? „Ich fühle mich als Bayer, als Münchner sowieso, ich habe aber auch eine starke jüdische Identität. Man kann beides haben. Man braucht eine Scholle, das ist so etwas wie meine Heimat", antwortet Haller. Was ist seine Heimat? „Es fällt mir immer leicht zu sagen, was nicht meine Heimat ist. Ich wurde irgendwo in Polen geboren. Weil ich keine Beziehung zu dem Land habe, ist das nicht meine Heimat. Israel ist zwar wunderschön und ich gehe gerne dorthin auf Urlaub, in meinem Lieblingshotel begrüßt man mich mit ‚Welcome home!' Aber ich kann Israel nicht als meine Heimat ansehen." Er sei nicht beim Militärdienst gewesen und habe auch nicht die Staatsbürgerschaft. Er könne auch nicht Hebräisch, Jiddisch sei seine Muttersprache. „Deutschland als meine Heimat zu bezeichnen, damit habe ich auch Schwierigkeiten. Aber irgendwie sucht sich der Mensch das, was er braucht. So ist München und Bayern meine Heimat." Könne er sich mit Bayern leichter identifizieren als mit Deutschland? „Ja, auf jeden Fall!" Sieht er sich als Europäer? „Europäer zu sein, das ist für mich eher eine politische Frage, keine Frage der Heimat." In Anlehnung an ein Zitat des aus Polen stammenden deutschen Literaturkritikers Marcel Reich-Ranicki halte er es eher damit: „Die Sprache ist meine Heimat."

Was ihm genau Angst bereite, wenn er an Deutschland denke? „Es schaukelt sich gerade eine Stimmung hoch. Alle Befürchtungen, die ich früher hatte, sind eingetreten. Ich habe gesagt, es wird zu französischen Verhältnissen kommen. Sehr viele Juden verlassen Frankreich aus Gründen des Antisemitismus und gehen nach Israel. Man überlegt sich schon auch, wie geht man damit um. Es ist eine Gemengelage, die mir Angst macht."

„Meine Mutter hat man gezwungen, die Straßen zu reiben. Als sie dann nach Hause gekommen ist, war sie so deprimiert, dass sie das Gas aufdrehen wollte. Aber ich habe angefangen zu weinen, deshalb hat sie es nicht gemacht."

Amnon Berthold Klein wurde 1928 in Wien geboren. Er floh 1940 mit seiner Mutter nach Palästina, von den Briten wurden sie aber in ein Lager nach Mauritius gebracht. Erst nach der Staatsgründung 1948 gelangte er nach Israel. Klein lebt in Ramat HaSharon.

Die Flucht vor Adolf Hitler und den Nazis in Wien hat dazu geführt, dass Berthold Klein seine Jugend ohne Eltern eingesperrt auf einer Insel im Indischen Ozean verbracht hat. Er war fast 10 Jahre alt, als Hitler im März 1938 in Wien einmarschiert ist. „Was in Deutschland fünf Jahre gedauert hat, war in Österreich in 5 Tagen erledigt", meint Klein lakonisch. „Meine Mutter hat man aus der Wohnung geholt und gleich gezwungen, die Straßen zu reiben. Als sie dann nach Hause gekommen ist, war sie so deprimiert, dass sie das Gas aufdrehen wollte. Aber ich war damals noch ein Kind und habe angefangen zu weinen, deshalb hat sie es nicht gemacht."

Klein schildert im Wohnzimmer seines Hauses im israelischen Ramat HaSharon in gepflegtem Wienerisch, wie er mit seinen Eltern bis zum „Anschluss" Österreichs an das Deutsche Reich als „typische Mittelstandsfamilie in Wien" gelebt hat: Sein Vater hatte das Kleiderkonfektionsgeschäft „Zum goldenen Hirsch" in der Lerchenfelder Straße 143. Kurz nach dem „Anschluss" tauchte dann jener Elektriker auf, der jahrelang im Geschäft für die Beleuchtung gesorgt hatte. Diesmal hatte er eine SS-Uniform an. „Er hat dann zu meinem Vater gesagt: ‚Sie geben mir das Geschäft und ich schau, dass sie nicht ins KZ kommen.' Sehr viele von solchen Chancen hat man damals nicht gehabt und der Vater war einverstanden. Später hat er sich dann nicht mehr gekümmert, er hat nur das Geschäft haben wollen."

In den Wochen und Monaten danach musste die Familie Silberbesteck und Gegenstände aus Gold bei der Polizei abgeben. Ein Teil wurde in einem Topf mit einem doppelten Boden versteckt, der zu einer Tante in die Tschechoslowakei gebracht wurde. Dort wurde der Topf im Garten vergraben. Auch die Familie der Schwester der Mutter kam nach Theresienstadt, von dort ging es weiter nach Auschwitz und in den Tod. Eine Cousine hat aber überlebt. 1955 klingelte plötzlich eine Frau an Kleins Tür in Israel, stellte sich nicht vor, sondern überreichte ihm nur eine Serviette mit den Worten, dass ihm das seine Cousine schicke. Darin befand sich eingewickelt eine Kette mit einem gol-

denen Amulett und ein Brillant, den heute Kleins Frau Bracha an einem Ring trägt. „Eigentlich war da viel mehr, aber zumindest das habe ich bekommen", zeigt Klein stolz auf die Schmuckstücke und kehrt wieder zu den Erzählungen aus der Vergangenheit zurück.

In der so genannten „Reichskristallnacht" wurden am 10. November 1938 in Wien Geschäfte geplündert, Synagogen angezündet und Juden durch die Stadt gejagt. „Wir sind aus der Wohnung ausgewiesen worden, der Vater wurde eingesperrt." Aber schon nach einem Tag kam er wieder frei. Zu diesem Zeitpunkt wurden Juden, die als Frontkämpfer im Ersten Weltkrieg eingesetzt waren, noch verschont. Bei Freunden der Mutter fanden sie Unterschlupf.

Im März 1939 stand dann plötzlich ein Wehrmachtsoffizier vor der Tür und verlangte, dass alle die Wohnung verlassen müssten, sie sei ihm zugeteilt worden. „Der war noch anständig, denn er hat uns drei Wochen Zeit gegeben. Andere mussten die Wohnung sofort verlassen." Diesmal bekamen sie bei den Großeltern ein Quartier.

Seine Eltern setzten alles in Bewegung, „um aus Österreich rauszukommen", erinnert sich Klein. Verwandte aus den USA schickten ein so genanntes Affidavit, eine zur Einreise vorgeschriebene Bescheinigung von US-Bürgern, dass sie für die Neuankömmlinge sorgen und diese dem Staat nicht zur Last fallen würden. „Bei der Registrierung sagte man uns schon, das wird sehr lange dauern. Wir wollten aber möglichst schnell raus." Da probierte es der Vater auf illegalem Wege, ein Visum zu beschaffen. Er wurde verhaftet. Ein Foto, das die Gestapo damals von ihm gemacht hat, besitzt Klein noch. Damit konnte er auch nicht die für die USA notwendige Erklärung abgeben, noch nie im Gefängnis gesessen zu sein. Kleins Mutter wurde im US-Konsulat beschieden, sie und ihr Kind könnten fahren. „Aber das wollte sie nicht, sie hat verzichtet und so sind wir geblieben."

Als der Vater Anfang 1940 aus dem Gefängnis entlassen wurde, haben die Eltern zunehmend verzweifelt versucht, „irgendwie rauszukommen". Schließlich hörten sie von einem Transport, „der von einem Juden namens Storfer in Zusammenarbeit mit Eichmann zusammengestellt worden ist". Adolf Eichmann war Leiter der „Zentralstelle für jüdische Auswanderung" in Wien. Dort und in Prag hatten jüdische Geheimdienste Kontaktbüros eröffnet, die mit Eichmann kooperierten. Eine verstärkte Auswanderung von Juden war im Sinne der Nazis, die sich davon auch eine Destabilisierung des Nahen Ostens und eine Schwächung der Briten, die für das Mandatsgebiet Palästina zuständig waren, erhofften. Insgesamt sechs Transporte über die Donau konnten organisiert werden.

Kleins Vater konnte nicht mitkommen, weil er keinen Pass hatte. Diesmal entschied sich die Mutter auszureisen. Dass es ein Abschied für immer vom Vater sein würde, hat Klein damals nicht geahnt. „Mein Vater ist noch ein Stück mit uns gegangen. Dann war da ein Korridor von SS-Leuten, mein Vater konnte nicht mehr weiter. Da hab ich ihn zum letzten Mal gesehen, es ging alles sehr schnell." Erst viel später erfuhr der Sohn vom Schicksal des Vaters: Salomon Klein wurde 2 Jahre später von den Nazis im Vernichtungslager Maly Trostinez ermordet, er wurde gleich nach der Ankunft erschossen.

Valerie Klein und ihr Sohn ahnten an diesem 4. September 1940 nicht, dass sie monatelang unterwegs sein würden. Zuerst ging es per Bahn nach Bratislava. Dort warteten Schiffe der Donaudampfschifffahrtsgesellschaft, um sie über die Donau bis zum rumänischen Schwarzmeerhafen Tulcea zu bringen. Sechs, sieben Tage habe die Fahrt gedauert, erinnert sich Klein. An Bord drängten sich rund 4.000 Juden aus Wien, Berlin, Danzig und Prag, die Palästina als rettenden Hafen sahen. In Tulcea warteten bereits drei Schiffe für die Weiterfahrt: die Atlantic, die Pazific und Milos. Klein und seine Mutter waren für das Schiff Atlantic eingeteilt, das wegen Reparaturarbeiten erst eine Woche später auslaufen konnte. Die Schätzungen der damaligen Reisenden, wie viele Menschen an Bord waren, reichen von 1.200 bis 1.700.

Das Schiff kam bis Kreta, dann wollte die Mannschaft, die aus Griechen bestand, nicht weiterfahren. Der Kapitän und weitere Mitglieder der Besatzung flüchteten und warfen vorher noch Kohle ins Wasser, die zum Heizen und damit zum Betrieb des Schiffes notwendig war. Unter den Passagieren war ein Pilot, der dann das Kommando des Dampfers übernahm. Mitten auf dem Meer blieb das Schiff erneut stehen. Alles wurde verheizt, was zu finden war – auch der Schiffsmast. „Wir sind so Stück für Stück weiter gekommen." Durch einen heftigen Sturm wurde das Schiff manövrierunfähig, die Besatzung funkte SOS. Zwei Kriegsschiffe funkten zurück: „Sorry, we can't help you, going to Beirut!" Schließlich schleppten die Briten dann doch das Schiff ab und brachten es nach Zypern. Von dort ging es mit kleineren Schiffen der britischen Marine weiter nach Haifa.

Die Juden aus Europa hatten nach zwei Monaten strapaziöser Seefahrt tatsächlich das Gelobte Land, Palästina, erreicht – aber bleiben durften sie nicht. Die britische Mandatsmacht war entschlossen, die Einwanderung von Juden zu unterbinden, weil sie weitere Proteste von Arabern befürchtete. Deshalb entschieden die Briten im November 1940, dass künftig alle illegalen Einwanderer an einen anderen Ort in der britischen Kronkolonie gebracht werden sollten.

Der Ozeanliner Patria stand bereit, die Passagiere der Pacific und Milos sowie jene der Atlantic aufzunehmen. Das Ziel: Mauritius. Ein Auslaufen dieses Schiffes wollte die jüdische paramilitärische Untergrundorganisation Hagana aber um jeden Preis verhindern. Eine Bombe wurde an Bord geschmuggelt, deren Sprengkraft so groß war, dass die Patria am Morgen des 25. November 1940 nicht nur, wie geplant, beschädigt wurde, sondern binnen 16 Minuten sank. Viele der rund 1.800 Menschen waren unter Deck eingeschlossen, 267 wurden in den Tod gerissen.

Unter dem Eindruck dieser Katastrophe lenkten die Briten ein: Alle durften von Bord, aber nur die Geretteten der Patria galten als Schiffbrüchige und durften in Palästina bleiben. Die Passagiere der Atlantic

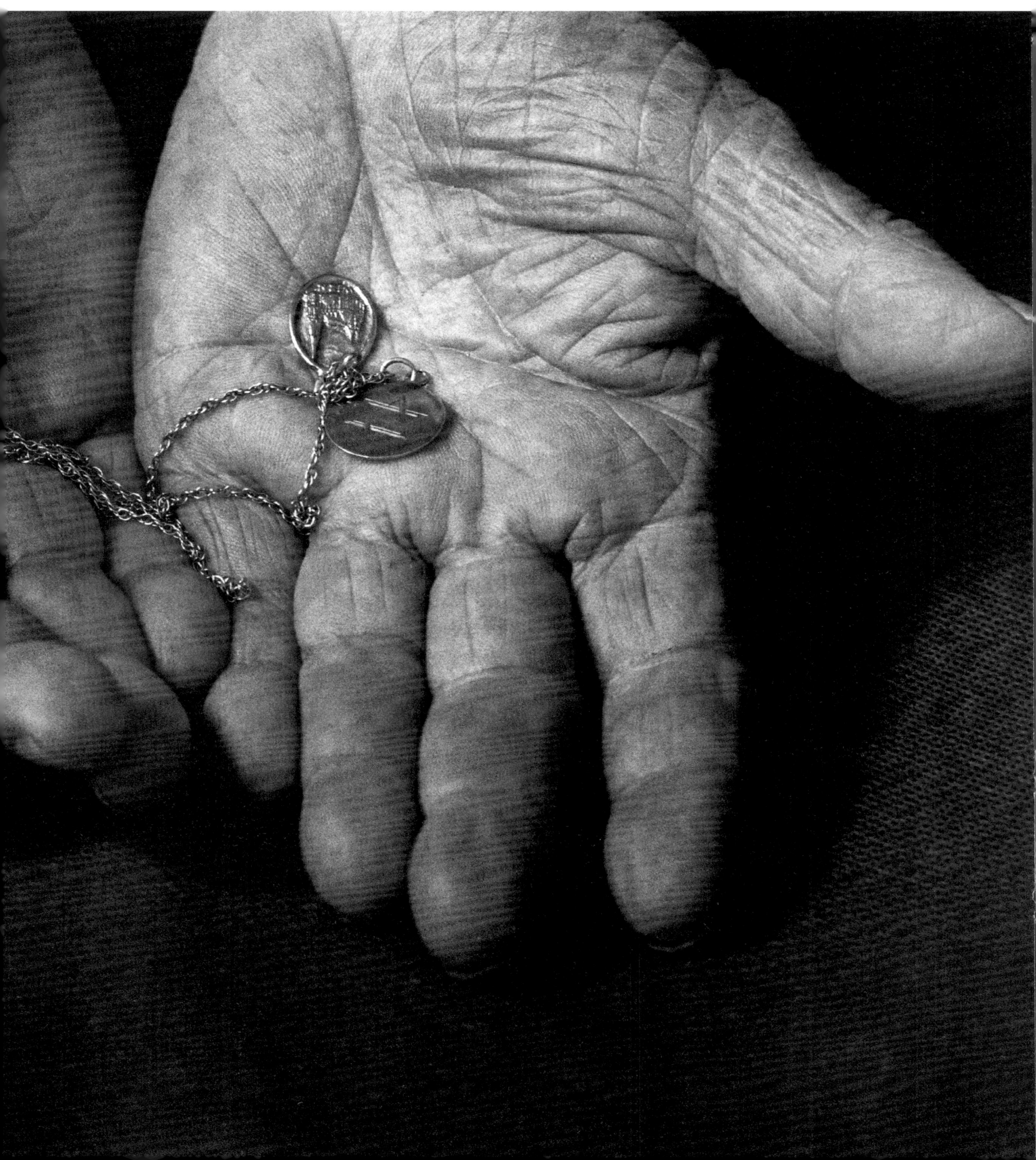

wurden im Camp Atlit interniert. Dieses Lager rund 20 Kilometer südlich von Haifa haben die Briten in den Dreißigerjahren eingerichtet, sie internierten dort Zehntausende illegale Einwanderer.

„Nach einer Woche wurde uns gesagt, wir werden nach Mauritius geschickt", erzählt Klein. Die Juden aus Europa hofften, mit passivem Widerstand die Deportation zu verhindern. Sie blieben einfach im Bett liegen. Da übernahm das britische Militär das Lager, die so genannte Palestine Mobile Force kam zum Einsatz. „Das waren Schläger. Man hat also die Leute gewaltsam auf Lastwagen und dann aufs Schiff gebracht."

Unter den Flüchtlingen machte die Runde, dass die Hagana erneut eine Rettungsaktion versuchen würde. Das wollten die Briten auf jeden Fall verhindern. „Die Briten haben Luftschutzalarm ausgelöst, uns schnell aufs Schiff gebracht und gleich ging es los." 849 Männer, 635 Frauen und 96 Kinder – darunter Klein und seine Mutter – wurden auf die beiden Schiffe John de Witt und Nieuw Zeeland verteilt. Klein erinnert sich, dass ihm „der Pass und komischerweise auch die Zahnbürste abgenommen wurden".

Nach seinen Erinnerungen war es der 24. Dezember 1940, als er an Bord der Nieuw Zeeland in Port Louis auf der Insel Mauritius ankam, einen Tag später durften alle das Schiff verlassen. Die vor den Nazigräueln geflohenen Juden hatten wieder festen Boden unter den Füßen, konnten sich aber weiter nicht frei bewegen – und das sollte fast 5 Jahre lang so bleiben. Ihr Heim wurde das ehemalige Zentralgefängnis von Mauritius nahe der Stadt Beau Bassin. Die Männer wurden in zwei Blöcke mit Zellen untergebracht, die Kinder und Frauen in Barackenlager auf dem Gefängnisgelände.

Weil es auf dem Schiff viel zu wenig zu essen gab, haben die Menschen auch verschimmelte Nahrungsmittel verschlungen. Klein erinnert sich, dass manche versucht haben, den Schimmel mit der Zahnbürste zu beseitigen, ehe sie die Kekse gegessen haben. Auch das Klima auf der Tropeninsel setzte

vielen zu. In den ersten drei Monaten starben bereits 50 Menschen an Typhus.

Klein war gemeinsam mit seiner Mutter mit rund 20 anderen Frauen und Dutzenden Kindern in einer Baracke untergebracht. Nach einem Monat erkrankte die Mutter an Typhus und wurde in ein Lazarett gebracht, er selbst landete im Kindercamp. Am 9. Mai 1941 starb Valerie Klein, ihr Sohn war damals 12 Jahre alt. „Ich war einige Monate allein. Am Anfang war das wirklich bitter. Als die Mutter gestorben ist, war das tragisch." Nach einer Pause fügt er hinzu: „Es war hart." Mehr will er dazu nicht sagen.

Vom Kindercamp kam Klein direkt ins Männerlager, von der Baracke in eine Einzelzelle im B-Block. Erklärungen, warum er plötzlich als Erwachsener eingestuft wurde, erhielt er keine. Ob er erst dort eine Nummer erhalten hat, daran kann sich Klein nicht mehr erinnern, wohl aber an die Nummer selbst: 466. Versuche, täglich einen Zählappell abzuhalten, gaben die Verwalter des Gefängnisses bald wieder auf.

Die Internierten konnten sich innerhalb der Mauern und Zäune relativ frei bewegen. Es gab wenig zu essen, dafür aber regelmäßig: 7 Uhr, 12 Uhr und 17 Uhr. „Um alles andere mussten wir uns selbst kümmern." So wusch Klein zusammen mit Freunden, die mindestens 10 Jahre älter waren, seine Wäsche. „Sonst haben die mir auch nicht viel helfen können." Mit zwölfeinhalb Jahren war er auf sich allein gestellt.

Mit Begeisterung erzählt Klein dann, wie nach drei Monaten ein Komitee von Gefangenen eine Schule gegründet hat. Um besser Englisch zu lernen und die Prüfungen auch in dieser Sprache ablegen zu können, nahm Klein Privatstunden. „Um dafür Geld zu verdienen, bin ich um vier Uhr früh Holzhacken gegangen. Um acht Uhr war ich in der Schule, am Nachmittag habe ich Privatstunden bei einer Englischlehrerin genommen." Auf die Frage, mit welchen Noten er abgeschlossen hat, lacht Klein und antwortet dann: „Ich bin durchgekommen."

Dieses Amulett wurde während des Zweiten Weltkrieges im Boden eines Topfes versteckt zu einer Tante in die Tschechoslowakei gebracht. 1955 bekam es Berthold Klein in Israel zurück.

Das gilt für die ganze lange Zeit im Gefängnis auf Mauritius. Fast 5 Jahre – beinahe seine gesamte Jugendzeit – verbrachte er auf der Insel. Denn als d er Zweite Weltkrieg in Europa im Mai vorbei war, wurden die Internierten noch immer nicht frei gelassen. „Wir haben verlangt, dass wir möglichst rasch wegkommen. Das hat aber bis September gedauert."

Der Truppentransporter machte noch Station in Mombasa, um weitere britische Soldaten mit an Bord zu nehmen, ehe es weiter nach Palästina ging. Diesmal ließ die britische Mandatsmacht die Juden einreisen. Klein gründete zusammen mit anderen Einwanderern aus der Tschechslowakei, Deutschland und Österreich den Kibbuz Neot Mordechai im Norden Palästinas. So wie alle anderen Kibbuzmitglieder schloss er sich der paramilitärischen Untergrundarmee Hagana an. Er war Teil eines Spezialkommandos von Kibbuzim, die zu mehrwöchigen Einsätzen abkommandiert wurden.

Als am 14. Mai 1948 David Ben Gurion die Unabhängigkeitserklärung vorlas, wurden im Kibbuz keine ausgiebigen Freudenfeste gefeiert. „Wir haben nicht sehr viel tanzen können, es gab schon Unruhen und wir waren in Schützengräben." Noch in der Nacht nach der Staatsgründung griffen arabische Staaten Israel an.

Im Kibbuz erhielt Klein seinen hebräischen Vornamen Amnon und er lernte Bracha kennen, eine aus Rumänien stammende Jüdin, die dort beim Militär stationiert war. Sie wollte aber nicht im Kibbuz bleiben und so zog das frisch verheiratete Ehepaar weiter: nach Jerusalem und 1965 in das eigene Haus nach Ramat HaSharon. Schon im Kibbuz lenkte Klein Lastwagen, in Jerusalem machte er dies zu seinem Beruf. Vom Betriebsrat stieg er zum Betriebsratsvorsitzenden auf. 1977 wurde Klein hauptberuflich Sekretär in der israelischen Gewerkschaft Histadrut. Er trat auch in die Arbeitspartei ein, die Awoda.

Über die Gewerkschaft hatte der gebürtige Wiener Kontakte nach Deutschland und Österreich. „Die deutsche Gewerkschaft war immer interessiert,

einen Bezug zu unserer Gewerkschaft herzustellen. Die österreichische Gewerkschaft war immer zurückhaltend." Ob das nicht etwas aussagt? „Das könnte man sagen", antwortet Klein und fügt hinzu, dass er sich jahrelang darum bemüht habe, dass der Vorsitzende der österreichischen Postgewerkschaft nach Israel komme. „Es hat sich immer verzögert. Und gekommen ist er nie."

Er selbst hat jahrelang gezögert, wieder einen Fuß auf österreichischen Boden zu setzen. Jüdische Freunde, die mit ihm auf Mauritius interniert waren und danach nach Österreich zurückkehrten, hätten ihn immer wieder zu einem Besuch ermuntert. 1977, fast 37 Jahre nach seiner Flucht, kehrte er zum ersten Mal in sein Geburtsland zurück. „Ich habe ein anderes Österreich gesehen. Bei Leuten, die in meinem Alter oder älter waren, da hab ich mich zweifelnd gefragt, wer waren sie zu der Zeit? Aber die jüngere Generation, die nach 1945 geboren wurde, mit der hab ich mich gut verstanden."

Die politischen Diskussionen in Österreich verfolgt er aufmerksam und sieht Parallelen zur rechtskonservativen Regierung in Israel: „Was sich bei uns tut, wird jetzt übertragen nach Österreich." Ob er den israelischen Premierminister Benjamin Netanjahu als Vorläufer des rechtspopulistischen Kurses in Europa sehe? „So schaut es aus. In ganz Europa ist ein Umschwung. Die sozialistische Partei ist im Rückgang, die rechten Parteien sind im Aufschwung. Das können Sie überall sehen, ob in Belgien oder Holland, in Deutschland oder Österreich." Ob Juden, die in diesen Ländern leben, sich mehr Sorgen machen müssten? „100 Prozent! Man liest auch in der Zeitung, dass Juden angepöbelt werden. Ich weiß nicht, ob es in Österreich schon so weit ist. Aber in Deutschland ist es so weit."

Klein trifft sich regelmäßig mit Lehrern aus Österreich und hofft, dass auch in Zukunft im Unterricht über diese Zeit gesprochen wird. „Die Lehrer können das weitergeben. Wir sind die Letzten, die das noch erzählen können." Er habe auch mit seinen drei

Kindern darüber gesprochen. „Aber die Enkel interessieren sich mehr dafür als die Kinder." Inzwischen haben Bracha und Amnon Berthold Klein schon acht Enkel und zwei Urenkel. Seine Frau hat Hunger in Rumänien erlebt, wollte illegal nach Palästina und wurde von den Briten auf Zypern interniert. „Sie wollte ihre Geschichte überhaupt nicht erzählen. Schön langsam macht sie das jetzt auch."

Mit welchem Gefühl er jetzt nach Österreich fahre? „Früher musste man sich nur umschauen in der Straßenbahn, wer ist da in meinem Alter? Heute sieht man nicht mehr sehr viele, die in meinem Alter sind." Ob damit auch das unangenehme Gefühl seltener werde? „Ja, das kann man sagen."

„Wir haben alles gesehen, wir haben es aber nicht geglaubt. Der menschliche Verstand kann gar nicht begreifen, dass man so eine Masse an Menschen vernichten kann in so kurzer Zeit. Das ist nicht fassbar."

Viktor Klein wurde 1927 in Munkacs in der heutigen Ukraine geboren. Er kam 1944 nach Auschwitz-Birkenau, seine Befreiung erlebte er nach einem Todesmarsch im KZ Ebensee. Er ist noch immer in Wien im Schmuckhandel tätig.

An der Rampe wurde gleich selektiert: „Mein Vater, mein Bruder Shlomo, zwei Onkel und ich sind nach rechts geschickt worden. Meine Mutter, zwei Geschwister und alle Verwandten meiner Eltern sind nach links gegangen in die Vernichtung. Sie wurden sofort ins Gas geschickt. Mehr als 70 Personen."

Viktor Klein war 17 Jahre alt, als er im Lagerkomplex Auschwitz-Birkenau ankam. 74 Jahre später erzählt Klein in fast nüchternem Ton von dem, was er erlebt hat. Wie er die Monate im größten deutschen Vernichtungslager, wo mehr als eine Million Menschen ermordet wurden, und auf dem Todesmarsch bis zur Befreiung im Mai 1945 überlebt hat.

Bis dahin ist Klein in einer orthodoxen jüdischen Familie mit fünf Geschwistern in Munkacs aufgewachsen. Seine Muttersprache war Jiddisch, in der Schule hat er auch Hebräisch zu lesen begonnen. Das Karpatenstädtchen war stark vom jüdischen Leben geprägt, rund die Hälfte der Bevölkerung waren Juden, der Großteil davon chassidisch-orthodox. Die Stadt gehörte bis 1918 zu Österreich-Ungarn und hieß Munkatsch. Dann wanderte es zur Tschechoslowakei, ab 1938 zu Ungarn. So lernte Klein auch Tschechisch und Ungarisch, seine Mutter sprach Deutsch, das sie in der deutschen Schule gelernt hatte.

Inzwischen ist Mukatschewe ein Teil der Ukraine und liegt im Grenzgebiet zur Slowakei, zu Ungarn und Rumänien. Von der einst vorhandenen jüdischen Prägung ist nichts mehr zu merken, 80 Prozent der damals in der Stadt lebenden rund 14.000 Juden wurden ermordet. Aus der weit verzweigten Verwandtschaft der Familie Klein haben nur fünf Menschen überlebt.

Zuvor waren die Juden in Munkacs nach der Besetzung Ungarns durch die Deutschen im März 1944 in ein Ghetto zusammengepfercht worden, ihre Geschäfte mussten sie an Bewohner mit arischen Papieren übergeben. Die letzten Wochen vor der Deportation lebte die Familie Klein in einer Wohnung des Urgroßvaters.

Am 18. Mai 1944 wurde die ganze Verwandtschaft, fast 80 Personen, in einen einzigen Viehwaggon zusammengepfercht, nach dreitägiger Fahrt kamen sie im KZ Birkenau an. „Alles, was wir an Habseligkeiten hatten, mussten wir an den Gleisen liegenlassen oder wurde uns abgenommen", erzählt Klein. Schnell, schnell seien sie weitergetrieben worden. „Kleidung runter, baden, dann tätowieren." Er habe die Nummer 10202 bekommen, sein Vater die Nummer 10201, sein Bruder 10203.

Klein krempelt die Ärmel seines Hemdes hoch, auf dem linken Unterarm ist der Buchstabe A und die Zahlenreihe noch gut sichtbar. „Wehgetan hat es eigentlich nicht", erinnert er sich auf Nachfrage. „Sie wollten damit sicherstellen, dass jeder leichter identifiziert werden kann, wenn er ausbricht."

In den ersten acht Tagen in Birkenau mussten sie tagelang stehen, es gab nur wenig zu essen, alle waren hungrig. „Nach drei Tagen sah mein Freund Kraus mich und hat mir einen Teil von seinem Brot gegeben. Diese Erinnerung an einen Freund, der mir sein letztes Stück Brot gegeben hat, hat mich immer begleitet. Durch einen Zufall haben wir uns nach 50 Jahren wieder in New York getroffen, es war sehr bewegend."

Der Vater und seine zwei Söhne schafften es, die ganze Zeit zusammenzubleiben. Und sie hatten das Glück, dass alle drei dem Müllfahrer-Kommando zugeteilt wurden. Diese Arbeit war begehrt, obwohl man Toiletten reinigen und im Abfall wühlen musste. Das so genannte Kommando „Großes Kanada" hat zuvor alle Habseligkeiten der gerade im Lager angekommenen Menschen, die auf den Gleisen und in den Zügen zurückblieben, durchsucht. Kleidung, Schuhe, Gebrauchsgegenstände und Essen wurden getrennt gesammelt, alles nicht Verwertbare wurde zu einem Müllplatz 2 Kilometer außerhalb des Lagers Auschwitz gebracht.

Dort mussten Klein und die anderen KZ-Insassen, die dem „Kleines Kanada" genannten Müllfahrer-Kommando zugeteilt waren, noch einmal alles durchwühlen und sortieren. „Papier zu Papier, Blech zu Blech." Immer wieder entdeckte Klein aber auch Wertvolles im Abfall. „Oft hat man in Brot Münzen oder Gold eingebacken. Der Befehl war, dass man alles abgeben musste an die SS oder den Kapo. Ich habe das Gefundene aber nicht abgeliefert, sondern versteckt. Im Sakko oder in der Tasche des KZ-Anzugs. Ich habe das unter Lebensgefahr gemacht." Auch Gebetsbücher oder Thorarollen hat er gefunden und ins Lager geschmuggelt.

In der Unterkunft im Block 12 hat Klein seinen Fund versteckt, gleich weiter verkauft oder gekauft. „Es gab einen Schwarzmarkt. Es ist mir gelungen, manches an den Kapo zu verkaufen. Die Häftlinge waren mit den Zivilarbeitern verbunden, die aus dem Ort Auschwitz ins Lager gekommen sind. Man hat aber auch mit den SS-Leuten selbst Geschäfte gemacht", berichtet Klein. Für alles gab es festgesetzte Preise und Tauscheinheiten: „Für 100 Pengö, die damalige ungarische Währung, gab es ein Brot. Für zwei Brote eine Packung Margarine. Für vier Brote eine Stange Salami. Das funktionierte mehrere Jahre lang."

Durch den Tauschhandel habe er die Möglichkeit gehabt, die Nahrung aufzubessern. In der Früh bekamen alle ein halbes Brot und Margarine, manchmal ein Stück Salami. Zu Mittag habe es eine Suppe gegeben, „die angeblich auch Kartoffeln enthielt, nicht nur Schalen", wie er mit sarkastischem Unterton erzählt.

Sechs Monate lang hat Klein bei diesem Kommando gearbeitet, dann hat er sich einen Dorn in die Hand eingezogen, der sich entzündet hat. Acht Tage verbrachte er im Spital und wollte dann nicht mehr weiter im Müll wühlen. Ein Kapo habe ihm dann Arbeit gegen Bezahlung von 1.000 Pengö in der Kartoffelschälerei verschafft. Auch dort funktionierte das Tauschgeschäft. „Man konnte Kartoffeln raustragen und in den Betten verstecken und dann verkaufen. Bei der Tür zur Kartoffelschälerei ist ein Häftling gestanden, der hat auch etwas gekriegt, dann hat er nicht geschaut, wenn ich rausging. Ich habe jeden Tag die Möglichkeit gehabt, 30, 40 Kartoffeln raus-

zutragen, versteckt im Futter des Anzugs." Drei Monate lang ist alles gut gegangen, bis er dann erwischt worden ist und seine Kartoffeln auspacken musste. 10 Stockhiebe hat Klein dann bekommen, mehrere Tage konnte er nicht zur Arbeit gehen und musste sich in seinem Block verstecken. Dort waren auch sein Vater und sein Bruder, die inzwischen in einer Autogarage arbeiteten, untergebracht. „Wir waren immer zusammen. Die ganze Zeit bis zur Befreiung. Das war eine große Unterstützung, dass wir immer zu dritt waren."

Was im Krematorium geschah, habe man im Lager gewusst. „Wir haben alles gesehen, wir haben es aber nicht geglaubt. Der menschliche Verstand kann gar nicht begreifen, dass man so eine Masse an Menschen vernichten kann in so kurzer Zeit. Das ist nicht fassbar."

Am 18. Jänner war dann der große Aufbruch. Tausende Menschen wurden auf den so genannten Todesmarsch geschickt, jede Gruppe wurde von SS-Männern begleitet. Nach drei Tagen Fußmarsch erreichten sie Budweis im heutigen Südböhmen. Dort wurden sie in einen Viehwaggon verfrachtet und mussten beim KZ Mauthausen aussteigen. Nach acht Tagen ging der Todesmarsch weiter ins Außenlager Melk. Dieses Lager bestand nur ein Jahr, die rund 15.000 Häftlinge, davon ein Drittel Juden, mussten für die Rüstungsproduktion riesige Stollen in den Berg treiben. Aufgrund der unmenschlichen Arbeitsbedingungen kamen mindestens 5.000 Menschen um. Klein musste in zwei Schichten arbeiten und kontrollieren, dass Sand richtig abgebaut wurde.

Nach zwei Monaten, inzwischen war schon April 1945, wurde das Lager geschlossen. Die verbliebenen KZ-Insassen wurden auf einem Lastschiff nach Linz gebracht, dann mussten sie drei Tage zu Fuß gehen, ehe sie über Wels, Lambach und Gmunden Ebensee erreichten.

Dort gab es ebenfalls ein Außenlager des KZ Mauthausen. Die Häftlinge mussten unter größten

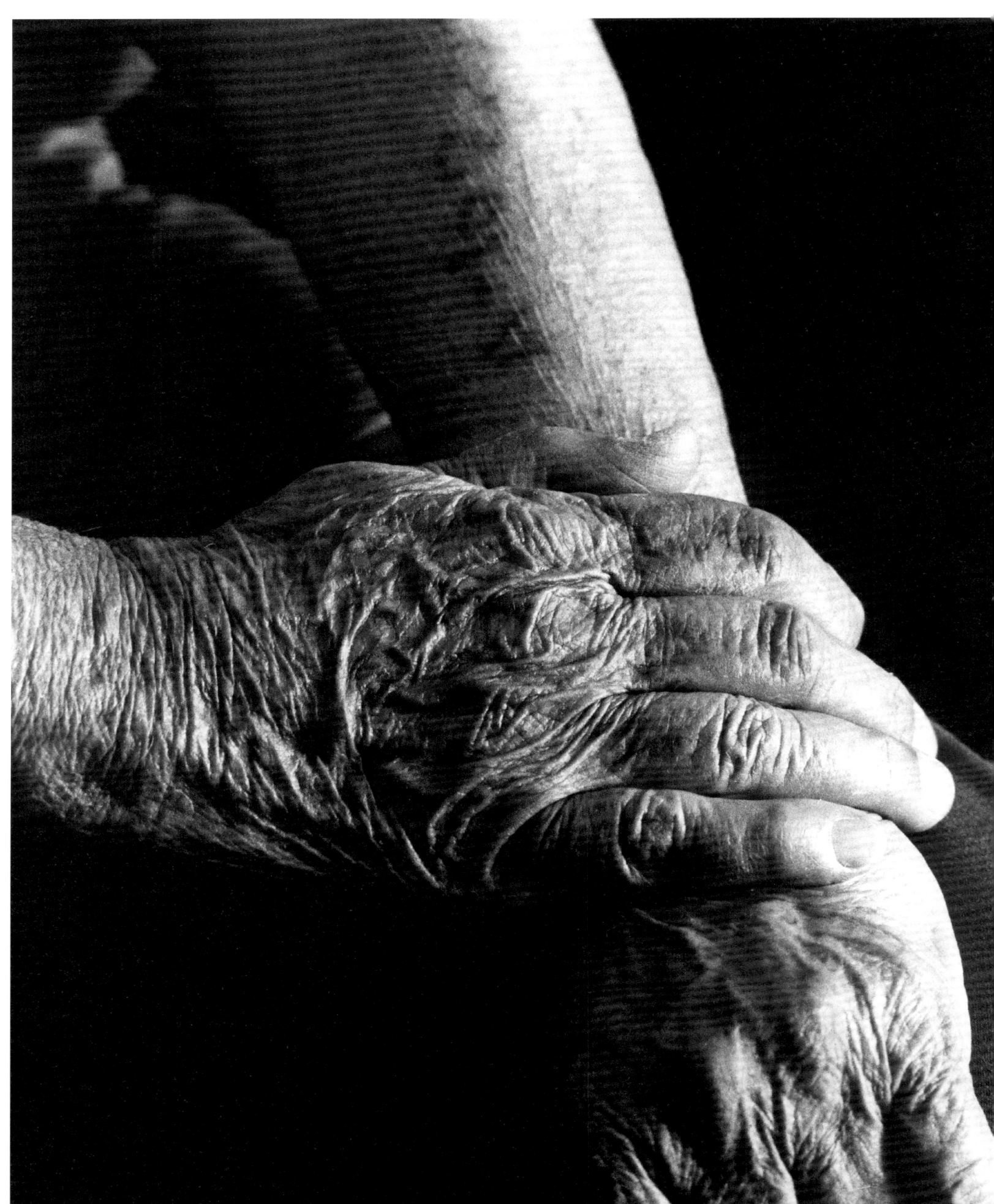

körperlichen Anstrengungen innerhalb kürzester Zeit ebenfalls Stollen in den Berg hauen. Das gesamte Stollensystem mit einer Länge von 7 Kilometern war durch ein Schienensystem untereinander verbunden. Nach den ursprünglichen Plänen sollte hier eine unterirdische Produktionsstätte für Raketen entstehen. „Auch hier hatte ich wieder Glück, ich musste nicht ins Bergwerk", sagt Klein. Bis zur Befreiung sollte es nur noch acht Tage dauern. Aber nach den Plänen des Kommandanten Anton Ganz sollten eigentlich keine KZ-Insassen überleben. Ganz konnte 1945 untertauchen und lebte ab 1949 unter eigenem Namen in Deutschland. Erst 1972 kam er vor Gericht und starb 1973 als freier Mann.

Die Häftlinge erfuhren von Mitgliedern der Bewachungsmannschaft von dem Vorhaben, sie mittels falschen Alarms in die Stollen zu treiben, die dann gesprengt werden sollten. „Unser Blockältester hat uns dringend geraten, in die Stollen zu gehen, um den Bombardements der Amerikaner zu entkommen", erinnert sich Klein. „Aber wir haben schon gewusst, dass die Stollen vermint sind. Man wollte die Menschen umbringen, ohne Spuren zu hinterlassen." Beim letzten Appell am Morgen des 5. Mai verweigerten die Häftlinge kollektiv den Befehl der SS, in die Stollen zu gehen. Kleins Kapo schwang sich auf einen Jeep und fuhr davon. Am Vormittag des 6. Mai befreiten amerikanische Truppen das KZ Ebensee. Sie fanden rund 1.000 Leichen vor dem Krematorium und auf dem Lagergelände liegend vor. Insgesamt hatten hier 8.200 Menschen den Tod gefunden.

Vor allem in den letzten Wochen vor der Befreiung waren die Zustände verheerend. Das Lager war völlig überfüllt, weil hier viele „Evakuierungstransporte" aus anderen KZ-Stätten eingetroffen sind. Hunderte starben vor der Befreiung an Hunger oder kurz danach, weil sie das von den Amerikanern zubereitete Essen nicht vertragen haben. „Auch da hatten wir Glück. Wir haben Konserven bekommen und für meinen Bruder, der ein starker Raucher war, Zigaretten. Aus dem Inhalt der Konserven habe ich in der Kartoffelschälerei Gulasch gemacht, das erste richtige Essen."

Mit Kartoffelpüree haben sie auch einen bekannten Rabbiner aus Chust in ihrem Block wieder aufgepäppelt, der zwei Tage vor der Befreiung bei den Todgeweihten gelegen ist. In einem Buch hat er später erwähnt, dass die Familie Klein ihm das Leben gerettet hatte.

Vier Wochen blieben sie noch in Ebensee, ehe sie nach Preßburg gebracht wurden. Dort sprach auf der Straße jemand seinen Bruder Shlomo an wegen dessen Ähnlichkeit mit dem weiteren Bruder Jossi, der 1944 mit 21 Jahren zum ungarischen Militär eingezogen worden ist. Er sagte den beiden Brüdern, Jossi habe dank des schwedischen Diplomaten Raoul Wallenberg überlebt und sei nach Munkács zurückgekehrt.

Dort blieb die Familie aber nicht, sondern versuchte sich ein Leben in Ungarn aufzubauen als orthodoxe jüdische Familie. All das änderte sich durch den Aufstand 1956 in Ungarn. Ein Bruder lebte bereits seit 1951 in Wien, der Vater folgte im Oktober, Viktor Klein im Dezember. Weil er nach der Befreiung staatenlos war, bekam er einen israelischen Pass. Er fuhr 1961 nach Israel, „um eine Lebenspartnerin zu finden". Drei Monate lang lernte er insgesamt 20 Mädchen kennen, dann traf er Pnina. „Das war einfach Bestimmung." Drei Tage später waren sie verlobt, nach sechs Monaten wurde geheiratet.

Ihr Lebensmittelpunkt war Wien, dort arbeitete Klein im familieneigenen Pelzgeschäft, später als Juwelier, noch heute ist er im hohen Alter im Schmuckhandel tätig. Er und seine Frau bekamen drei Kinder, zwei davon leben in Israel, eines in den USA. Er hat inzwischen zwölf Enkelkinder und vier Urenkel.

Klein trägt auch in seinem Büro im ersten Wiener Bezirk eine Kippa, hält den Schabbat und die jüdischen Feiertage ein. Mehrere Jahrzehnte war er in der jüdischen Gemeinde in Wien aktiv, im Bethaus Misrachi war er als Tempelvorstand engagiert. Man kennt ihn als „Wolvi" Klein und Mitglied der orthodoxen Agudat-Israel-Gemeinde.

In den vergangenen Jahren ist er auch immer wieder in Schulen und bei Veranstaltungen aufgetreten. In seinem Büro, das mit dunklen Holzmöbeln ausgestattet ist, sind Aufnahmen von ihm in Fotorahmen zu sehen, auch mit bekannten Persönlichkeiten wie dem britischen Prinzen Charles.

Am 25. Jänner 2018 hat Nationalratspräsident Wolfgang Sobotka ihn, Herbert Löwy, Fritz Rubin-Bittmann und Alfred Scherer zur Auschwitz-Gedenkveranstaltung eingeladen. Die Männer sind Überlebende der Shoah und Mitglieder einer Herrenrunde, die sich seit Jahren in einem Wiener Café trifft, um über die Vergangenheit, aber auch über die Gegenwart zu diskutieren. Bei dieser Veranstaltung kam er in Kontakt zum österreichischen Bundeskanzler Sebastian Kurz, der Klein dann eingeladen hat, ihn bei seiner Reise nach Israel im Juni 2018 zu begleiten.

Kurz, Chef der konservativen ÖVP, wird von vielen Juden in Österreich dafür kritisiert, dass er nach der Wahl im Herbst 2017 eine Koalition mit der rechtpopulistischen FPÖ eingegangen ist. Die Israelitische Kultusgemeinde beschloss, keinerlei Kontakte zu Vertretern der FPÖ, auch nicht zu Regierungsmitgliedern, zu pflegen. Die Organisation begründet dies unter anderem damit, dass führende FPÖ-Vertreter und deutschnationale Burschenschaften sich regelmäßig für die Abschaffung des NS-Verbotsgesetzes einsetzten. Außerdem verweisen sie auf antisemitische Äußerungen von FPÖ-Funktionären.

Nach Ansicht von Klein hat Kurz aber „keine andere Wahl gehabt", als mit den Freiheitlichen ein Bündnis einzugehen. „Wenn er nicht mit dieser Partei eine Koalition gemacht hätte, wäre er nicht Bundeskanzler geworden. Die Koalition mit der SPÖ hat nicht gehalten, weil jeder von der anderen Seite gezogen hat." Klein ist überzeugt: „Kurz hat mehr Einfluss auf die FPÖ als die FPÖ auf ihn." Deren Vorsitzender Heinz-Christian Strache sei „ein Wendepolitiker, er wendet sich nach dem Wetter". Klein zeigt sich auch davon überzeugt: „Strache ist nicht so schlimm wie Jörg Haider." Straches Vorgänger

Haider sei noch rechter gewesen, habe „arisiertes" Vermögen besessen und seine Mitstreiter säßen jetzt auf der Anklagebank. „Strache ist ein gescheiter Bursche, kann aber seine Vergangenheit nicht verleugnen. Er versucht zu lavieren. Aber er hat gesagt, wer antisemitisch ist, hat in der Partei nichts zu suchen."

Zu den Liederbüchern einer von einem FPÖ-Politiker geführten Burschenschaft, in denen es hieß: „Gebt Gas, ihr alten Germanen, wir schaffen die siebte Million", meint Klein, er wisse nicht, ob Strache davon Kenntnis gehabt habe. „Aber man hat es zu vertuschen versucht." Generell gelte, was der britische Premier Winston Churchill einst sagte: In der Politik gebe es keine Freunde, es gibt nur Interessen.

Die Einladung von Kurz zur Israel-Reise habe er gerne und ohne Zögern angenommen. Klein zeigt davon gesammelte Zeitungsausschnitte und Fotos, die ihn unter anderem mit dem israelischen Premier Benjamin Netanjahu zeigen. Auf einem anderen Foto ist er mit dem österreichischen Kanzler in der Gedenkstätte Yad Vashem zu sehen. „Dort hat man meine Karteikarte herausgesucht, wann ich in Auschwitz angekommen bin." Dass „das jüdische Volk all das überlebt hat", sei ein Wunder. „Wenn wir unseren Glauben aufgegeben hätten, dann hätte Hitler gesiegt. Es ist mein persönlicher Sieg, dass ich die Faschisten, den Kommunismus und jeden Ismus überlebt habe." Jetzt mache ihm der wachsende Nationalismus Sorgen. Er selbst sei durch das Feuer gegangen. „Aber ich habe immer den Optimismus bewahrt."

„Auf einmal war ich das Judenkind und durfte nicht mehr mit meinen Freunden spielen.
Bis dahin war der Begriff Jude nicht existent.
Ich habe nicht gewusst, was das ist."

Charlotte Knobloch wurde 1932 geboren, sie überlebte als „uneheliches Kind" getarnt auf einem Bauernhof. Sie ist seit 1985 die Vorsitzende der Israelitischen Kultusgemeinde München und Oberbayern.

„Ich seh sie noch vor mir!" Immer wieder sagt Charlotte Knobloch diesen Satz, wenn sie von Szenen erzählt, wie „Männer mit langen Ledermänteln und Hüten" in ihre behütete Kindheit in München einbrachen. Diese Episoden zeigen, wie die Nazis das Leben ihrer Eltern und deren Ehe zerstörten, das Vermögen der Familie beschlagnahmten und die Großmutter vor die Entscheidung stellten, statt ihrer Enkelin den Weg in die Vernichtung anzutreten. Knobloch hat überlebt, weil die frühere Haushälterin ihres Onkels, Kreszentia Hummel, sie als uneheliches Kind ausgegeben und auf dem elterlichen Hof in Mittelfranken versteckt hat.

Ihr Vater, Fritz Neuland, war ein angesehener Rechtsanwalt in München. Seine Kanzlei befand sich im Zentrum, nahe des Stachus. Ihre Großeltern, die Knobloch als „sehr religiöse Leute" beschreibt, waren nicht begeistert, dass er die Nicht-Jüdin Margarethe heiraten wollte. Vor der Eheschließung ist sie zum Judentum übergetreten.

Nach der Machtergreifung der Nationalsozialisten im Januar 1933 ist Knoblochs Mutter zur geheimen Staatspolizei, der Gestapo, vorgeladen worden. „Man hat ihr gesagt, sie soll ihre ursprüngliche Religion wieder annehmen, sonst passiert ihr das, was mit den Juden passiert. Dem ist sie gefolgt." Fast lapidar fügt sie hinzu: „Sie war halt nicht stark genug."

Nach 5 Jahren Ehe ließ sich Margarethe Neuland scheiden. Ihre Stelle nahm Großmutter Albertine ein, „die plötzlich da war". Vater und Großmutter hätten ihr damals die Hintergründe verschwiegen und nur gesagt, sie hätten beschlossen, dass meine Mutter aus der Wohnung ausziehe.

Das habe sie damals weniger belastet, sehr wohl aber die wachsende Ausgrenzung, die sie als Kind in der zweiten Hälfte der Dreißigerjahre zu spüren begonnen habe. Charlotte Knobloch war 4 Jahre alt, als sie zum ersten Mal eine Zurückweisung erlebte, weil sie ein „Judenkind" war. So wie jeden Tag ging sie in den Nachbarshof zum Spielen. Doch diesmal

war das Tor verschlossen. „Hinter den Gitterstäben waren alle meine Freunde. Die anderen haben auf mich geguckt und haben auch kein Wort gesagt. Ich wollte rein, ich habe gerüttelt an der Tür." Dann sei die Hausmeisterin gekommen, die sie offenbar schon erwartet habe. „Dann hab ich gesagt: ‚Ich will rein!' Dann sagte sie: ‚Nein, du gehst wieder nach Hause. Unsere Kinder dürfen nicht mit einem Judenkind spielen.' Das war das erste Mal. Für mich war der Begriff Jude nicht existent. Ich habe nicht gewusst, was das ist."

Heulend sei sie nach Hause gelaufen und habe die Großmutter gefragt, was ein Judenkind sei. „Ich seh sie noch vor mir. Sie wusste mir zuerst nicht zu antworten. Dann hat sie mir eine Kirche gezeigt und gesagt: ‚Schau, viele Kinder gehen in diese Kirche. Und dann gibt es noch andere Kirchen.'" Als Charlotte weiter fragte, was die Kirchen damit zu tun hätten, dass sie nicht mehr mitspielen dürfen, habe die Großmutter geantwortet: „Wir gehen in die Synagoge. Manche Leute wollen uns deshalb nicht."

So habe man versucht, es ihr zu erklären. „Ich war vier. Ich hab es nicht begriffen und immer noch gehofft, dass ich wieder dort spielen darf. Mein Vater ist dann gekommen und dann habe ich ihn auch gefragt, warum ich Jude bin und nicht mitspielen darf. Er hat dann meine Großmutter angeschaut und gesagt: „,Das erledigen wir schon.' Aber natürlich konnte er nichts erledigen. Ich hab ihm halt leid getan und er wollte mich trösten." Auf das damals verschlossene Tor kann Charlotte Knobloch noch heute jeden Tag schauen, denn sie lebt seit einigen Jahren wieder dort, wo sie als Kind in München aufgewachsen ist.

Verdrängt hat Knobloch die Erinnerungen ohnehin nie, sie haben sich in ihr Gedächtnis eingebrannt. Der zweite Schlag kam für das Kind kurze Zeit später. Ihr Vater war musikbegeistert, sogar ein begeisterter „Wagnerianer". Deshalb ließ er seiner Tochter Klavierunterricht erteilen. Eines Tages Mitte der Dreißigerjahre kam die Lehrerin heulend ins Haus und teilte mit, dass sie Charlotte nicht mehr weiter unterrichten könne. Die Gestapo hatte sie vorgeladen: Es sei verboten, Juden zu unterrichten. Wenn sie weitermache, dann werde sie schon sehen, was aus ihr werde, wurde ihr gedroht. „Mein Vater hat es verstanden und hat ihr gedankt. Ich habe mir gedacht, was dankst du ihr, wenn sie nicht mehr kommt? Dann war das auch zu Ende."

In den Nächten wurden der Vater, die Großmutter und ihre Enkelin häufiger aus dem Schlaf gerissen, weil Sturm geläutet wurde an ihrer Wohnungstür. Draußen standen die Nazis: „Sie waren höflich, nie grob. Sie haben sich in der Wohnung umgeschaut. Das war die Zeit, in der sich die Nazis mit schönen Dingen beschäftigt haben. Mit schönen Vasen, Porzellan. Dingen, die man in gutbürgerlichen Haushalten hatte. Sie haben sogar auf Listen geschrieben, was sie mitgenommen haben. Mein Vater und meine Großmutter mussten unterschreiben."

Aber die Zeiten haben sich rasch geändert. Bereits eineinhalb Jahre vor der Reichspogromnacht, häufig auch „Reichskristallnacht" genannt, wurden Menschen zum Verhör abgeführt. Als damals in der Wohnung Sturm geläutet wurde, habe ihr Vater sofort gewusst, dass er verhaftet werden sollte, erinnert sich Charlotte Knobloch: „Wieso mein Vater das gewusst hat, ist mir bis heute nicht klar. Vielleicht hatte er es gefühlt oder man hatte ihn gewarnt." Als die Männer in die Wohnung kamen, war er schon über den zweiten Ausgang getürmt und hatte sich beim Hausmeister versteckt. Zuerst wurde die Großmutter gefragt, ob sie wisse, wo ihr Sohn sei. Als diese verneinte, wandte sich einer der Männer an die damals 6-Jährige: „Du weißt doch, wo dein Vater ist!" Und wieder sagt Charlotte Knobloch: „Ich seh es heute noch vor mir. Wenn ich nur malen könnte, ich könnte sein Gesicht zeichnen. Ich habe Nein geantwortet. Daraufhin gibt er mir eine Ohrfeige. Die spüre ich noch heute!"

Weinend wiederholte sie auf die nochmalige Frage, dass sie nicht wisse, wo er sei. „Natürlich wusste ich es, aber ich habe nichts gesagt. So wie später auch sehr oft. Diese Szenen könnte ich jederzeit nachstellen. Unglaublich, wie sich das im Gedächtnis eingegraben hat."

Eine andere Episode habe sich während eines Spaziergangs zugetragen. Ein Polizeiauto hielt neben ihrem Vater und die Polizisten fragten nach dem Ausweis, wo ein großes J ihn als Juden auswies. Sie nahmen ihn mit. Noch während ihr Vater kontrolliert wurde, habe sie jemand bei der Hand genommen. „Es waren ein Mann und eine Frau mit einem Kind in einem Kinderwagen. Sie sind einfach mit mir weitergegangen, haben mir gesagt, ich soll mich am Kinderwagen festhalten." Erst in weiterer Entfernung fragten die beiden, ob sie ihren Weg nach Hause finde. Als Charlotte bejahte, sagten sie: „Dann geh heim und erzähl, was passiert ist." Nach einer Pause fügt Knobloch hinzu: „Wir haben nie erfahren, wer das Paar war."

Aber auch ihr Vater hatte an diesem Tag Glück. Fritz Neuland wurde ins Polizeirevier in die Ettstraße gebracht. Er traf dort auf viele Bekannte, offensichtlich wurde an diesem Tag eine Razzia gemacht. Drei Männer der Gestapo notierten später von allen Festgenommenen die Namen. Als ihr Vater an die Reihe kam, habe der Mann in der Mitte gemeint, er brauche seinen Namen nicht zu nennen und soll zur Seite treten und warten. Die anderen seien ins KZ Dachau gebracht worden, habe ihr Vater später erfahren. Ihn habe der Unbekannte gefragt, ob er ihn kenne. Fritz Neuland verneinte. „Ich war ihr Klient. Als ich meine Rechnung bezahlen wollte und ihnen gesagt habe, dass ich sie nicht bezahlen kann, haben sie mir gesagt: ‚Dann bezahlen Sie, wann Sie können. Jetzt bezahle ich Sie. Gehen Sie nach Hause!'"

An den 9. November 1938 erinnert sie sich noch, wie sie an der Hand des Vaters durch die Straßen von München hastete. Ihren Vater hatte eine anonyme Warnung erreicht, er solle weder in die Kanzlei noch in die Wohnung gehen. Sie liefen zu Fuß bis nach Gauting, rund 20 Kilometer von München entfernt.

Dort fanden sie Unterschlupf bei Freunden. „Als der Vater in der Kanzlei anrief und sich als Klient ausgab, war am anderen Ende der Leitung eine fremde Stimme. Da wusste er, was ihn erwartet hätte." Mehrere Tage warteten sie bis zu ihrer Rückkehr nach München ab.

Mehrere Male brachte Fritz Neuland Charlotte bei Bekannten unter – und damit in Sicherheit. Sie stellte keine Fragen. „Ich wusste ja alles, ich habe mitgehört. Ich habe die weinenden Menschen gesehen, die mit einem Deportationsbefehl in die Kanzlei meines Vaters kamen und ihn gebeten haben, er soll etwas machen. Ich wusste das alles! Als Kind hat man große Ohren."

Vater und Tochter hätten sogar Ausreisegenehmigungen für die USA gehabt. Aber die Großmutter bekam wegen ihres Alters keine Bewilligung. „Und mein Vater wollte seine Mutter nicht alleine lassen. Damit war das Thema erledigt."

Aber retten konnte er sie nicht. Weil die Nazis „so fies" waren, mussten Juden ihre eigenen Leute auf Deportationslisten setzen. So habe ihr Vater erfahren, dass ein Transport mit Kindern und alten Leuten vorbereitet wird „und man wahrscheinlich meine Großmutter oder mich auf die Liste setzen wird", erinnert sich Charlotte Knobloch. „Da hat die Großmutter gesagt, sie geht." Der Deportationsbefehl kam tatsächlich, die Großmutter war damals Mitte 70. Beim Abschied unter Tränen hätten beide gewusst, dass sie sich nie wieder sehen würden. „Ich habe genau gewusst, wo sie hingeht. Ich habe mir aber nicht anmerken lassen, dass ich es weiß." Nach einer Pause fügt sie hinzu: „Man kann sich das nicht vorstellen, was Menschen Menschen antun. Von heute auf morgen."

Dem Vater war nun klar, dass er alles daran setzen musste, seine Tochter „rauszuziehen", wie es Knobloch formuliert. Er erinnerte sich an „Zenzi", Kreszentia Hummel, die ehemalige Haushälterin des Onkels, die auch das Kind gut kannte. Obwohl sie nicht mehr bei

ihnen arbeitete, war der Kontakt nicht abgerissen. Hummel besuchte die jüdische Familie an Sonntagen, manchmal sogar nachts, damit sie niemand sah.

Die 35-Jährige erklärte sich bereit, Charlotte auf dem Bauernhof ihrer Eltern unterzubringen. Charlotte Neuland war 10 Jahre alt, als sie zu Lotte Hummel wurde. Von einem Tag auf den anderen wurde sie von der Großstadt in das Dorf Arberg verpflanzt, das heute rund 2.000 Einwohner zählt. „Ich kam in einen Ort, wo jeder vom anderen sogar gewusst hat, was er zu Mittag kocht." Es waren die Dorfleute selbst, die das Gerücht vom „unehelichen Kind der Zenzi" aufgebracht hatten. „Sie war weggezogen in die Stadt, man mochte sie nicht und wollte ihr etwas Negatives nachsagen, weil sie so fromm war: ‚Ah, jetzt hat sie ein Bankert mitgebracht! Ausgerechnet die!'"

Hummel ging mit ihr zum Ortsbauernführer, der sie in Uniform und mit Hakenkreuzbinde empfing. „Den seh ich heut noch vor mir. Und er hat es ihr ins Gesicht gesagt; ‚Jetzt kommst mit deinem Bankert!'" Aber er habe sie auf Listen als Hummels Kind eingetragen und ihr Lebensmittelkarten ausgehändigt. Die Schadenfreude der Dorfbewohner darüber, dass ausgerechnet die so fromme Zenzi Hummel ein uneheliches Kind hatte, trug wohl dazu bei, dass niemand Verdacht schöpfte oder Nachforschungen anstellte.

Die streng gläubige Frau hat das Kind auch deshalb aufgenommen, weil sie zuvor ein Gelübde abgelegt hat: Sie wolle Gutes tun, damit ihre beiden Brüder wieder lebendig aus dem Krieg zurückkehren. Hummels Familie habe jedoch all die Jahre „eine Heidenangst gehabt, dass mich die Leute ausfragen und ich etwas ausplaudere", erinnert sich Charlotte Knobloch. „Aber ich habe gewusst, es geht ums Leben."

Gewusst hat es auch der Pfarrer im Ort, dem sich die fromme Frau anvertraut hat. Um nur ja nicht aufzufallen, musste Charlotte „alles tun, was auch die anderen Kinder getan haben". Das jüdische Mädchen musste jeden Tag um sieben Uhr früh in die Kirche gehen. „Mir tun heute noch die Knie weh", erzählt sie mit einem Augenzwinkern. Wie alle anderen arbeitete sie auf dem Feld, Unterricht gab es nur in den Wintermonaten. Sie war viel allein, suchte auch den Kontakt zu anderen Kindern nicht. „Meine Freunde waren die Tiere. Da konnte ich mich ausweinen."

Als Deutschland am 8. Mai 1945 befreit wurde, blieb sie bei der Familie in Arberg, vom Vater fehlte jede Spur. „Im Innersten war ich überzeugt davon, dass er nicht mehr lebte." Als die damals 12-Jährige einige Monate später während der Erntezeit mit einem von einer Kuh gezogenen Holzwagen auf dem Weg zurück zum Hof war, bemerkte sie plötzlich ein Auto. „Ich seh heute noch, wie mein Vater aussteigt. Das Gefühl kann ich gar nicht beschreiben." Mitkommen mit ihm wollte sie jedoch anfangs nicht. „Ich wollte da bleiben, wo ich war. Alles war so schlimm, dass ich nach 1945 nicht zurück wollte."

Sie kehrte dann doch nach München zurück. In den nächsten Monaten wandten sich viele an ihren Vater, die eine Bescheinigung für die Entnazifizierung brauchten. Sogar die Hausmeisterin von nebenan sei gekommen, die sie zum ersten Mal als „Judenkind" bezeichnet und das Spielen mit den anderen Kindern verboten hatte. „Sie wollte bescheinigt bekommen, wie gut sie zu Juden war", sagt Knobloch mit sarkastischem Unterton.

Nicht gemeldet hat sich jener Mann bei der Gestapo, der ihren Vater damals nach der Verhaftung statt nach Dachau nach Hause geschickt hatte. Er, der Hausmeister, bei dem der Vater Unterschlupf gefunden hatte, die Familie Hummel und noch ein paar andere: „Ich weiß nicht, warum uns immer wieder jemand geholfen hat. Dass ich da sitze, ist ein Wunder."

Kreszentia Hummel wollte für die Rettung von Charlotte Knobloch zu Lebzeiten keine Ehrung haben. „Ihre Brüder waren aus dem Krieg heimgekehrt, und das hat sie als Gottes Lohn für ihre Tat empfunden." 12 Jahre nach ihrem Tod wurde sie in Yad Vashem als Gerechte unter den Völkern geehrt.

Wann immer Knobloch, die seit 1985 der Israelitischen Kultusgemeinde München und Oberbayern vorsteht und zwischen 2006 und 2010 auch Präsidentin des Zentralrates der Juden in Deutschland war, deutsche Politiker bei ihren Besuchen in die Gedenkstätte in Jerusalem begleitet, erzählt sie kurz ihre persönliche Geschichte.

Ob sie sich vorstellen könne, dass Juden wieder verfolgt werden? „Absolut! Wir stehen wieder am Beginn einer ähnlichen Entwicklung. Was sich jetzt abspielt, ist mit dem Geschehen damals nicht zu vergleichen. Aber es ist ein Hass auf die jüdischen Menschen da." Nach kurzem Nachdenken fügt sie hinzu: „Sie werden uns nicht umbringen, das nicht. Aber wir sind schon in die Ecke gestellt. Aber das spürt man nur, wenn man betroffen ist."

Was sie konkret befürchte? „Ich sehe keine rosigen Zeiten. Ich hätte gerne gewusst, wie das läuft mit dem jüdischen Leben hier in 10 Jahren." Vor allem der Aufstieg der AfD bereite ihr Sorgen. „Wenn die AfD eine willige Mehrheitsregierung an der Seite hat, wird das jüdische Leben ausgelöscht. Wie kann dann ein gläubiger Jude dann noch hier leben? Im Parteiprogramm steht: Verbot des Schächtens, Verbot der Beschneidung, Verbot der finanziellen Zuschüsse. Man muss uns nicht umbringen, man kann es auch so machen."

„Der Aufstieg der Rechten in Deutschland und Österreich ist schrecklich. Man weiß nicht, was das noch bringen wird."

Daisy Koeb wurde 1927 in Wien geboren. Mit einem Kindertransport wurde sie 1939 nach Schweden gebracht. 1946 konnte sie zu ihrer Mutter nach Palästina. Mehr als 30 Jahre arbeitete sie als Lehrerin in Israel, sie lebt in Rishon LeZion.

Daisy Koeb unterteilt ihr Leben in eine Zeit davor und danach. Die Zäsur war der so genannte „Anschluss" Österreichs. Deutsche Truppen besetzten am 12. März 1938 die Grenzübergänge zu Österreich, Widerstand schlug ihnen nicht entgegen – im Gegenteil. Vor jubelnden Menschenmassen erklärte Adolf Hitler drei Tage später auf dem Wiener Heldenplatz, er könne nun „vor der Geschichte den Eintritt meiner Heimat in das Deutsche Reich" melden.

Daisy Elsner, wie sie nach der Adoption durch ihren Stiefvater Adi hieß, war damals 11 Jahre alt und hat „den Hitler sehr bewusst erlebt". Sie fügt hinzu: „Leider." Denn: „Es war eine Zeit der Angst. Der sehr argen Angst. Es war bedrückend von einem Tag auf den anderen nach dem ‚Anschluss'."

Antisemitismus hat sie in ihrer ersten Schule im dritten Wiener Bezirk nicht gespürt, nach einem Umzug sehr wohl, denn da war sie die einzige Jüdin in der Klasse. Sie schildert verschiedene Vorfälle: Der Oberlehrer habe Viehteile auf einem Schlachthof gekauft und sie musste sie wiederholt vor der Klasse halten. „Das war ekelhaft."

Ein Satz ihrer Klassenlehrerin, den diese zu ihrer Mutter sagte, ist ihr noch in lebhafter Erinnerung: Daisy sei eine gute Schülerin, „obwohl sie Jüdin ist". Sogar für einen Aufsatz über den „Anschluss" erhielt sie die Note „Sehr Gut" – als einzige Schülerin in der Klasse und als „einzige Jüdin", wie ihre Deutschlehrerin naserümpfend erklärte. An die exakte Formulierung des Themas kann sich Koeb Jahrzehnte später noch erinnern und sie betont in ihrem Wohnzimmer in Rishon LeZion jedes einzelne Wort mit erhabener Stimme: „Wie ich die herrliche Zeit der Erhebung des deutschen Volkes erlebt habe."

Dass diese Erhebung zur Erniedrigung der Juden führen würde, war den Eltern rasch klar. Sie hatten es davor ohnehin schwer, sich in Wien eine Existenz aufzubauen. Nach ihrer Scheidung von Daisys leiblichem Vater, einem Komponisten, zog Trude Bermeister mit ihrer damals 2-jährigen Tochter zu ihrer Mutter

nach Teplitz ins Sudetenland. 1931 heiratete sie erneut, Adi Elsner war damals Vertreter für Rechenmaschinen. Dann bekam er keine Arbeitserlaubnis mehr und die Familie übersiedelte nach Wien. Über seinen Bruder erhielt er erneut einen Job als Vertreter, er sollte für die Phoenix Versicherungsgesellschaft Policen verkaufen. „Er hat sich die Schuhsohlen abgelaufen. Kein Mensch hatte damals, Anfang der Dreißigerjahre, Geld für Versicherungen. Er hat sich sehr, sehr geplagt. Für meinen Stiefvater war es sehr schwer in Wien, er konnte kaum Fuß fassen." Es war die Zeit, als die Zahl der Arbeitslosen hoch war und viele unter Brücken schlafen mussten. Wem das Geld für Essen nicht reichte, der nahm das Angebot ihrer Mutter für einen Teller Suppe dankbar an. „Die Zeiten waren schwer, dann kam Hitler. Er hat den Leuten das Blaue vom Himmel versprochen."

Die Eltern haben sich gleich nach Hitlers Einmarsch um eine Ausreise in irgendein anderes Land bemüht. Palästina war ihr Wunschziel, aber auch Schanghai wurde diskutiert. In einem Brief an seine Schwiegermutter hatte Adi Elsner schon knapp 4 Jahre vor dem „Anschluss" Österreichs prophezeit, „dass das Land eines Tages wie ein reifer Apfel in Hitlers Schoß fallen wird". In dem Schreiben gestand er ein, „dass es uns, mit Verlaub gesagt, finanziell dreckig geht". Er teilte auch seine Überlegungen mit, nach Palästina auszuwandern, weil „man dort als Jude ein Leben führt, das nicht ständig im Schatten des Judenhasses liegt".

Daisys Mutter berichtete in den Wochen nach dem „Anschluss" ihrer eigenen Mutter in Teplitz über die verzweifelten Bemühungen, auf legalem Wege das Land zu verlassen. „Natürlich will jetzt jeder hinaus, ganz egal wohin. Nur will uns leider kein Land aufnehmen!" Später schreibt sie: „Überall läuft man gegen geschlossene Türen, lebt aber von der ungewissen Hoffnung."

Nachdem mehrere Versuche fehlgeschlagen waren, entschloss sich das Ehepaar, die Tochter bei der Israelitischen Kultusgemeinde für einen Kindertransport anzumelden. Daisy war damals noch dazu an Scharlach erkrankt und musste erst wieder gesund werden.

Ein Platz in einem Kinderheim in England, wohin auch ihre beste Freundin gegangen war, schien dann gesichert. „Mit denen war ich schon in Kontakt. Sie sagten, ich könnte meine Puppen mitbringen. Dann hat man auf einmal 100 Pfund verlangt und die hatten wir nicht. Damit ist das ins Wasser gefallen", erinnert sich Daisy Koeb. Das Angebot einer belgischen Familie, sie zu adoptieren, wollten die Eltern keinesfalls annehmen. Ein Kindertransport nach Norwegen fuhr ohne sie aus der Tschechoslowakei ab, denn die Tschechen ließen sie nicht einreisen.

Daisys Großmutter wandte sich dann „in höchster Not", wie sie schrieb, an die in Schweden lebende Cousine Ulla. Deren Sohn Albrecht, der schon seit dem Ersten Weltkrieg in Schweden lebte, hatte sofort nach der Machtergreifung Hitlers 1933 in Deutschland seine Mutter zu sich geholt. Er bürgte auch für Daisy, sodass sie einen Platz auf einem von der Kultusgemeinde organisierten Transport nach Schweden erhielt. In England fanden rund 10.000 jüdische Kinder Aufnahme, in Schweden waren es mit 450 vergleichsweise wenige.

Daisy Koeb kann sich nicht mehr so genau erinnern, wie viele sich mit ihr auf diesem Transport ins rettende Ausland befanden. „So um die 15 Kinder waren wir", meint sie. Aber in allen Einzelheiten kann sie noch die Abschiedsszenen am 22. April 1939 in Wien beschreiben, als ihr Vater eine Absperrung überwunden hat, um ihr noch einmal Adieu zu sagen. Außerdem habe sie ein anderer Vater mit der Aufforderung „Hilf ihr!" gebeten, sich doch um seine weinende Tochter zu kümmern. Die ganze Nacht habe sie dem 2 Jahre jüngeren Mädchen und all den anderen, die sich noch dazugesellt hatten, Geschichten erzählt. Die Fahrt ging mit dem Zug von Wien nach Berlin, dann weiter nach Sassnitz. Mit einem Schiff ging es weiter nach Trelleborg, von dort per Zug über Malmö nach Göteborg.

Hat sie als 12-jähriges Mädchen verstanden, warum sie diese Reise alleine ohne Eltern antreten musste? „Ich habe das verstanden, das hat mir niemand erklären müssen. Mir ist das Wegfahren leicht gefallen, weil ich so glücklich war, wegzukommen. Dass endlich ein Platz frei war. An die Möglichkeit, dass sich die Eltern nicht retten können, hat man nie gedacht. Ich war überzeugt davon, ich werde sie wiedersehen. Ich war glücklich."

In Schweden wurde sie von der Cousine der Großmutter, deren Mann und zwei Kindern begrüßt. Erwartet wurde sie auch von einer Dame vom Hilfskomitee in Göteborg, das das Heim betrieb. Außerdem war die Heimvorsteherin da, von allen „Tante Marianne" genannt. Sie stammte auch aus Wien und wurde für die jungen Flüchtlingskinder zu einer wichtigen Bezugsperson, die sie mit Rat und Tat unterstützte und ihnen auch, wenn notwendig, fern der Heimat Trost spendete.

Im Kinderheim waren neun Mädchen untergebracht, gleich am Tag nach der Ankunft wurden sie in die Schule geschickt. „Wir haben kein Wort verstanden. Aber die schwedischen Kinder waren so lieb, haben uns mit zu sich nach Hause genommen und mit uns gespielt. Auf diese Art haben wir ziemlich rasch gelernt."

Als das Kinderheim übersiedelte, wurde Daisy in der Ferienzeit bei der Familie Pettersson untergebracht, die eine Wohnung, bestehend aus einem Zimmer, Vorzimmer, Küche und Bad, hatten. Der Vater war Straßenbahnschaffner, die Mutter Hilfskrankenschwester. Die Familie rückte zusammen, um Platz für das jüdische Flüchtlingskind aus Österreich zu schaffen. Die Eltern und der Sohn schliefen in der Küche, von der gleichaltrige Tochter Siv lernte Daisy rasch Schwedisch. Die Lehrerin war nach der Rückkehr aus den Ferien sehr beeindruckt von ihren Fortschritten. „Sie hat mir ermöglicht, richtig mit der Klasse mitzulernen. Sie hat meine schrecklichen Diktate korrigiert, meine Aufsätze. Auf diese Art habe ich Schwedisch wirklich gut gelernt. Ich war das einzige Flüchtlingskind in der Klasse. Die anderen aus dem Kinderheim waren mit mehreren zusammen in der Klasse, da hat die Lehrerin schon nicht mehr so viel Zeit gehabt."

Als das Kinderheim fertiggestellt war, sollte Daisy in eine andere, nähere Schule wechseln. Die Lehrerin habe aber gemerkt, wie ungern sie weggegangen ist, deshalb habe sie ihr die Straßenbahnfahrten zwischen Kinderheim und Schule bezahlt. „Ich weiß bis heute nicht, ob das die Schule gemacht hat oder sie es aus der eigenen Tasche bezahlt hat."

7 Jahre, von April 1939 bis Mai 1946, blieb Daisy in Schweden. Sie war eine erstklassige Schülerin, durfte zwei Klassen überspringen, erhielt sogar einen Freiplatz in einem Mädchenlyzeum und konnte die Matura machen. In der Schule hat sie sich „immer sehr, sehr wohl gefühlt", betont sie. Als Daisy 15 Jahre alt war, starb die von allen geliebte Heimvorsteherin. Ihre Nachfolgerin, „Tante Lotte" genannt, hat das Heim „mehr wie ein Hotel geführt, jeder hat einen Hausschlüssel bekommen und man ist gekommen und gegangen".

Mit den Eltern hielt sie brieflich Kontakt. Kurze Zeit nach ihrer Abreise nach Schweden haben sie es mit einem illegalen Transport nach Palästina geschafft. „Als der Krieg begonnen hat, hat es oft Monate gedauert und dann habe ich zwei Briefe auf einmal bekommen. Manchmal hat man Wasser- oder Brandspuren gesehen. Das war aber die einzige Kontaktmöglichkeit. Man hat sich natürlich gesorgt um alle."

Diese Sorge spricht aus all den Briefen, die Daisy Koeb unter dem Titel „Liebste Mama. Die Geschichte einer Familie" 2007 gesammelt als Buch im Mariposa Verlag herausgegeben hat. Immer mehr Verzweiflung ist zu spüren in diesen Zeilen, nach und nach werden Verwandte deportiert, die Großmutter kommt nicht aus Prag heraus. Am 16. Juli 1942 schreibt sie an ihre Enkelin und ihre Schwester ein letztes Mal: „Wenige Stunden vor meiner Deportation

sende ich Euch noch die innigsten Küsse. Lebt wohl! Vergesst mich nicht, ich werde an Euch denken, solang ich es kann." Erst später fand die Enkelin heraus, dass ihre Großmutter in Treblinka umgebracht worden ist. Ihr Tod beschäftigt sie noch heute, sie macht sich Vorwürfe: „Ich glaube, ich hätte sie nach Schweden holen können. Ich habe es damals nicht getan. Ich kam damals nicht auf die Idee."

Nachdem im Mai 1945 der Zweite Weltkrieg aus war, versuchte Daisy ein Zertifikat zu bekommen, um zu ihrer Mutter reisen zu können, ihr Vater war kurz davor verstorben. „Ich habe dem Palästinaamt die Tür eingerannt." Aber erst knapp ein Jahr nach Kriegsende bekam sie die erwünschten Einreisepapiere für Palästina.

Die Reise war abenteuerlich: Bis Malmö ging die Fahrt mit dem Zug, dann musste die aus 10 Menschen bestehende Gruppe in einem Flugzeug Platz nehmen – auf Kisten, denn Sitze gab es keine. Das Ziel war Marseille, von wo sie ein Schiff in einwöchiger Fahrt nach Haifa brachte. Im Mai 1946 konnte sie als 19-Jährige ihre Mutter wieder in die Arme schließen.

Wie war das Wiedersehen nach 7 Jahren? Daisy Koeb macht eine lange Pause, zum ersten Mal stoppt ihr flüssiger Erzählstrom. „Es war sehr schwer. Wenn ich heute darüber nachdenke: ich hätte viel schneller vom Schiff herunterkommen können. Ich hatte irgendwie Angst. Wahrscheinlich auch, weil mein Vater nicht mehr da war, der mir fehlte. Aber nach ein paar Minuten war das vorbei." In einem ihrer letzten Briefe aus Göteborg hatte sie ihre Mutter gewarnt: „Kränk Dich nicht, wenn ich mich auch anfangs nach Schweden zurücksehnen werde!"

Die Mutter wohnte in Bnei Brak, das damals noch kein Ort war, an dem besonders viele streng religiöse Juden lebten. Als Krankenschwester, Physiotherapeutin und Masseurin hat sie sich rasch einen Namen gemacht und sich als Spezialistin für die Behandlung nach Kinderlähmung etabliert. Bis zum Alter von

72 Jahren arbeitete sie als Physiotherapeutin bei der israelischen allgemeinen Krankenkasse und war 98 Jahre, als sie verstarb.

Ein Päckchen aus dem Kinderheim in Schweden führte dazu, dass die 19-Jährige bereits drei Monate nach der Ankunft in Palästina verheiratet war und Stiefmutter wurde. Eine Freundin hatte es ihr für den in Palästina lebenden Bruder mitgegeben. Harry Koeb war 25 Jahre alt, nach dem Autounfall seiner Frau verwitwet und hatte einen 3-jährigen Sohn. Als Daisy ihn zum ersten Mal traf, hatte sie durch die vielen Erzählungen seiner Schwester in Schweden das Gefühl, ihn schon lange zu kennen. „Nach einer Woche war uns klar, dass wir heiraten. Ich war dann mit großen Schwierigkeiten durch die Umwelt konfrontiert, denn keiner hat Verständnis für eine Stiefmutter gehabt."

4 Jahre später kam Tochter Liya auf die Welt. Ihr Mann studierte Jus und arbeitete später als Rechtsanwalt, sie selbst litt darunter, „zwar die Matura zu haben, aber keinen richtigen Beruf". So begann sie Prüfungen für englische Zertifikate zu absolvieren und wurde schließlich Lehrerin. „Ich habe nie unterrichten gelernt, ich weiß nicht, woher ich den Mut nahm. Am Anfang waren fast 50 Kinder in einer Klasse. Aber siehe da, es ist gegangen." Sie unterrichtete über 30 Jahre lang Englisch an der selben Schule und sagt noch heute: „Ich habe meine Arbeit sehr, sehr gern gehabt."

Nach der Pensionierung hat sie sich mit Verve in eine andere Aufgabe gestürzt, die Ahnenforschung und die Dokumentation über ihre Familie und das Schicksal jener Verwandten, die während der Nazizeit umgebracht wurden. Es liegt eine dicke Mappe vor ihr. Auf die Frage, wie viele Verwandte sie verloren hat, nennt sie nur eine Zahl: 90. Nach einer Pause fügt sie hinzu: „Und für jeden habe ich ein Blatt in Yad Vashem ausgefüllt." Die Holocaust-Gedenkstätte in Israel will mit den Gedenkblättern die Identität und Lebensgeschichten der sechs Millionen Juden rekonstruieren, die während der Nazizeit ermordet wurden. So soll die Erinnerung an sie für nachfolgende Generationen erhalten werden.

Nach Wien wollte Daisy Koeb eigentlich „nie zurück, das war für mich ein fürchterlicher Gedanke". Dabei hatte sie als 12-Jährige am Tag vor ihrer Abreise nach Schweden noch ein Gedicht geschrieben, das mit „Du mein geliebtes Wien" begann und mit dem Versprechen endete:

„Ich werd dich immer lieben
Und immer an dich denken
Und werd nur dir allein
All meine Träume schenken."

Aber zu viel Schreckliches war in der Zwischenzeit geschehen, sodass sie nicht in ihr Geburtsland zurück wollte. Zum ersten Mal drängte sie ihr Mann 1965, später fuhr sie dann mehrfach nach Ramsau auf Urlaub. Inzwischen verfolgt sie die Berichte aus Deutschland und Österreich sehr genau, sie kann in ihrer Wohnung im Zentralraum Israels den TV-Sender 3sat empfangen. Sie schaut fast jeden Tag Nachrichtensendungen und bildet sich ihr eigenes Urteil: Den österreichischen Bundeskanzler Sebastian Kurz empfindet sie als „unsympathisch", nicht nur weil er eine Koalition mit der FPÖ eingegangen ist. Die deutsche Regierungschefin Angela Merkel hält sie dagegen für „positiv und gut", befürchtet aber, dass Merkel nicht mehr wiedergewählt wird. Was ihr am meisten Sorge macht, wenn sie von Israel auf die Entwicklungen in Europa blickt? „Der Aufstieg der Rechten in Deutschland und Österreich ist schrecklich. Man weiß nicht, was das noch bringen wird."

„In der EU sammeln sich die rechtsradikalen Kräfte. Der Antisemitismus macht mir Angst. Ein Holocaust ist jederzeit wieder möglich. Die, die schreien, sind auch bereit zu töten."

Harry Merl wurde 1934 in Wien geboren. Er lebte die letzten Monate bis zur Befreiung versteckt in einem Kohlenkeller. Merl leitete das Institut für Psychotherapie an der oberösterreichischen Landesnervenklinik und lebt in Gramastetten.

Harry Merl fällt es schwer, darüber zu sprechen, was er als Kind erlebt hat. Immer wieder entstehen Pausen, es fließen auch Tränen. Seine Frau Christine springt oft ein und erzählt weiter. Die beiden fassen sich an den Händen, wenn das Erinnern an einen besonders schmerzhaften Punkt kommt. Am Ende des Gesprächs sagt Merl, er sei froh, er habe sich etwas „wegreden" können.

„Meine Wahrnehmungen sind mehr Gefühle und Bilder als Daten." Es sind die Gefühle eines Kindes, das jahrelang mit dem Verlust von Menschen konfrontiert war, denn einer nach dem anderen ist deportiert und umgebracht worden. So waren die Spielkameraden einfach weg, die Großeltern, die Nachbarn in den Sammelwohnungen. „Ich war von Tod umgeben", sagt Merl mehrfach.

Begonnen hat „der ganze Wahnsinn" aber damit, dass Möbel aus ihrer Wohnung in Wien abgeholt wurden. „Meine erste Erinnerung war, dass sich Nachbarn unsere Möbel genommen haben. Das war damals möglich, dass man einfach in eine Wohnung gegangen ist und gesagt hat, das will ich." Das sei noch vor der so genannten „Reichskristallnacht" im November 1938 gewesen, als es für Juden in Wien schier unerträglich wurde.

Bis dahin lebte Familie Merl in einer kleinen Wohnung in der Salzachstraße im 20. Bezirk. Der Vater, Wilhelm Merl, war Goldschmied. Er wollte sich selbstständig machen und hatte in der Wohnung eine kleine Werkstätte eingerichtet, sein einziges Kind durfte immer wieder den Blasbalg treten, wenn er Gold schmolz. „Mein Vater war dabei, sich ein Leben aufzubauen, als der Hitler kam." Mutter Sabine war gelernte Buchhalterin. Die Eltern waren keine gläubigen Juden, wenngleich der Vater im Chor der Israelitischen Kultusgemeinde gesungen hat.

Die nächste Erinnerung des damals 4-Jährigen war, wie seine Eltern bei einer anderen Familie zu Gast waren und sich alle um ein Radiogerät geschart hatten. Es war die „Reichskristallnacht". „Es herrschte eine

angespannte Atmosphäre. Dann ist auf einmal Sturm geläutet worden." Draußen standen zwei SA-Männer, die in die Wohnung stürzten. Der Vater konnte sich hinter der Tür verstecken. „Er ist dann hinausgelaufen und ich bin ihm nachgelaufen und habe gerufen: ‚Papa, Papa'. Da hat mein Vater mich geschnappt und wir sind hinaus." An dieser Stelle greift seine Frau Christine erstmals ein und erzählt, wie ihr die Schwiegermutter später die Szene geschildert hat. „Ein Mann hat gesagt: ‚Alle sollen mitkommen.' Meine Schwiegermutter hat dann erklärt: ‚Mein Kind ist so krank, das hat so hohes Fieber.' Der SA-Mann hat ihr dann gesagt: ‚Für das Gas ist er gesund genug.'"

Merl erinnert sich, dass er mit dem Vater in dieser Nacht in der Nähe des Donaukanals spazieren ging. Die Mutter hat die beiden dann gefunden und wieder nach Hause gebracht. „Das war der Anfang. Jetzt fangen die Lücken an." Merl weiß noch, dass er zusammen mit den Eltern in ein Sammellager deportiert wurde. Er erinnert sich an einen großen Saal und dass es für ihn „deshalb lustig war, weil andere Kinder da waren". Zum Beispiel Silvie Schwarz. „Die war aber bald auch tot. Ich war immer von Tod umgeben."

Eigentlich wollte die Familie zur Großmutter mütterlicherseits nach Polen. Amalie Kornspan meinte, dort sei es sicherer. Der Vater machte eine Umschulung zum Schlosser, in der Annahme, dass dieses Handwerk in der nächsten Zeit mehr gefragt sein würde als das eines Goldschmieds.

Mit Ausbruch des Krieges kam die Familie vom Sammellager in eine Sammelwohnung – der ersten von vielen in den nächsten Jahren. Der Vater musste in den steirischen Ort Eisenerz, er war dort etwa 2 Jahre lang. Die Mutter hat versucht, sich und ihr Kind in Wien durch die Kriegszeit zu bringen. Sie erledigte die Buchhaltung für einen Nazi, der ein Lebensmittelgeschäft „arisiert" hatte. Dafür bekam sie Nahrungsmittel. „Hunger haben wir damals nie gehabt", sagt Merl. In dieser Sammelwohnung war auch ein altes Ehepaar untergebracht, ein Rechtsanwalt und seine Frau. „Ein Erlebnis war das Hämmern an die Tür. Auf der Straße sind die Lastwagen gestanden. Er und seine Frau wurden herausgeholt und wegtransportiert. Die sind auch tot."

Der Vater konnte sich vor der Deportation ins KZ Ebensee retten, er kam aus Eisenerz nach Wien zurück. Wie er das geschafft hat, darüber gibt es verschiedene Versionen: Die eine ist, dass er von einem Zug abgesprungen ist. Die andere lautet, dass er einen Arzt überredet hat, ihn wegen seiner verletzten Hand ans Wiener Rothschildspital zu überstellen. „Wie ihm das gelungen ist, weiß ich nicht. Er ist auf jeden Fall plötzlich da gewesen."

Und er ist geblieben. Arbeit hat ihm ein SA-Mann gegeben, der zu ihm gesagt hat: „Willi, du bist mein Mann!" Es soll sich dabei um Bernhard Witke gehandelt haben, der bei der Vugesta arbeitete. Vugesta stand für „Verkauf jüdischen Umzugsgutes Gestapo", die Organisation wurde 1940 in Wien gegründet. Vugesta-Mitarbeiter transportierten Möbel und Haushaltsgut emigrierter Juden ab. Die Zusammenarbeit mit der von Adolf Eichmann initiierten Zentralstelle für jüdische Auswanderung war eng. „Mein Vater war ein großer und starker Mann, er hat keine Arbeit gescheut. Und blond war er auch", sagt Harry Merl. Seine Frau Christine ergänzt: „Und blauäugig."

Rund 100 Personen haben für diese Stelle gearbeitet. Als keine Wohnungen mehr auszuräumen waren, weil Wien fast „judenfrei" war, wurden auch die Vugesta-Helfer nach und nach deportiert. „Der Schwiegervater war bei denen, die bis zum Schluss gebraucht worden sind von diesem Herrn Witke. Das war die Rettung, dass sie nicht mehr deportiert worden sind", nimmt Christine Merl den Gesprächsfaden auf.

Ein weiterer Wohnungswechsel brachte sie in die Nähe des Nestroyplatzes im zweiten Bezirk in Wien. Wo früher die Synagoge stand, war jetzt Schutt. Für die jüdischen Kinder war das der neue Spielplatz. Dort traf Harry Merl Eva, „ein Mädchen, in das ich mich verliebt habe und das für mich wie ein Engel war". Eines Tages war Eva nicht mehr da. „Das war für mich eine

Katastrophe. Sie und ihre Familie sind auch abgeholt worden und waren dann alle tot. Das war für mich eine der schlimmsten Sachen." Er habe dann „Befreiungsszenen zu phantasieren begonnen". In seine Bücher habe er Hakenkreuze und Nazi-Uniformen gezeichnet.

So, als müsste er sich rechtfertigen, fügt Merl hinzu: „Meine Geschichte ist die Geschichte eines kleinen Buben, der das überlebt hat mit allen Folgen, die es für mich gehabt hat." Seine Frau erklärt, dass „der Schmerz über die Eva, die plötzlich verschwunden ist, immer sehr präsent" gewesen sei. „Und jetzt im Alter kommt es ganz massiv. Es kommt stärker heraus." Sie selbst habe trotz Krieg eine schöne Kindheit gehabt, sei mit vielen Geschwistern und Kindern aus der Umgebung aufgewachsen. „Aber Harry war ein Einzelkind ohne Spielkameraden. Mir ist erst später bewusst geworden, wie verlassen er sich vorgekommen ist", sagt Christine Merl. „Man kommt sich nicht verlassen vor, man ist verlassen. Das hat sich durchgezogen, die ganze Zeit", erklärt Harry Merl. Mitbewohner in der Sammelwohnung, wo die Frau „wie eine Art Großmutter" für Harry war, wurden auch deportiert. „Die waren dann auch tot. Das hat mich immer begleitet. Menschen waren einfach weg."

Die in Lemberg lebende Großmutter ist ebenfalls umgebracht worden, sie hatte noch als Schneiderin Uniformen für deutsche Soldaten genäht. Als ein Soldat ihm damals eine Aufnahme von Lemberg zeigte, wo ein Haufen erschossener Frauen zu sehen war, hat ihn dieses Bild als Kind verfolgt: „Ich habe mir immer vorgestellt, da könnte meine Großmutter dabei sein."

Das letzte Bild von den anderen Großeltern, Littmann Merl und Chaje Feige: Er sah sie ein letztes Mal 1943 in Wien am Fenster stehen, sie haben gewunken. „Da habe ich meinen Vater zum ersten Mal weinen gesehen. Sie sind dann nach Theresienstadt gekommen, dort ist die Stiefgroßmutter gestorben, mein Großvater ist nach Auschwitz gekommen." Für die beiden wurde im September 2018 an ihrem ehemaligen Wohnort in der Wehligasse im zweiten Bezirk ein Gedenkstein gesetzt.

Die letzte Station für seine Familie während der Nazizeit war eine Wohnung in der Odeongasse im zweiten Bezirk. Weil die Eltern arbeiteten, mussten sie den 9-Jährigen immer alleine zu Hause lassen – nicht wissend, ob sie ihn am Abend wiedersehen würden, weil entweder er oder sie selbst während des Tages deportiert hätten werden können. Später kamen dann auch noch die Bombenangriffe dazu. „Ich habe mehrere Wunder erlebt. Eines war, als ich während eines Bombenangriffs in der Wohnung alleine war. Ich bin dann hinausgerannt und Richtung Urania gelaufen. Dort ist plötzlich ein Lastwagen gekommen, auf dem stand mein Vater auf der Ladefläche. Ich habe ‚Papa, Papa‘ geschrien und es ist ihm gelungen, mich mitzunehmen. Ich wurde geschützt.“

Alleingelassen in der Wohnung durchsuchte der Bub jeden Winkel. Eines Tages fand er in einer schalenförmigen Lampe Tabletten. „Meine Mutter hat schon vorher immer gesagt: ‚Bevor wir wegkommen, müssen wir uns alle umbringen.‘ Ich fand Veronal: Schlaftabletten, das Standardmittel für den Selbstmord. Das hat mich entsetzt. Ich bin zum Vater gegangen und ihm gesagt: ‚Das habe ich gefunden.‘ Er ist stumm geblieben. Er ist überhaupt immer stummer geworden. Das war für mich ein großer Schock.“

Seine „Rettung“ sei dann ein Buch gewesen, das die Eltern beim Ausräumen einer der Wohnungen gefunden hatten: „Doktor Dolittle und seine Tiere“. „Ich habe dieses Buch 20, 30 Mal gelesen und immer wieder gejubelt, wenn es ihm gelungen ist, jemanden zu retten. Das war ganz wichtig. Das hat später auch für meinen Beruf eine Rolle gespielt. Jemanden zu retten.“ Merl absolvierte eine Facharztausbildung für Psychiatrie und Neurologie, er leitete bis zu seiner Pensionierung das von ihm gegründete Institut für Psychotherapie der Landesnervenklinik Wagner-Jauregg in Linz.

Seine Familie hat sich in der Nazizeit auch deshalb retten können, weil es unter den Nazi-Funktionären solche gab, die an die Zeit „danach“ dachten, denn die Niederlage der deutschen Wehrmacht war schon absehbar. Um sich eine günstigere Ausgangsbasis für später zu verschaffen, gaben manche Tipps weiter, wo die nächsten Razzien anstanden. Dass er mit seiner Mutter immer wieder zu einem Telefon gegangen sei und sie die Frage gestellt habe, ob die Kohlen geliefert werden, daran kann sich Harry Merl noch erinnern. Als einmal die Frage bejaht wurde, wusste sie, dass in ihrer Gegend Juden gesucht und „ausgehoben“ wurden, wie das damals hieß. „Wir haben die Möglichkeit gehabt, im Kohlenkeller in dem Haus in der Odeongasse eine Art Versteck zu haben.“

Es war so um den Jahreswechsel 1944/45, als sie sich hinter einem Berg Kohlen verstecken mussten. „Es gab mehrere Pritschen, da haben wir gehaust. Das war mein Leben hinter diesen Kohlen. Ich habe nichts anderes gekannt.“ Die Eltern hatten gespart, weil sich der Vater als Goldschmied selbstständig machen wollte: deshalb hatten sie Goldstaub und einige Goldmünzen. Ein Teil lagerte in einem Polster bei angeblichen Freunden und verschwand dort. Mit dem Rest bezahlten sie die Hausbesorgerin. „Meine Schwiegermutter hat immer gesagt: ‚Die haben sich das ganz schön zahlen lassen‘“, erzählt Christine Merl.

Kurz vor Kriegsende hat sich noch ein Wehrmachtsdeserteur im gleichen Haus versteckt und die Tür verbarrikadiert. SS-Soldaten hätten ihn gesucht und „Aufmachen!“ gerufen, erinnert sich Merl, sie seien dann aber doch nicht ins Haus gestürmt.

Als unmittelbar danach die Rote Armee kam, konnte die Familie nach Monaten endlich den Kohlenkeller verlassen. Als der damals 11-Jährige mit seinem Vater die Odeongasse entlang ging, bot sich ihm ein Bild des Grauens: „Ein Haufen Erschossener. Das ist eines der Bilder: Da lag eine alte Frau, noch ein Marmeladebrot in der Hand.“ Davor seien SA-Leute herumgegangen. „Sie haben gefragt: ‚Sind noch Juden im Haus?‘ Was sie dann gemacht haben, war abhängig von der Antwort der Hausbesorgerin.“ Christine Merl ergänzt: „Also in letzter Minute ist die SS noch durch die Straßen gegangen und hat alle, die verdächtig erschienen, niedergeschossen.“

Sie stärken einander: Harry Merl und seine Frau Christine.

Nach dem Krieg wollten die Eltern in die USA auswandern, weil ein Onkel und eine Tante, die sich rechtzeitig dorthin retten konnten, bereits in Amerika gelebt hatten. Weil es aber nur für den Vater den für die Einreise notwendigen Bürgen gab, blieb er bei und mit seiner Familie in Österreich.

Über die Erlebnisse in der Nazizeit wurde zu Hause nicht gesprochen. „Meine Eltern wollten nicht darüber reden." Auch er selbst hat geschwiegen. „Er hat mir nicht erzählt, dass er Jude ist, als wir uns 1957 kennengelernt haben. Weil er Angst hatte", erzählt Christine Merl. Sie heirateten 1958 und bekamen fünf Söhne. In ihrem „jugendlichen Unverständnis" habe sie vor allem ihrer Schwiegermutter immer wieder Fragen gestellt. „Mir war vieles nicht bekannt. Im Gegensatz zu heute ist in der Öffentlichkeit nicht darüber geredet worden. In der Schule habe ich auch nichts erfahren. Ich habe oft zu hören bekommen: ‚Du verstehst das nicht.' Dass ich Christin war, war auch nicht so einfach, obwohl meine Schwiegereltern nicht gläubig waren."

Es sei ihr schwergefallen zu begreifen, dass sich Harry an vieles nicht erinnern könne, aber immer wieder Bilder und Gefühle auftauchten, erklärt Christine Merl. „Ich habe erst später verstanden, das war seinem damaligen Alter entsprechend. Ich habe auch erst im Laufe des Lebens begreifen gelernt, dass die Leute nicht über ihre Traumata sprechen können. Es geht einfach nicht." Ob ihm das inzwischen leichter falle? „Ich wollte das Leben, das ich habe, und nichts wissen. Erst mit dem zunehmenden Alter habe ich begonnen, mich damit auseinanderzusetzen", antwortet Harry Merl.

Christine Merl sagt, sie habe im Laufe ihrer 60-jährigen gemeinsamen Zeit vor allem eines lernen müssen: „Man bekennt sich zum Judentum und gehört diesem Volk an. Aber man lebt diese Religion nicht." Sie selbst komme aus einer sehr lebendigen Religion. Hier fährt Harry Merl fort: 17 Jahre, nachdem er seine Frau kennengelernt hat, habe er sich ihrer Religion, den Mormonen, angeschlossen, weil ein Ziel „die

Sammlung Israels" ist. „Es ist aber immer noch dieses Gefühl da, Jude zu sein. Auch wenn ich jetzt Mormone bin, bin ich ein Jude. Dieses Gefühl verlässt einen nie." Seine Frau wirft ein: Warum sollte Juden dieses Gefühl verlassen, wenn ihnen jahrhundertelang eingeimpft worden sei, sie seien nichts wert?

Die jüngsten Entwicklungen verfolgt Merl mit Sorge: „In der EU sammeln sich die rechtsradikalen Kräfte. Der Antisemitismus macht mir Angst. Ein Holocaust ist jederzeit wieder möglich. Die, die schreien, sind auch bereit zu töten."

„Es war sehr traurig, dass christliche Ukrainer, Polen und Deutsche, die auf ihre Religion so stolz sind, einem harmlosen Volk das antun konnten. Barbaren sind edelmütiger, als die es waren."

Rachel Oschitzki wurde 1928 in Krasna Hora geboren, das heute zur Ukraine gehört. Sie überlebte das KZ Auschwitz und reiste mit dem Schiff Exodus nach Palästina. 1955 übersiedelte sie nach Berlin.

angeblich keinen Arzt gab, haben die vier Mädchen die Verletzte 30 Kilometer weit zur medizinischen Versorgung geschleppt.

Damit nicht genug: „Unterwegs ist etwas passiert, das werde ich nie vergessen. Das war so etwas Unmenschliches, dass ich es heute noch nicht begreifen kann." Sie trafen auf jene SS-Frauen, die die Hunde auf die Mädchen losgelassen hatten. „Sie waren wunderschön frisiert und in pastellfarbenen Kleidern. Sie kamen zu uns und haben gesagt: ‚Wir haben doch nur die Befehle befolgt!' Sie haben uns gebeten, sie nicht zu verpetzen. Wie es meiner Schwester ging, hat sie nicht interessiert. Sie haben nur ihre eigene Haut retten wollen. Ich hätte sie anspucken können."

Nach rund vier Wochen hielt ein Zug, die fünf Mädchen stiegen ein. Er fuhr aber mehrere Tage lang nicht los. Just als Rachel und ein polnisches Mädchen Brot holen waren, nahm er die Fahrt auf. Ihre Schwester habe mit Gewalt gezwungen werden müssen, nicht abzuspringen. Ein Wiedersehen gab es erst Monate später in Budapest.

Die beiden jungen Mädchen mussten sich dann alleine auf der Straße durchschlagen. Sie mussten auf freiem Feld übernachten. Zuerst schlossen sie sich einer Gruppe befreiter Häftlinge an, dann einem Konvoi mit russischen Soldaten, die sie weit vor Prag wieder absetzten. Von einem Tschechen wurden die abgemagerten Mädchen dann in Prag in ein Krankenhaus gebracht und dort in Quarantäne gesteckt. „Man hat uns entlassen, ohne dass wir wussten, wohin wir gehen sollten. Wir standen wieder auf der Straße."

Zwei tschechische Ehepaare nahmen sie auf, aber dort wollten sie nicht bleiben und marschierten weiter. Auf einer Straße trafen sie auf einen russischen Lkw mit vielen Menschen auf der Ladefläche. „Ein Tscheche hat uns zugeflüstert: ‚Steigt nicht ein.' Später haben wir erfahren, dass diese Menschen in Sibirien gelandet sind. Das war auch einer der Schutzengel."

Erst nach Tagen gelang es ihnen, Plätze in einem der mit russischen Soldaten überfüllten Züge Richtung Budapest zu ergattern. Aber dort waren Frauen der Gefahr ausgesetzt, vergewaltigt zu werden. Ein Mann habe sich zu ihr gesetzt, sei aber rasch eingeschlafen. „Irgendwann übermannte mich auch die Müdigkeit. Als ich aufgewacht bin, war der Mann weg und auch alle meine Sachen."

Weil sie nicht wusste, dass sich eine Schwester, zwei Brüder und ein Schwager in Budapest aufhielten, schlug sie sich von dort in den rund 370 Kilometer entfernten Heimatort Krasna Hora durch, das früher zur Tschechoslowakei und heute zur Ukraine gehört. „Unser Haus war dem Erdboden gleich. Sie haben alles mitgenommen. Das Einzige, was ich in dem Geröll gefunden habe, war ein Passfoto meiner Mutter. Das war mir mehr wert als alles andere." In einem der anderen Häuser, das früher Juden gehörte und das zwar auch ohne Fenster und Türen war, konnten sie übernachten. Nach einigen Wochen kam ihr Bruder Mendel, der sich auf die Suche nach ihr gemacht hatte, und holte sie zurück nach Budapest.

Weil ihre Geschwister nach Palästina auswandern wollten, zogen alle nach Heidenheim in ein Lager für Displaced Persons. Zwei Offiziere aus Israel stellten einen Trupp für eine 30-tägige militärische Ausbildung zusammen. Unter den ausgewählten 28 Jungen und zwei Mädchen war Rachel. Nach dem Drill wurde ihr ein Platz auf einem der nächsten Schiffe nach Palästina angeboten. „Die Geschwister haben geheult und versucht, mich zum Bleiben zu überreden. Ich habe mich nicht überreden lassen. Ich wollte nach Israel."

Sie ging im Juli 1947 an Bord eines Schiffes, das Berühmtheit erlangen sollte: die Exodus. Wie in einem Zeitraffer erzählt sie ihre damaligen Erlebnisse. Mehr als 4.500 Passagiere waren an Bord des Schiffes, das versuchte, die Blockade der Briten, die damals die Mandatsmacht in Palästina waren, zu durchbrechen. Kurz bevor die Exodus im Hafen Haifa anlegen konnte, ließ die britische Regierung das

Schiff rammen und stürmen. „Unsere Gegenwehr waren Büchsen. Sie schleppten uns mit dem Wrack in den Hafen von Haifa. Da warteten sehr viele Menschen. Mir liefen die Tränen runter, weil die Hatikwa gesungen wurde. Ich habe mir gedacht, es gibt außer Israel kein anderes jüdisches Land, wo Juden leben können."

Aber die Überlebenden der Shoah aus Europa durften nicht bleiben, sondern mussten die lange Seefahrt retour antreten. Sie wurden auf drei Schiffe verteilt und erreichten nach mehrtägiger Seefahrt erneut Frankreich. Dort lagerte das Schiff längere Zeit, dann ging es weiter nach Deutschland.

Aber nach der Unabhängigkeitserklärung Israels am 14. Mai 1948 war Rachel eine der Ersten, die in den neu gegründeten Staat auswandern durften. Sie traf am 22. Mai ein und kam direkt vom Schiff in ein Militärcamp. „Ich bin gleich fünfmal ohnmächtig geworden beim Zählappell, ich habe das Klima nicht vertragen."

Sie fand Arbeit und lernte bald auch Harry kennen. Als er Israel verließ, weil er dort nicht Gesang studieren konnte, versprach er ihr, sie in 3 Jahren zu sich nach Berlin zu holen. Das tat er dann auch. Ein Jahr nach dem Umzug nach Deutschland 1956 wurde Tochter Maya geboren. Es folgten noch 1962 Sohn Daniel und 1965 Tochter Manuela.

Während sich ihr Mann seiner Karriere als Tenor widmete, verkaufte Rachel Oschitzki zuerst in einem Kiosk im Berliner Bezirk Schöneberg Zeitungen und Magazine, später hatte sie einen eigenen Laden. „Die Schriftsteller Günter Grass und Erich Kästner waren meine Kunden", erzählt sie gern.

Mit Zeitungen beschäftigt sie sich noch immer, mit vielem, was über Israel geschrieben wird, ist sie nicht einverstanden. Das gilt auch für die deutsche Politik gegenüber Israel: „Was bringen die Zeitzeugen des Zweiten Weltkrieges, wenn die Politik ihr Vorhaben, Israel zu vernichten, nicht in den Schubla-

den verschwinden lässt? Die wirtschaftlichen Vorteile 2018 werden auf Kosten des jüdischen Volkes betrieben." Die Deutschen würden überlegen, mit wem sie besser wegkommen, ob sie mit Iran kooperieren sollen oder mit den USA. „Israel bleibt außen vor. Es wird nicht erwähnt, dass Iran Israel vernichten will." Und auch das ist ihr noch ein großes Anliegen, auf das sie eingehen will: „Die Juden haben den Teilungsplan der Briten und der UNO 1947 akzeptiert, die Araber nicht. An ihrer Haltung hat sich bis heute nichts geändert, sie wollen alles und das mit terroristischer Gewalt."

Aus Israel sei sie damals wegen ihres Mannes, und weil sie das Klima nicht vertragen habe, weggegangen. „Es gab aber noch einen triftigen Grund. Ich lebte 8 Jahre in Israel und ich hatte 8 Jahre Albträume. Es waren die Deutschen, die mich verfolgt haben. Das hat lange nicht aufgehört." Über ihre schier unglaublichen Erlebnisse und die vielen Schutzengel hat Rachel ihren Kindern immer wieder berichtet. „Aber wir haben das nicht als schwere Last aufgebürdet bekommen. Dafür bin ich ihr sehr dankbar", sagt ihre Tochter Maya.

„Das Ausmaß, die Dimension des Entsetzlichen ist mir erst nach dem Krieg klar geworden. 6 Millionen! Das ist eine Zahl, die man nicht erfassen kann."

Manfred Rosenbaum wurde 1924 in Berlin geboren. In den vermeintlich sicheren Niederlanden wurde er ins Lager Westerbork gesteckt und kam von dort ins KZ Bergen-Belsen. Er wanderte 1946 nach Palästina aus und lebt in Givatayim.

Es war ein Trugschluss: In Holland, so glaubte der Vater, sei sein Sohn sicher vor den Nazis, jedenfalls sicherer als in Berlin. Dort lebte Manfred Rosenbaum nach der Scheidung der Eltern mit der Mutter. Weil sich der Vater durchgesetzt hatte, wurde der damals 11-Jährige am Schlesischen Bahnhof in Berlin in einen Zug nach Amsterdam gesetzt. „Leider. Weil ich an meiner Mutter hing und nicht wegwollte. Mein Vater hat aber geglaubt, in Holland kann uns nichts passieren."

Rosenbaums Vater war schon zwei Monate nach der Machtergreifung der Nazis nach Paris und später in die Niederlande geflohen. Georg Rosenbaum heiratete erneut. In der kleinen Stadt Zaandam im Norden der Niederlande mit damals 30.000 Einwohnern wähnte er seine Familie sicher. Aber am 10. Mai 1940 marschierte in den Niederlanden die deutsche Wehrmacht ein, in seinen Wohnort genau an seinem Geburtstag, erinnert sich Rosenbaum. Es blieben noch einige Monate relativer Ruhe, ehe Rosenbaum am 19. Januar 1942 ins Lager Westerbork eingewiesen wurde. Er war damals 17 Jahre alt.

Westerbork war damals noch ein niederländisches Lager für Flüchtlinge, vorwiegend Juden, die vor den Nazis aus Deutschland und Österreich geflohen waren. Am 1. Juli 1942 wurde daraus das „polizeiliche Judendurchgangslager Kamp Westerbork", am 15. Juli stellte die SS den ersten Transport nach Auschwitz zusammen, dem viele weitere folgen sollten. Auch Rosenbaum sollte dabei sein. Aber bei der Selektion hieß es, er werde zur Abfertigung genau dieses Transports gebraucht. „Ich war schon auf dem Weg zur Tür, als ich hörte: ‚Sie fahren mit dem übernächsten Transport.' Und deshalb sitze ich hier! Dieser übernächste Transport hat mein Leben gerettet. Ich war mir damals dessen gar nicht bewusst." Jahre später hat er auf der Straße in Amsterdam zufällig einen Mann getroffen, beide haben gleichzeitig gerufen: „Was? Du lebst noch?" Es war Hans Elsbach, der auf dem ersten Transport von Westerbork nach Auschwitz war, nur zwei von 1.132 Menschen haben überlebt. Insgesamt haben von den 101.000 Inhaftierten, die zumindest zeitweise in Westerbork untergebracht waren, nur 5.000 ihr Leben retten können. Die meisten kamen in den Vernichtungslagern Auschwitz und Sobibor um.

„Auschwitz hatte für uns keinerlei Bedeutung. Wir haben es nicht gewusst. Es hieß, zum Arbeitseinsatz im Reich. Was ich bis heute nicht verstehe und nie verstehen werde, dass ich nicht verstanden habe, worum es sich handelt", sagt Rosenbaum in seinem Haus in Givatayim. Das ist einer der seltenen Momente während seiner Erzählungen, in denen er leise spricht, wie zu sich selbst: „Ich weiß nicht, wie die anderen gedacht haben. Ich weiß es nur von mir. Es ist mir nicht eingefallen, dass so etwas passieren könnte."

Auf die Frage, ob man damals nicht gefürchtet habe, dass die Menschen im Zug in Auschwitz der Tod erwarten könnte, antwortet Rosenbaum mit überraschend lauter Stimme, die sich zu einem Brüllen steigert: „Nein! Das Ausmaß, die Dimension des Entsetzlichen ist mir erst nach dem Krieg klar geworden. 6 Millionen! Das ist eine Zahl, die man nicht erfassen kann." Erst jetzt, im Alter, versuche er immer mehr zu begreifen. „Aber ganz kann man das nie fassen."

Erst beim zweiten Gespräch erzählt Rosenbaum, mehrfach den Tränen nahe, dann „eine konkrete Story, um zu zeigen, dass Menschen hinter den Zahlen sind". Es ist die Geschichte von Lotti, ihrem Mann und den drei Kindern. Lotti war die Schwester seiner Stiefmutter, er hat Lotti sehr gern gemocht. „Wenn ich an die Familie denke, weine ich noch heute, obwohl es so lange her ist", meint er fast entschuldigend. Er habe sich getraut, die Wachleute anzusprechen, damit die Familie vom Vieh- in den Personenwaggon wechseln durfte. „Da gab es Sitzbänke, Toilette, Fenster im Gegensatz zu den Viehwaggons. Ich war so stolz! Die Lotti mit den Kindern war mir so dankbar. Sie sind mir um den Hals gefallen. Umstehende Leute haben mir gratuliert. Das gab es noch nie!" Nach einer Pause fügt er hinzu: „Sie sind relativ bequem in den Tod gefahren. Erst nach dem Krieg habe ich das rekonstruiert." Dann folgt ein Aufschrei: „Das waren Kinder! Das waren goldige Kinder!"

Dass er das, was in Auschwitz geschehen ist, anfangs nicht geglaubt hat, beschäftigt Rosenbaum noch heute intensiv. Er erzählt, wie Anfang 1945 KZ-Häftlinge aus Auschwitz, das damals vor den anrückenden sowjetischen Truppen geräumt wurde, im KZ Bergen-Belsen ankamen. „Sie standen am Stacheldraht in einem Lager nebenan und haben mir das erzählt von Gaskammern. Und ich habe so reagiert: ‚Das stimmt nicht!'" Den letzten Satz schreit Rosenbaum laut, gleich zweimal. „Ich wollte das nicht hören. Ich habe gesagt: ‚Du machst Panik, halte den Mund!' So hab ich reagiert." Und wieder fängt er zu schreien an, betont jedes einzelne Wort, es klingt wie eine Anklage: „Das kann nicht wahr sein! Erst langsam ist die Wahrheit in mein Gehirn gesickert."

Dabei war Rosenbaum zu diesem Zeitpunkt selbst in einem Konzentrationslager, in Bergen-Belsen. Am 1. Februar 1944 ist er dorthin deportiert worden. Den Unterschied zwischen Bergen-Belsen und Auschwitz oder Sobibor beschreibt Rosenbaum in einem Satz: „Es war kein Vernichtungslager." Es seien aber auch in Bergen-Belsen viele Menschen wegen der schlechten Lebensbedingungen gestorben, die meisten sind verhungert. „Das Schlimmste, woran ich mich in Bergen-Belsen erinnern kann, war der Hunger."

Rosenbaum arbeitete im KZ Bergen-Belsen, das aus mehreren Lagerteilen bestand, in der Effektenkammer, wo alle Gegenstände und Kleidungsstücke der Gefangenen aufbewahrt wurden. „Die Habseligkeiten von den Gefangenen wurden viel, viel, viel besser behandelt als die Menschen." Jedes einzelne „viel" betont Rosenbaum. „Die Mäntel, die Jacken, die Anzüge wurden in Säcken an Stangen aufgehängt, wie in einem Konfektionsgeschäft. Es herrschte eine wunderbare Ordnung."

Der Raum war zweigeteilt: Hier die Habseligkeiten der Lebenden, dort die Hinterlassenschaften der Toten. „Jeden Tag habe ich eine Liste bekommen von Menschen, die gestorben waren. Zwei große Seiten. Unsere Aufgabe war, die Anzüge, die Schuhe, die Mäntel, die Brillen von den Lebenden zu den Toten zu

bringen. Alles war säuberlich nummeriert und chronologisch aufgehängt, mit aller Behutsamkeit und Sorge! Die Effekten erfreuten sich im Gegensatz zu den Menschen einer erstklassigen Behandlung."

Das so genannte Schuhkommando habe Hunderttausende Schuhe, riesige Berge, zu bearbeiten gehabt: Textilien, Leder und Sohlen mussten voneinander getrennt werden. „Diese Schuhe waren, davon bin ich überzeugt, auch wenn ich es nicht genau weiß, die Schuhe von den vernichteten Menschen in Auschwitz. Man hat mir gesagt, man macht daraus Leim. Aus den Schuhen der Toten!" Auch dieser letzte Satz ist ein lauter Ruf.

Rosenbaum ist davon überzeugt, dass die britischen Streitkräfte schon lange vor ihrem Einmarsch ins Lager am 15. April 1945 über die dortigen Zustände Bescheid wussten. Denn sie hätten aus der Luft punktgenau nur jene zwei Baracken bombardiert, in denen Material der Wehrmacht lagerte. „Das beweist, dass die Royal Air Force und die Amerikaner genau gewusst haben, was passiert. Ich bin sicher, dass sie auch gewusst haben, was in Auschwitz oder Sobibor passiert."

Sein Vater, dessen Frau und die Großmutter sind von dem Durchgangslager Westerbork ins KZ Theresienstadt deportiert worden. Die Großmutter hat dort überlebt, der Vater und die Stiefmutter, die Manfred „Tante Hanni" nannte, wurden im Oktober 1944 nach Auschwitz weitergeschickt. Die Stiefmutter hat sich dort krank gemeldet. „Das war für sie ein Todesurteil, sie ist vergast worden." Der Vater wurde wegen der anrückenden sowjetischen Soldaten auf einen der berüchtigten Todesmärsche geschickt, von Auschwitz Richtung Westen, Hunderte Kilometer zu Fuß.

Er kam sogar in Bergen-Belsen an. Der so genannte „Judenälteste" von Bergen-Belsen, Jupp Weiss, habe ihn darüber informiert, denn er kannte Vater und Sohn. „Ich bin tagelang herumgelaufen am Stacheldraht und hab geguckt und geguckt. Ich hatte einen

geschwollenen Fuß, ich konnte nur schwer gehen. Ich habe meinen Vater nicht mehr gesehen. Er war einer von den wankenden Gestalten auf der anderen Seite: kahl geschoren und im Sträflingsanzug." Später erfuhr er, dass sein Vater am 31. März 1945 in Bergen-Belsen gestorben ist. „14 Tage vor der Befreiung", ruft Rosenbaum laut aus. „Das muss man sich vorstellen!" Er hat für ihn bei seinem Besuch 1995 einen Gedenkstein mit seinem Namen gesetzt.

Weil Bergen-Belsen relativ weit im Westen lag, wurden in den letzten Monaten vor Kriegsende immer mehr KZ-Häftlinge aus den geräumten Lagern im Osten des Deutschen Reichs hierher gebracht. „Bergen-Belsen wurde zur Hölle. Es war gebaut für 15-, 16.000 Menschen. Und plötzlich waren da 60.000 Menschen. Es gab keine Schlafgelegenheiten mehr, es war eine Typhus-Epidemie, es gab nichts zu essen. Die Menschen sind gestorben wie die Fliegen."

Als er auf dem Weg zum Bahnhof durch andere Teile des Lagers kam, sah er nackte, aufeinandergestapelte Leichen auf Lastwagen: „Wo ich hinguckte: Tote, Tote, Tote." Er selbst wurde am 10. April 1945 – fünf Tage vor der Befreiung – in einen Zug gesetzt, der in die entgegengesetzte Richtung fuhr – nach Osten. In diesen Apriltagen wurden insgesamt 7.000 Häftlinge in drei Zügen Richtung Theresienstadt geschickt.

Die Insassen waren so genannte „Austauschjuden", wie sie im Jargon der Nazis hießen. Heinrich Himmler, der in der NS-Hierarchie zweitmächtigste Mann, wollte diese Juden als Faustpfand nutzen. Man hoffte, dass sie in Verhandlungen mit Briten und Amerikanern nützlich sein konnten. „Himmler war interessiert, uns noch als Ware nutzen zu können im Austausch gegen gefangene Deutsche", sagt Rosenbaum.

Von den drei Zügen erreichte nur einer seinen Zielort Theresienstadt. Ein Zug wurde in Farsleben bei Magdeburg von US-Truppen befreit. Rosenbaum saß im dritten Zug. 2.400 Menschen wurden in 24 Personenwagen dritter Klasse und 22 Güterwaggons zusammengepfercht. „Wir wussten nicht, wohin wir fuhren: 13 Tage ohne Nahrung und viele hatten Typhus. Wir haben jeden Tag Menschen neben den Gleisen begraben."

Der Zug irrte tagelang durch Teile Deutschlands, die noch nicht von den Alliierten eingenommen worden waren. Er galt als der „verlorene Zug", der nach 13-tägiger Fahrt schließlich in Tröbitz im heutigen Brandenburg stoppte. Eine Brücke über den Fluss Elster war gesprengt worden, es ging nicht weiter. Am 23. April 1945 fanden die vorrückenden Truppen der Roten Armee den Transport. In den Waggons lagen zwischen den Überlebenden Leichen, 198 hatten die Fahrt nicht überlebt. Eine Flecktyphus-Epidemie breitete sich aus, 320 weitere ehemalige Zuginsassen starben.

Auch Rosenbaum kämpfte ums Überleben, er hatte Flecktyphus. Nach zwölf Tagen ohne Bewusstsein wachte er auf. Erst dann erzählte ihm Jupp Weiss, der sich im gleichen Zug aufhielt und dessen Frau Erna unter den Typhus-Opfern war, dass sein Vater bereits vor Tagen in Bergen-Belsen gestorben war. „Er hat es nicht früher übers Herz gebracht, es mir zu sagen."

Einige der Zuginsassen starben nach der Befreiung durch falsche Nahrungsmittel. Die völlig ausgehungerten Menschen fingen 200-Gramm-Packungen Margarine auf, die ihnen Soldaten nach der Besetzung einer Produktionsstätte in Tröbitz zuwarfen. „Ich war zu schwach, ich konnte nicht. Aber andere haben die ganze Packung gegessen, wie eine Banane. Da sind viele gestorben."

Rosenbaum fuhr in die Niederlande zurück, wurde an der Grenze bei Maastricht aber von niederländischen Grenzbeamten festgehalten. Er hatte keine Papiere, wurde deshalb als „feindlicher Ausländer" eingestuft und inhaftiert. „Als Deutscher! Und ich wurde schrecklich schlecht behandelt. Ich musste in der Ecke knien, die Hände hoch. Aber ich war schwach.

Manfred Rosenbaum hat vieles aufbewahrt: Fotos seiner Eltern und eine Karte von seiner Großmutter Emma, geschrieben am 10. Juni 1944 im KZ Theresienstadt.

Wenn ich die Hände heruntergelassen habe, dann habe ich einen Tritt bekommen. Es war nicht besser als in Bergen-Belsen." Untergebracht war er in einem Straflager für ehemalige holländische Nazis und SS-Männer. „Die haben uns malträtiert und dann war ich mit denen gemeinsam eingesperrt. Diese acht Tage waren sehr demoralisierend." Zwei Wochen wurde Rosenbaum noch in einem Jesuitenkloster festgehalten, ehe er wieder freikam.

Aber diese Erlebnisse hatten Rosenbaum bestärkt, das Land zu verlassen und nach Palästina zu gehen, wohin seine Mutter von Berlin aus geflohen war. „Dass sie damals nicht mehr mit meinem Vater zusammen war, hat ihr das Leben gerettet. Sonst wäre sie mit ihm in den Tod gegangen."

Vor seiner Abreise nach Palästina 1946 erhielt er noch ein Tagebuch eines Mädchens, das ihm seine Großmutter zum Lesen gab, weil sie Holländisch nicht verstand. Die Großmutter, die nach ihrer Befreiung aus dem KZ Theresienstadt in Amsterdam in einem Heim lebte, hatte es von einem anderen Heimbewohner namens Otto Frank erhalten. „Ich habe Herrn Frank dann gesagt, er soll das nicht publizieren. Dass das Tagebuch einmal so ein Welterfolg werden würde, kann ich auch heute noch nicht verstehen. Ich habe mich geirrt." Es war das „Tagebuch der Anne Frank", das erstmals 1947 publiziert wurde.

In Israel arbeitete er unter anderem als Koch in der US-Botschaft und als Manager der B'nai-B'rith-Loge in Tel Aviv, als Schiffssteward tourte er auf Kreuzfahrtschiffen durch die Karibik. Jahrelang arbeitete er als Journalist für deutschsprachige Medien in Israel. 1965 hat er Tirza geheiratet, ein Jahr später kam seine Tochter auf die Welt, er freut sich über die Enkelkinder. Der jüngste Enkelsohn erinnert ihn an Ralli, den „goldigen Sohn" von Lotti, die er mit ihrer Familie in Westerbork auf dem Bahnsteig verabschiedet hat und die mit dem Zug in die Vernichtung gefahren ist. Ein Foto des 10-jährigen Ralli hat er heute noch in seiner Geldbörse.

Rosenbaum hat lange gezögert, wieder nach Deutschland zu fahren, das erste Mal 1957. Einmal hat er fluchtartig das Land wieder verlassen. „Ich habe in einem normalen Schutzmann einen SS-Mann gesehen. Ich bin am selben Abend wieder abgereist, es war mir eine Erleichterung. Ich habe dann aber nachts nicht schlafen können. Ich habe überall Hakenkreuze gesehen."

Für ihn sei es nicht einfach gewesen, wieder nach Deutschland zu kommen. „Ich habe allen Grund, die Deutschen zu hassen. Man spricht von Wiedergutmachung, Deutschland zahlt Milliarden. Aber für so eine Todesindustrie gibt es keine Wiedergutmachung. Ich habe allen Grund, so wie mein Freund Harry, zu sagen, ich werde keinen Fuß mehr auf deutschen Boden setzen. Ich beschuldige mich, dass ich meine Meinung geändert habe."

Er spricht von einem „Widerspruch", in dem er sich befindet. Denn inzwischen fährt er alle 2 Jahre in den Schwarzwald auf Urlaub, er hat Freunde in Deutschland gefunden. „Es ist tatsächlich eine Art Zwickmühle. Einerseits gibt es viele sympathische Menschen. Andererseits ist das Geschehen damals derart unglaublich, unfassbar, dass für mich nachvollziehbar ist, wenn jemand sagt: ‚Nie vergessen und nie vergeben.'" Und er schließt mit einem Appell: „Ich bin jetzt nolens volens einer der ganz Wenigen, die noch da sind. Sie müssen sich beeilen, noch Überlebende aufzutreiben, und das aufzuschreiben, was sie noch erzählen können."

„Das Glück für meine Seele war, dass ich nach Theresienstadt getanzt habe. Ich bin in eine Gemeinschaft gekommen, wo Religion nichts gegolten hat, sondern wie hoch du deine Beine schmeißen kannst."

Liese Scheiderbauer wurde 1936 in Wien geboren. Sie überlebte mit ihrer Mutter und ihrer Schwester Helga Feldner-Busztin das KZ Theresienstadt. Nach dem Krieg arbeitete sie als Tänzerin und in einer Filmproduktionsfirma in Wien.

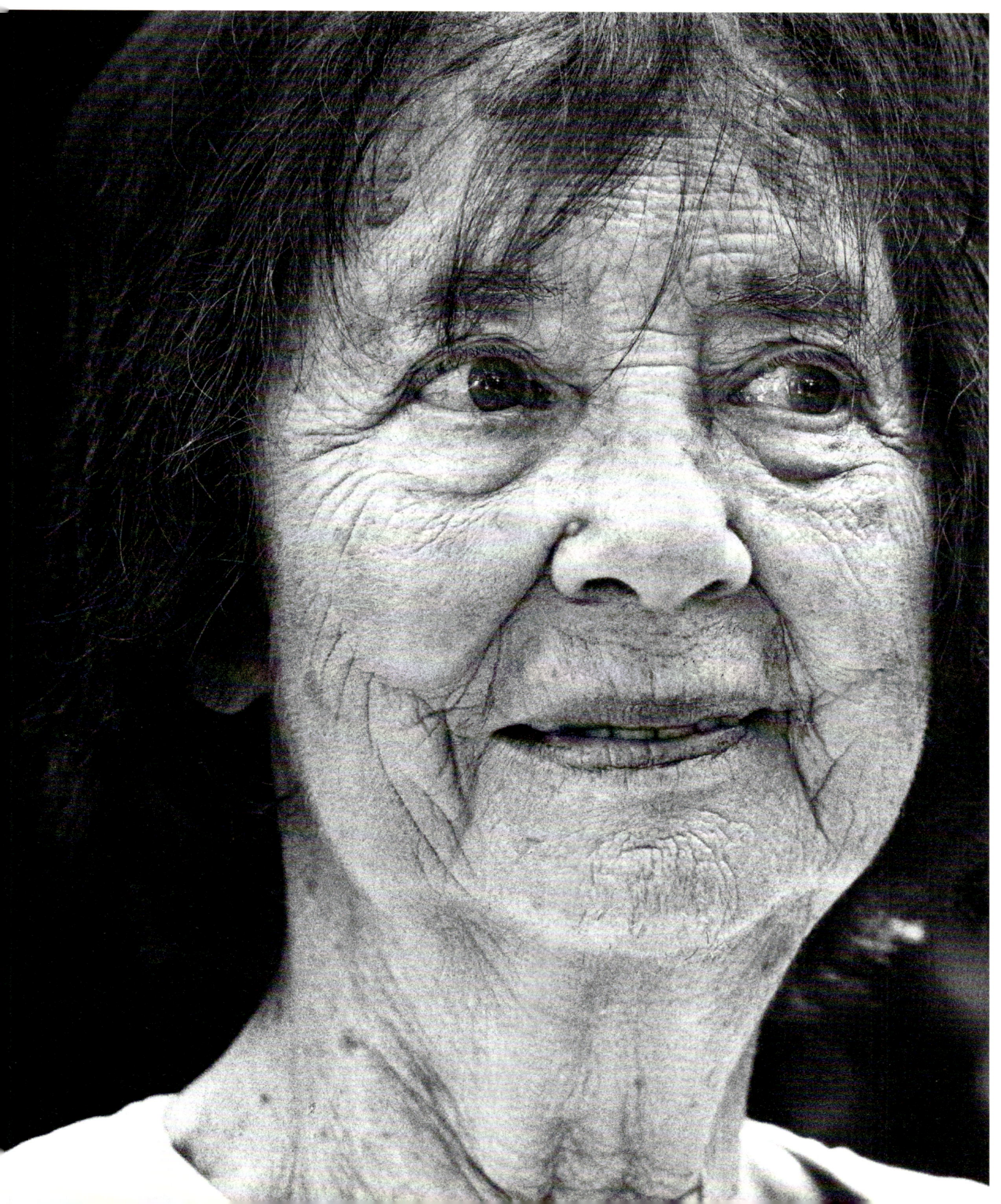

Dass wichtige Entscheidungen ihres Lebens mit ihren Erfahrungen zu tun haben, die sie als Kind im Konzentrationslager Theresienstadt machen musste, gesteht sich Liese Scheiderbauer erst jetzt ein. Ihre erste wissentliche Erinnerung hat sie an ihren Vater Paul Pollak, sie war damals 3 Jahre alt. „Mein Vater kam aus Buchenwald zurück. An diesen Moment kann ich mich gut erinnern: dass er einen rasierten Kopf hatte, ganz dünn und wahnsinnig verschreckt war."

Per Schiff wollte er von Genua aus an einen Ort reisen, an dem Juden Sicherheit versprochen wurde: Schanghai. Aber man ist Betrügern aufgesessen, das Schiff gab es gar nicht. Pollak wurde in Italien interniert und von dort im April 1944 nach Auschwitz deportiert. „Mein Vater hat Buchenwald und Auschwitz überlebt. Wir, meine Mama, meine Schwester Helga und ich, haben Theresienstadt überlebt. Das ist schon ein Wunder."

Auschwitz war ein Vernichtungslager, die böhmische Garnisonsstadt Theresienstadt erfüllte mehrere Funktionen: Es war ein Gestapo-Gefängnis, ein Transitlager für Menschen auf dem Weg in die Vernichtungslager, und es war, wie in der „Wannseekonferenz" festgelegt, ein Ghetto für ältere Juden. 141.000 Menschen wurden nach Theresienstadt deportiert, von den 15.000 Kindern überlebten nur 150.

Ihre Mutter, die in einem Offizierstöchterheim erzogen wurde, habe sich grandios mit den zwei Töchtern in Wien und später in Theresienstadt durchgeschlagen, sagt Scheiderbauer. Dabei hätte sie als Halbjüdin nicht ins KZ müssen, aber sie wollte ihre älteste Tochter Helga nicht alleine lassen, die nach ihrem 14. Geburtstag den Befehl zur Deportation ausgehändigt bekam. „Als ich ins KZ kam, war ich sechseinhalb Jahre. Unterricht gab es keinen für mich. In Theresienstadt war es verboten, jüdischen Kindern eine Bildung zukommen zu lassen", erzählt Scheiderbauer.

Sie kann sich noch an eine große Kaserne erinnern, wo die kleine Familie am Anfang untergebracht

war: auf dem Dachboden in drei Stockbetten. Ihre Mutter musste arbeiten, sie blieb allein und fand irgendwo Zündhölzer. „Da hab ich gezündelt. Dann wurde beschlossen, ich komme ins Kinderheim. Dort war ich dann 2 Jahre."

Es war ein besonderes Heim, denn Liese war das einzige Kind ohne Handicap inmitten von Kindern, die geistige und körperliche Beeinträchtigungen hatten. Es lebten noch zwei Betreuer in dem Heim. Damit sie ihrer Tochter nahe sein konnte, bewarb sich ihre Mutter um einen Job als Putzfrau im Kinderheim. „Dadurch konnte sie mich eine Stunde pro Tag sehen", erinnert sich Scheiderbauer. „Ansonsten war ich den ganzen Tag mit geistig und körperlich behinderten Kindern zusammen. Aber eines Tages bin ich aufgewacht, das war Anfang 1945, und ich war völlig alleine. Die Mutter hat mich dann in dem leeren Haus gefunden. Mit einem Brief."

Die Betreuer hatten ihn geschrieben: dass sie abgeholt werden und wissen, sie werden gemeinsam mit den Kindern sterben. „Sie lassen die Kinder nicht im Stich, aber sie lassen mich zurück, weil meine Mutter dort ist", zitiert Scheiderbauer aus dem Brief. Was mit den Kindern und ihren Betreuern passiert ist, hat Scheiderbauer nie erfahren.

Sie durfte dann wieder bei ihrer Mutter wohnen und erhielt ihren ersten Unterricht von einer Berliner Gymnasiallehrerin, die mit den beiden ein Zimmer teilte. „Die Frau konnte nicht mit ansehen, dass ein Kind im Alter von 9 Jahren nicht lesen und schreiben kann. Sie hat mir das dann in wenigen Monaten beigebracht."

Eine bleibende Erinnerung ist auch das ständige Hungerfühl. „Ich habe manchmal geweint vor Hunger." Zwei Monate bevor sie mit ihrer Mutter und Schwester nach Theresienstadt gekommen ist, war dort die zuvor deportierte Großmutter gestorben. „Sie ist verhungert." Ihre 7 Jahre ältere Schwester Helga, die in der Landwirtschaft gearbeitet hat, erinnere sie heute noch daran, dass sie damals sogar rohe geschälte Zuckerrüben gegessen habe. „Weil man einfach alles gegessen hat, was man bekommen hat."

Die Rote Armee hat das Lager am 8. Mai 1945 befreit, dann gab es Lastwagen voller Graupen, über die Scheiderbauer noch heute mit erkennbarem Ekel spricht. Dass es im Lager zu wenig zu essen gab, sah man ihnen nach der Befreiung an: Ihre Mutter habe damals nur noch 46 Kilo gewogen. Sie selbst habe die gleiche Kleidung wie 3 Jahre davor bei ihrer Ankunft in Theresienstadt getragen, weil sie ohnehin nicht gewachsen ist.

Die drei mussten auch nach der Befreiung weiter im Lager Theresienstadt bleiben, weil eine Typhusepidemie ausgebrochen ist und alle unter Quarantäne gestellt wurden. In dieser Zeit kam eine Nachricht vom Vater, der es nach der Befreiung von Auschwitz am 27. Jänner 1945 durch die Rote Armee zurück nach Wien geschafft hatte. In einer Liste, die in der Kultusgemeinde auflag, fand er unter den Überlebenden in alphabetischer Reihenfolge die Namen Elisabeth, Helga und Herta Pollak. Er schrieb sofort einen Brief, der kurze Zeit später in Theresienstadt ankam: „Als die Mama den gekriegt hat, hat sie gesagt: ‚Mir ist alles egal, wir fahren.'"

Während der Fahrt durch die Tschechoslowakei im Juli 1945 mussten sie sich auf Geheiß des Fahrers die ganze Zeit unter einer Plane auf einem Lkw verstecken. „Wir durften nicht aussteigen, weil wir Deutsch gesprochen haben. In der Zeit war der Hass gegen die Deutschen riesig und man hatte Angst, dass die Tschechen uns erschlagen."

In Wien hat sie dann mit 9 Jahren ihren Vater zum ersten Mal „so richtig gesehen", aber: „Er hat mir nicht gefallen. Rein äußerlich. Er war klein und verhungert, er hat gezittert. Das war nicht der Held, von dem meine Mama erzählt hat."

Außerdem gab es ein anderes Ereignis, mit dem die damals 9-Jährige ganz und gar nicht einverstanden war: „Kaum war ich in Wien, haben sie mich in die Schule gesteckt. Das hat mir auch nicht gefallen", erzählt sie lachend. Das Mädchen, das noch nie zuvor eine Schule besucht hat, kam gleich in die für sie altermäßig passende dritte Klasse Volksschule.

Aber schon als Kind wollte sie nur eines: tanzen. Später hat sie die Schule abgebrochen, eine Akademie besucht und sich auch beruflich für das Tanzen entschieden. „Das Glück für meine Seele war, dass ich nach Theresienstadt getanzt habe. Ich bin mit 9 oder 10 Jahren in eine Gemeinschaft gekommen, wo Religion nichts gegolten hat, sondern wie hoch du deine Beine schmeißen kannst."

Aber auch in der Akademie sei sie mit Antisemitismus konfrontiert gewesen. Eine Lehrerin habe zu ihr gesagt, sie solle als bourgeoises Kind nicht einem Arbeiterkind den Platz wegnehmen. Bourgeois sei das Synonym für jüdisch gewesen. „Der Antisemitismus ist anders gewesen, unterschwellig."

In der Familie ist über die Erlebnisse in der Zeit zwischen 1938 und 1945 nicht viel gesprochen worden. „Meine Eltern haben gesagt: ‚Es muss niemand wissen, wie deine Vergangenheit war.' Das habe ich zur Kenntnis genommen. Ich habe nicht darüber redet."

Dabei haben die damaligen Ereignisse das Familienleben noch Jahre später beeinflusst. „Der Papa hat in der Nacht geschrien: ‚Appell!' Und dazu die Nummer, die er eintätowiert hatte. Dann sind wir hineingestürzt und haben ihn aufgeweckt. Meine Schwester ist schlafgewandelt, wir haben damals im vierten Stock gewohnt und deshalb wurden die Fenster vergittert. Ich weiß nicht, was ich aufgeführt habe. Ich habe jedenfalls getanzt." Ob das ihre Form der Bewältigung gewesen sei? „Absolut." Auch mit über 80 Jahren merkt man an ihren grazilen Bewegungen ihre Leidenschaft fürs Tanzen.

Ob sie von sich aus nie angesprochen habe, dass sie Jüdin sei? Liese Scheiderbauer antwortet prompt: „Nie!" Allerdings habe ihre große Schwester Helga jedem ihrer Verehrer sofort gesagt: „Meine Schwester

ist eine Jüdin, sie war im KZ. Ich sag es Ihnen lieber vorher, damit Sie nachher nicht sagen können, Sie haben es nicht gewusst."

An diesem Punkt entsteht eine längere Pause. Dann spricht Scheiderbauer etwas aus, „was ich jetzt zum ersten Mal so formuliere: Ich wollte eigentlich, wenn ich mir das heute so überlege, auch keinen Juden heiraten. Ich wollte keine jüdischen Kinder kriegen, damit ihnen nicht so etwas passiert wie mir". Sie heiratete den Filmproduzenten Heinz Scheiderbauer, der bereits eine Tochter hatte: Ulli Schwarzenberger schrieb zahlreiche Drehbücher für die Filme ihres Mannes Xaver. Nach ihrer Tanzkarriere arbeitete auch Liese Scheiderbauer in der Produktionsfirma ihres Mannes und gestaltete ab 1990 unter anderem die bekannte Serie „Hello Austria, hello Vienna".

Auch während ihrer Zeit in der Akademie hat Scheiderbauer nie über ihr Schicksal gesprochen. Als sie nach Salzburg engagiert wurde, habe ihr die Ballettmeisterin gesagt: „‚Es muss niemand wissen, dass du eine Jüdin bist.' Meine Reaktion war: ‚Na gut, dann sag ich es nicht.'"

Dabei ist sie auch geblieben, trotz eines für sie einschneidenden Erlebnisses, das im Jahr 1954 gewesen sein muss, denn Salzburg war zu dieser Zeit noch von den amerikanischen Truppen besetzt. „Die Mädchen waren alle älter als ich, so 25, 26 Jahre. Die haben in der Garderobe das Horst-Wessel-Lied gesungen. Sie sind übergangslos vom Dritten Reich zu den Amis gewechselt." Das Horst-Wessel-Lied mit dem Text „Die Fahne hoch! Die Reihen fest geschlossen!" war die Parteihymne der NSDAP, sie fällt unter das 1947 in Österreich beschlossene Verbotsgesetz.

Damals habe sie nichts gesagt und viele Jahre später auch nicht. „Ich habe absolut nicht jüdisch ausgeschaut. Ich habe Wienerisch gesprochen. Ich habe bis zu den Neunzigerjahren nicht daran gedacht. Ich habe nicht daran denken wollen. So etwas kann man ausschalten", erklärt sie ihr Verhalten heute.

Erst die Erklärung des damaligen Bundeskanzlers Franz Vranitzky sowie die Gründung des Nationalfonds für die Opfer des Nationalsozialismus „haben das dann aufgewühlt". Vranitzky hat in einer Rede vor dem Nationalrat 1991 erstmals klar gegen den Mythos Stellung bezogen, dass Österreich das erste Opfer Nazideutschlands war. Der SPÖ-Politiker erinnerte daran, dass viele Österreicher den so genannten „Anschluss" begrüßt haben und „es nicht wenige Österreicher gab, die im Rahmen dieses Regimes großes Leid über andere gebracht haben, die teilhatten an den Verfolgungen und Verbrechen dieses Reichs".

Das aktuelle politische Geschehen verfolgt sie mit Interesse, aber mit wachsendem Entsetzen. „Es ist absolut furchtbar und schrecklich. Angesichts der jetzigen Regierung in Österreich bin ich froh, dass ich schon 82 Jahre alt bin und bei klarem Verstand das Ende dessen, was absehbar ist, nicht mehr erlebe." Ob sie glaube, dass so etwas wie eine Judenverfolgung noch einmal passiert? „Ich glaube nicht, dass es in Österreich noch einmal eine Judenverfolgung gibt. Weil es zu wenige sind. Heute geht es gegen andere."

Aber Stereotypen und Missgunst werden weiter verbreitet, meint Scheiderbauer und erzählt von zwei Begegnungen. Im Wien Museum sei eine Ausstellung über Care-Pakete zu sehen gewesen. Sie habe dort 15-, 16-jährige Schüler gefragt, ob sie schon einmal eine Jüdin gesehen hätten. „Hatten sie nicht. Dann kam die Frage an mich: ‚War ihr Vater Arzt oder Banker?' Ich habe Arzt geantwortet und gefragt: ‚Wieso weißt du das?' Die Antwort kam sofort: ‚Die Frau Professor hat gesagt, die Juden waren alle Ärzte oder Banker.' Das ist eine ewige Erinnerung."

Noch Wochen später beschäftigt Liese Scheiderbauer eine Begegnung, die sich vor Kurzem bei einem Einkauf mitten in Wien zugetragen hat. Sie schildert, wie ein kleines, dunkelhaariges Mädchen zu einer Musik, die aus einem Geschäft drang, getanzt habe. „Ich bin stehengeblieben und habe gesagt: ‚Das ist entzückend!' Ein Mann, so um die 60 Jahre, mit Bier-

Auf diesem Familienfoto sind Liese Scheiderbauer (hinten links) und ihre Schwester Helga (hinten rechts) sowie deren Eltern Herta und Paul Pollak zu sehen.

bauch und mit einer Frau am Arm mit Kostüm und hohen Absätzen, sagt zu dem Kind: ‚Ab mit dir auf den Mistplatz und verbrennen!' Ich habe ihn gefragt: ‚Was haben Sie da gesagt?' Er wiederholte das auch noch und seine Frau nickte mit dem Kopf." Sie habe sich dann geweigert, mit den beiden den gleichen Aufzug zu benutzen. „Mehr ist mir in dem Augenblick leider nicht eingefallen. So weit ist es schon, dass man Kinder wieder verbrennen will."

„Aus den übelsten faschistischen Verbrechern wurden über Nacht die bravsten Demokraten. Und alle, alle, alle haben nichts gewusst. Die Mörder waren unter uns."

Horst Selbiger wurde 1928 in Berlin geboren. Obwohl seine Mutter Christin war, wurde er als „Geltungsjude" eingestuft und musste Zwangsarbeit leisten. Er arbeitete jahrelang als Journalist in Berlin.

Mit der Einschulung fing es an: „Judensau" und „Itzig" wurde dem damals 6-Jährigen in Berlin nachgerufen. Wenn Horst Selbiger irgendwo auftauchte, wurde ein Lied angestimmt mit folgendem Text: „Wenn der Sturmsoldat ins Feuer geht, ei, dann hat er frohen Mut. Und wenn das Judenblut vom Messer spritzt, geht's uns nochmal so gut."

Bei den verbalen Beleidigungen blieb es in den Jahren nach 1934 aber nicht. „Man meinte, mich beliebig beleidigen, anspucken und schlagen zu können. Das ist auch passiert." Weil sein Vater Zugang zum jüdischen Sportverein Makkabi hatte, lernte der Junge Boxen, obwohl man dafür eigentlich erst ab 10 Jahren zugelassen war. „Aber der Trainer damals hat gesehen, es ist nötig, dass ich dieses Aufbautraining mache zur Selbstverteidigung. Das tat mir sehr gut. Es ist dadurch Selbstbewusstsein bei mir entstanden. Ich wehrte mich dann auch. Dann gab es auch etwas auf die Nase."

Sein Vater war Jude, die Mutter aber Christin. Nach den 1935 erlassenen Nürnberger Gesetzen „zum Schutz des deutschen Blutes und der deutschen Ehre" war ihre Ehe eine so genannte „Mischehe". Horst Selbiger und sein Bruder wurden aber nicht als „Mischlinge ersten Grades" eingestuft; weil sie jüdisch erzogen wurden, stufte man sie als so genannte „Geltungsjuden" ein, sie wurden dann auch wie Juden behandelt. „Weil wir uns durch unser Verhalten zum Judentum bekannt hatten, musste ich später auch den Zwangsnamen Israel annehmen und den Judenstern tragen", erzählt Horst Selbiger.

Sein Vater sei „kein gläubiger, aber ein stolzer Jude" gewesen, deshalb wurden die Kinder auch jüdisch erzogen, womit die Mutter einverstanden war. „Meine Mutter hat unser Leben gerettet. Unsere Familie hatte das unwahrscheinliche Glück, dass mein Vater eine Nichtjüdin geheiratet hatte." Zwar sei seine Mutter von manchen Verwandten aufgefordert worden, sich scheiden zu lassen. „Das hat sie aber nicht gemacht, weil sie wusste, wir wären dann sofort deportiert worden."

Der Vater hatte in Berlin eine Zahnarztpraxis und wurde bereits 1933 nach der Machtergreifung der Nationalsozialisten aufgefordert, seine Praxis zu schließen. Das konnte er noch abwenden mit dem Hinweis auf seine Zeit als hochdekorierter Frontkämpfer im Ersten Weltkrieg. Nach der Reichspogromnacht im November 1938 bekam er aber endgültig Berufsverbot und musste Zwangsarbeit leisten, die Familie musste in ein „Judenhaus" umziehen. Ihr Hausrat und die Praxiseinrichtung wurden zwangsversteigert.

Horst Selbiger durfte nicht mehr in eine öffentliche Schule gehen und wechselte im gleichen Jahr in die Mittelschule der jüdischen Gemeinde in der Großen Hamburger Straße in Berlin. „Das war eine wunderbare Schulzeit. Ich kam in eine Klasse, in der fast alle das Gleiche mitgemacht haben. Wir haben uns so gut verstanden und verstanden gefühlt." Als ab Februar 1940 auch in Deutschland die Deportation von Juden begann, verschwanden nahezu täglich Schüler oder Lehrer. „Wir hatten Angst, wir fürchteten um unser Leben." Im April 1942 wurden dann alle jüdischen Schulen geschlossen.

Horst Selbiger wurde als 14-Jähiger zur Zwangsarbeit abkommandiert. Seine erste Station war in einer Uniformmützenfabrik, in der Tropenhelme hergestellt wurden. Dann landete er in einem Rüstungszulieferungsbetrieb. „Ich stand an einem Bottich mit einer kochenden, stinkenden, giftigen Brühe und musste Flugzeugteile entfetten."

Am 27. Februar 1943 führte die SS die so genannte „Fabriksaktion" durch. Betriebe, in denen Juden arbeiteten, wurden umstellt, mehrere Tausend wurden an diesem Tag in Berlin verhaftet. Laut Selbigers Angaben wurden rund 1.500, darunter er selbst, in der Synagoge in der Levetzowstraße zusammengepfercht. Am Straßenrand standen Frauen und klatschten Beifall, wenn weitere Juden ankamen. Im Gebäude mussten dann alle eine Erklärung unterschreiben, dass ihr Vermögen „wegen staatsfeindlicher und kommunistischer Umtriebe" beschlagnahmt wurde.

„Die sanitären Verhältnisse waren unbeschreiblich und erbärmlich", erinnert sich Selbiger „an zwei unruhige Nächte unter all diesen Menschen mit ihren Ausdünstungen und Ausscheidungen".

Was die Inhaftierten nicht wussten: In der Rosenstraße hatten sich vor dem Verwaltungsgebäude der jüdischen Gemeinde bereits „arische" Ehepartner und Verwandte versammelt, um gegen die Festnahme ihrer Angehörigen zu protestieren. In den vier Sammellagern in Berlin, darunter auch der Levetzowstraße, wurden daraufhin alle Juden, die in Mischehen lebten, deren Kinder und die so genannten „Geltungsjuden" ausgesondert. Aber es ging nicht in Richtung eines der Konzentrationslager, sondern der Transport brachte sie in die Rosenstraße. Schließlich befanden sich etwa 2.200 Menschen dort. Die Bedingungen waren nicht viel besser als zuvor in der Synagoge, beschreibt Selbiger die Umstände: Rund 50 Personen mussten sich einen 20 Quadratmeter großen Raum teilen, geschlafen wurde in Schichten. Für alle Inhaftierten im gesamten Haus gab es sechs Toiletten, für deren Benutzung Nummern ausgegeben wurden, und keine einzige Waschgelegenheit.

Draußen demonstrierten weiter vor allem die christlichen Frauen und Männer für die Freilassung ihrer jüdischen Ehepartner und der gemeinsamen Kinder. Sie wurden von Verwandten begleitet, sodass eine größere Menschenmenge zusammenkam. Mehrere Hundert standen laut Schilderungen von Zeitzeugen zu jeder Tages- und Nachtzeit vor dem Gebäude und ließen sich auch von der Polizei höchstens in Seitenstraßen abdrängen. Auch als Einzelne von ihnen verhaftet wurden, kehrten die Frauen zurück. Immer wieder waren Rufe wie „Lasst unsere Männer frei!" zu hören. „Da waren meine Mutter und meine christlichen Großeltern dabei, auch einige Verwandte, die ihr nicht eingeredet haben, sich von diesem Juden scheiden zu lassen. Es gab in meiner Verwandtschaft beide Seiten."

Die Demonstration in der Rosenstraße wurde rückblickend als die größte spontane Protestkundgebung

im Deutschen Reich bezeichnet. Für Selbiger zeigt sich, „welche Wirkung Mut und Hartnäckigkeit selbst in den dunkelsten Jahren des so genannten Dritten Reiches entfalten konnten". Gleichzeitig werfe diese Aktion „ein beschämendes Bild auf jene vielen Millionen Menschen, die weggeschaut, der Vernichtung Beifall gezollt oder sich selbst an der Vernichtung der Juden mittelbar oder unmittelbar beteiligt haben". Nach zwei Wochen kamen er und sein Vater frei. „Das verdanken wir den mutigen Frauen und Männern, die in der Rosenstraße demonstriert haben."

Selbiger musste aber erneut Zwangsarbeit leisten: Weil die Bomben immer häufiger auf Berlin fielen, wurden die Juden dazu abkommandiert, Gefahrenstellen nach Luftangriffen zu beseitigen. Er musste auf einsturzgefährdete Schornsteinreste und Brandmauern klettern. Wie gefährlich die zugeteilte Aufgabe war, zeigte sich, als sein Freund Lothar vor seinen Augen in den Tod stürzte.

Sein Vater wurde 1944 erneut verhaftet, aber er und seine beiden Söhne erlebten die Befreiung Berlins Ende April 1945. „Aus den übelsten faschistischen Verbrechern wurden über Nacht die bravsten Demokraten. Und alle, alle, alle haben nichts gewusst. Die Mörder waren unter uns", formulierte Selbiger bei einer Rede zum Auschwitz-Gedenken am 27. Januar 2015 im Schloss Schwerin vor dem Landtag in Mecklenburg-Vorpommern.

„Ich war damals 17 und stand da ohne Schulabschluss und Berufsausbildung, hatte aber Narben an Leib und Seele." Aber er hatte überlebt. 61 Menschen, die den Namen Selbiger trugen, wurden während der Nazizeit ermordet: von der 86-jährigen Großtante Mathilde bis zum sechs Monate alten Baby Gerson. Selbiger schiebt eine Mappe über den Tisch: Hinter Klarsichthüllen befinden sich die Lebensgeschichten seiner Verwandten. Für jeden der 61 Toten ein einzelnes Blatt – versehen mit Namen, Geburts- und Todesdatum. Aus den Orten, wo sie umgekommen sind, lässt sich eine Topografie des Deutschen Reiches zeichnen: Das Vernichtungslager

Auschwitz kommt am häufigsten vor, aber auch Orte wie Riga, wo Juden in den Ghettos umkamen. Selbiger hat all die Daten in den vergangenen Jahren im Bundesarchiv zusammengetragen.

In einer alten, abgewetzten braunen Ledermappe, die schon seinem Vater gehört hat, bewahrt er all das auf, was ihm aus dieser Zeit geblieben ist: Ausweise, die mit „J" und dem Zusatznamen „Israel" versehen sind, und das einzige erhaltene Foto seiner Eltern. „Das ist mein wichtigstes Andenken."

In den 3 Jahren nach Kriegsende hielt sich Selbiger in Lagern für so genannte Displaced Persons in Berlin-Schlachtensee und später in Landsberg am Lech auf. „In dieser Zeit habe ich kein Deutsch mehr gesprochen. Ich wollte abschließen und sprach nur noch Jiddisch." Selbiger beobachtete im Nachkriegsdeutschland, wie im Westen ehemalige nationalsozialistische Eliten wichtige Posten in den Ministerien und der Wirtschaft übernahmen. „Das war nicht meine Vorstellung von einem neuen deutschen Rechtsstaat."

Deshalb ging Selbiger in die DDR in der Hoffnung, dass hier ein antifaschistischer Staat entsteht, „ein anderes Deutschland". Er wurde als Verfolgter des Naziregimes voll anerkannt und Mitglied der SED. An der Arbeiter- und Bauernfakultät machte er sein Abitur und wurde Journalist. Als seinen Lehrmeister bezeichnet er den jüdischen Altkommunisten Heinz Brandt, der während der Nazizeit in Zuchthäusern gesessen und die Befreiung im KZ Buchenwald erlebt hatte.

Brandt wurde später wegen „schwerer Spionage in Tateinheit mit staatsgefährdender Propaganda und Hetze" verurteilt. Selbiger wurde 1953 aus der SED ausgeschlossen und bekam ein Berufsverbot als Journalist. Nach 3-jährigem Kampf um seine Rehabilitierung wurde seiner Berufung stattgegeben. Er arbeitete anschließend als Leiter der Kulturabteilung der Berliner Humboldt-Universität und war weiterhin journalistisch tätig.

1964 bekam Selbiger vom damaligen SED-Zentralorgan „Neues Deutschland" den Auftrag, über den Auschwitz-Prozess in Frankfurt am Main zu berichten. Bei diesen Gerichtsverfahren, die ab 1963 in der damaligen Bundesrepublik abgehalten wurden, wurde vor allem Angehörigen der SS-Wachmannschaften der Prozess gemacht. Selbiger, der über die Prozesse für die Zeitung berichtete, kehrte danach nicht in die DDR zurück. Aber in Westberlin fand er als Journalist keine Anstellung und übernahm einen Tabakladen, den er später zu einem Reisebüro ausbaute. Seine Anerkennung als rassisch und politisch Verfolgter musste er in jahrelangen Prozessen erstreiten.

Ob er nie überlegt habe, nach Israel zu gehen? „Einmal war ich drauf und dran", meint Selbiger schmunzelnd. Während der Zeit des Auschwitz-Prozesses habe er sogar schon eine Vereinbarung mit dem damaligen Konsul getroffen, dass seine Familie aus der DDR nach Israel kommen könne. Das habe sich dann zerschlagen, weil er mit dem ihm nachfolgenden Botschafter keinen Kontakt mehr gehabt habe.

Ob er glaube, dass sich die Ereignisse aus den Dreißiger- und Vierzigerjahren in Deutschland wiederholen könnten? „Klar, es ist geschehen und kann wieder geschehen. Es liegt im Bereich des Möglichen. Ich glaube aber nicht, dass so etwas noch einmal tatsächlich möglich wäre. Auch wenn die Stärke der Rechten derzeit katastrophal ist, aber alles in allem: Noch sind wir die Mehrheit", meint Selbiger. „Es geht jetzt darum, die Menschen zu aktivieren. Das ist so wichtig! Die meisten Menschen, ich glaube 75 bis 80 Prozent, sind gegen rechts. Aber sie artikulieren das nicht. Das sind die Abnicker und Stillhalter. Mir geht es darum, dass sie sich nicht einlullen lassen."

Deshalb ist Selbiger auch nach seinem 90. Geburtstag weiterhin viel in Schulen unterwegs, hält Vorträge und engagiert sich im jüdischen Selbsthilfeverein „Child Survivors Deutschland – Überlebende Kinder der Shoah". „Es ist sehr wichtig, in Schulen zu gehen. Am Anfang war es so, dass die Schüler gesagt haben: ‚In meiner Familie gab es keine Nazis.' Jetzt

Nur ein einziges Foto, auf dem seine Mutter zu sehen ist, blieb Horst Selbiger.

ist es so weit, dass die jungen Menschen Spurensuche betreiben und von ihren Großeltern oder Urgroßeltern wissen wollen: ‚Was habt ihr gemacht? Wo habt ihr gestanden?' Natürlich war zeitlicher Abstand nötig. Wer will schon gerne Mörder in seiner Familie haben?" Selbiger zeigt sich überzeugt davon, dass bei jenen Schülern, mit denen er gesprochen hat, „Rechte wenig Chancen haben".

Was ihm bei seinen Auftritten als Zeitzeuge besonders wichtig ist hervorzuheben? „Dass die Nazis innerhalb von 100 Tagen aus einer relativ funktionierenden demokratischen Republik ein faschistisches Terrorregime errichtet haben. Mir ist wichtig aufzuzeigen, wie schnell das in ganz kurzen Zeitabständen ging."

„Ein bewusster Jude bin ich erst geworden, als Hitler an die Macht kam. Aber mein Vater hat immer gesagt: ‚Ein Jud muss vorsichtig sein.' Das hat mein ganzes Leben gegolten."

Otto Stark wurde 1922 in Wien geboren.
Er kam mit einem Kindertransport nach Großbritannien.
Nach seiner Übersiedlung in die DDR leitete
er jahrelang das Berliner Kabarett „Die Distel".
Stark starb am 28. November 2018 in Berlin.

Otto Stark beherrscht seine Schauspielkunst auch noch mit über 90 Jahren und kann jede Tragödie zu einer Art Komödie machen – so auch seine eigene Lebensgeschichte. „Na, vieles war ja wie ein schlechter Witz", meint er in breitem Wienerisch in seiner Wohnung im Osten Berlins mit einem schalkhaften Lächeln.

Dabei gab es damals wenig zu lachen, als in den Dreißigerjahren die Zeiten in Wien immer schlechter wurden für Juden. Als am 9. November 1938 die Reichspogromnacht war und Nationalsozialisten Juden durch die Straßen jagten, wurde Starks Vater verhaftet und ins KZ Dachau gebracht. „Sie haben behauptet, er habe eine Pistole in seiner Trockenkammer gehabt. Die haben sie absichtlich hingelegt, um ihm das in die Schuhe zu schieben." Als er an diesem Tag nach Hause gekommen sei, haben sich Menschenmassen vor ihrem Haus gedrängt, erinnert sich Stark. „Sie waren bei uns in der Wohnung und haben alles aufgeschlitzt. Meine Mutter hat geweint. Ich habe sie zu trösten versucht und so geredet wie mein Vater: ‚Es wird schon werden, wir werden weggehen.'"

Ihr Geschäft im 16. Bezirk in Wien wurde von den Nazis geschlossen. Weil die Familie kein Geld mehr hatte, musste sie zur Ausspeisung in eine Einrichtung der jüdischen Gemeinde gehen. „Da war ein dicker SA-Mann, der hat aufgepasst. Da hat er zu jungen Mädels gesagt: ‚Kommt zu mir, ihr könnt da was essen.' Wer weiß, was da dann war. Aber sagen konnte man nichts." Ein SSler, den er vom Fußballspielen gekannt hat, habe ihm versprochen, er werde sich für ihn einsetzen, er halte ihn nicht für einen Juden. „Da hab ich mir gedacht: ‚Du Depp, was du dir nur vorstellst.'"

Als der Vater wieder freikam und durch Zufall bei einem Besuch in der Israelitischen Kultusgemeinde in Wien hörte, dass in Großbritannien jüdische Kinder aufgenommen werden, meldete er seine beiden Söhne sogleich an. Otto hatte die Nummer 3, aber ein Platz war damit noch längst nicht gesichert.

Wie in einem seiner legendären Kabarettauftritte schildert Stark dann mit verteilten Rollen, wie er zu einer Prüfung im 19. Bezirk in Wien in der Krottenbachstraße antreten musste, um seine landwirtschaftlichen Kenntnisse unter Beweis zu stellen. Er hatte bis dahin eine Hauptschule besucht und eine Hutmacherlehre angefangen, um in seines Vaters Fußstapfen zu treten. „Ich bin in der Stadt aufgewachsen und daher kein Landwirt. Aber als ich gefragt wurde: ‚Kannst du überhaupt etwas in der Landwirtschaft?', habe ich behauptet: ‚Ja, ja! Ich kann alles!'" Stark macht Bewegungen wie beim Schaufeln. „Und ich habe gesagt, man muss Leimringe rund um Bäume wickeln, damit Fliegen picken bleiben. Das hat großen Eindruck gemacht."

So bekam der damals 16-Jährige die Zusage und vier Wochen später die Möglichkeit, mit einem der so genannten „Kindertransporte" die Reise ins rettende Ausland anzutreten. Er kam am 2. Juli 1939 in Großbritannien an, zwei Monate vor Ausbruch des Zweiten Weltkriegs. Sein Bruder hatte einen Platz auf einem der späteren Transporte und sollte drei, vier Wochen später England erreichen. „Aber da waren die Grenzen schon zu. Er war 9 Jahre alt."

Da fällt plötzlich alles Komödiantische von Stark ab, übrig bleibt nur die persönliche Tragödie, die er in wenigen Sätzen mit leiserer Stimme skizziert. „Er war mit der Mutter noch am Bahnhof und hat gewunken. Es war furchtbar!"

Der Vater flüchtete dann nach Belgien und kehrte zurück nach Wien, als die Deutschen das Land besetzten. „Er wollte meine Mutter retten und mit ihr weggehen. Er ist dann aber auch nach Auschwitz gekommen. Das Einzige, was ich weiß, ist, dass die Mutter und der Junge, mein Bruder, in einen Ort bis fast nach Auschwitz gekommen sind. Wo, wie, das weiß ich nicht." Er wisse nicht, wo sie gestorben sind? „Nein. Wir haben nie wieder etwas gehört." 14 Menschen aus seiner Verwandtschaft sind umgebracht worden.

Nach einer kurzen Pause nimmt er den Erzählfaden wieder auf, beschreibt mit frischem Schwung seine Zeit in England. „Sie haben mich nie Otto genannt, immer John." Er streut auch Sätze ein, die Pointen enthalten: „Ich konnte kein Englisch. Ich habe am Anfang einfach immer ‚Yes, Sir!' gesagt. Da hat mich jemand gefragt: ‚Lieben Sie den Hitler?' Da hab ich ‚Yes, Sir!' gesagt! Da haben die sich totgelacht!" Und er selbst kann darüber auch heute noch lachen.

Dabei war seine erste Zeit in Großbritannien „sehr mies und nicht einfach". Zuerst hat Stark in der Landwirtschaft gearbeitet, dann bei einem Bäcker in der Nähe von Oxford, der aus Berlin stammte. „Als Bäcker geht es einem immer gut. Aber das frühe Aufstehen! Um vier Uhr! Ach Gott! Und die Mehlsäcke waren so schwer. 50 Kilo! Da waren Löcher drinnen und da kamen die Mäuse raus. Die haben nichts zu fressen gehabt. Ich hab mir immer heimlich Schokolade genommen." Da äfft er seinen damaligen Dienstherren nach und ruft mit hoher Stimme: „Wer hat das genommen?" In seiner normalen Stimmlage folgt die Antwort: „Yes, Sir!"

Mit seinen Händen beschreibt Stark dann, wie er Brotlaibe formen musste. Später, bei einem anderen Bäcker, sei er dann dafür gelobt worden, wie er die Marmelade auf Kuchen platziert hat. „Der Bäcker hat immer gesagt: ‚Schau dir den Kleinen an!' Der andere war ein englischer Arbeiter und so ungeschickt." Die ersten Luftangriffe der Deutschen erlebte er im Bäckerladen. Mit den Deckeln der Mülleimer musste er Brandbomben löschen.

1940 beschloss die britische Regierung, alle männlichen deutschen und österreichischen Emigranten aus Furcht vor getarnten Spionen und Saboteuren als „feindliche Ausländer" zu internieren – „auch uns Refugees", erzählt Stark, der dann und wann englische Begriffe einfließen lässt. So kam er für ein halbes Jahr auf die Isle of Man. „Da habe ich Glück gehabt. Da waren auch deutsche Seeleute interniert, die vorher auf Schiffen waren. Die haben Fußball gespielt,

ich habe mitgespielt. Die haben nicht erkannt, dass ich Jude bin. Sie haben die Türen geschlossen und gesagt: ‚Du bleibst bei uns, du bist jetzt ein Schiffsjunge.' – Da habe ich gesagt: ‚Nein, euren Scheiß-Hitler brauch ich nicht! Ich bleibe da.'"

Als Flüchtlinge gesucht wurden, die nach Kanada und Australien gehen sollten, hat Stark bei seinem Alter geschwindelt, damit er nicht mitgenommen wird. „Ich habe gesagt, ich bin 15 Jahre. Denn ich habe mir gedacht, die fahren wer weiß wo hin. Ich war ein schwacher, süßer Jüngling, man hat mir sofort geglaubt."

Eines der Schiffe mit den Flüchtlingen ist dann torpediert worden und gesunken, erzählt er wieder mit ernster Miene. „Die Soldaten haben die Juden unten in den Schiffsbauch gegeben und die sind ersoffen wie die Ratten da drinnen. Da hab ich Glück gehabt, vielleicht wäre ich da auch dabei gewesen. Es ist alles Glückssache. Glückssache war auch, als ich vom Lager zurückkam, dass es geheißen hat, jetzt geht kein Schiff mehr nach Santo Domingo."

Der Diktator der Dominikanischen Republik, Rafael Trujillo, hatte 1938 angeboten, bis zu 100.000 Juden aufzunehmen. Tatsächlich kamen dann bis Ende 1941 nur knapp 800. Trujillo, der ein Rassist war und ethnische Säuberungen durchführte, hoffte, mithilfe der Emigranten aus Europa die Bevölkerung seines Landes „aufzuweißen".

Stark war dann doch ganz froh, dass es nichts geworden war mit seiner Reise in die Karibik, auch wenn er „Santo Domingo" noch immer wie einen Sehnsuchtsort ausspricht. „Als man mich damals gefragt hat, hab ich gesagt, warum nicht? Als 16-Jähriger sagt man zu fast allem Ja."

Nach seiner Entlassung am zweiten Weihnachtstag kam er zurück in die Bäckerei und schließlich nach London. Die Zusammenkünfte der Emigranten im Austrian Center wurden von Kommunisten als politische Veranstaltung genützt. Einige Lieder kann

Stark noch heute und stimmt in seiner Berliner Wohnung eines an mit der Textzeile: „Wir sind der Zukunft getreue Kämpfer, wir sind die Arbeiter von Wien."

Im Austrian Center traf er auch den Schriftsteller Erich Fried und Otto Tausig, der später in Österreich zu den großen Schauspielern gezählt wurde. Mit Tausig sei er nicht zurechtgekommen. „Naja, es war halt vielleicht ein bisschen Konkurrenz", meint er kokettierend.

Denn zu dieser Zeit hatte er schon erste Schauspielerfahrungen gesammelt. Bereits in Wien hatte er als Jugendlicher beim Stegreiftheater in der Ganglbauergasse in Wien Bühnenluft geschnuppert, da hat er einen Laufburschen dargestellt. Seine erste richtige Rolle hat er als Frau gespielt: Im Drama „Der Tor und der Tod" von Hugo von Hofmannsthal war er die Geliebte des Edelmanns Claudio. „Weil es im Internierungslager keine Frau gegeben hat, musste halt ich ran, ich war ja immerhin jung."

Ab 1942 spielte Stark regelmäßig im Londoner Exiltheater „Laterndl". „Da hab ich viel gelernt. Es gab einen Conférencier namens Berger, der hat die Witze nur so rausgehaut. Und Martin Miller war ein guter Regisseur und Schauspieler." Bekannt wurde der „Laterndl"-Gründer Miller vor allem wegen seiner Parodien auf Hitler. Auch Starks erste größere Rolle hatte mit Hitler zu tun. Es war eine Komödie mit dem Titel „Keine Orchideen für Mr. Hitler". Stark spielte einen Hitlerjungen. „Da kamen die Leute zu mir und haben gesagt: ‚So wie du das gespielt hast, das war echt.' Auch Miller hat gemeint, ihm sei das Grausen gekommen. Ich habe das aber so erlebt und es dann einfach nachgespielt."

Er selbst habe immer gewusst, dass er ein Jude sei. Sein Vater war religiös, weil er vom orthodoxen Großvater in Polen geprägt worden sei, die Mutter nicht so sehr. „Ein bewusster Jude bin ich erst geworden, als Hitler an die Macht kam. Aber mein Vater hat immer gesagt: ‚Ein Jud muss vorsichtig sein.' Das hat mein ganzes Leben gegolten."

Die damalige Haushaltshilfe, Frau Thaler, habe ihn jeden Tag mitgenommen zum Segen in die Heilig-Geist-Kirche in Wien. Der Pfarrer habe ihm eine Oblate gegeben, die er auch gegessen habe. Als ihm der Vater gesagt habe, das könne er doch nicht machen als Jud, „da habe ich zu ihm gesagt, aber es ist doch so schön dort! Wie im Theater, eine Inszenierung, so schön!" Durchs Theater hat er in London rasch viele Freunde gehabt. „Als der Krieg aus war, haben wir den König hochleben lassen, er hat vom Balkon herunter gewunken und so und so gemacht." Stark winkt mit huldvoller Miene.

Er kehrte 1945 nach Wien zurück. „Ein Onkel ist übrig geblieben, da bin ich untergekommen und habe dann dort ein Jahr gewohnt." Seine Eltern hat er in den Lagern für Displaced Persons gesucht und in dieser Zeit für die Amerikaner gearbeitet. „Wir durften Zensur betreiben. Sie haben dafür Flüchtlinge genommen. Wir mussten die Post genau anschauen: Ist dieser Brief von einem Nazi? Dann wurde er genauer kontrolliert. Da hab ich auch ein bisschen was verdient."

Aber an seinem Berufswunsch Schauspieler hielt er fest. In Wien hat er dann 1948 seine Schauspielprüfung im Theater an der Wien absolviert und im „Theater der 49" gespielt. Weil Stark in Wien aber kein fixes Engagement bekommen hat, nahm er das Angebot an, in die damals noch junge DDR nach Dresden zum Staatsschauspiel zu gehen. „Mein Onkel hat gemeint, in Dresden sind auch Nazis. Ich habe ihm gesagt: ‚Natürlich sind dort auch Nazis, aber die kennst du nicht. In Wien kennst du sie!'"

In Dresden wechselte er dann endgültig zum Kabarett und gründete 1955 die „Herkuleskeule". Zum Ensemble gehörte auch seine Frau Ilse Maybrid. 1959 ging er nach Berlin, landete rasch im legendären Kabarett „Die Distel" und blieb dort bis zur Wende 1990, ab 1975 war er auch der Direktor.

In Berlin wurde er gefeiert als der charmante Wiener, er konnte aber auch wunderbar Sächsisch

sprechen. Den inzwischen historischen Satz des damaligen SED-Chefs Walter Ulbricht: „Niemand hat die Absicht, eine Mauer zu errichten", kann er auch heute noch mit dessen Sprachfärbung intonieren und macht gleich eine Anspielung auf gegenwärtige Bauprobleme in Berlin daraus: „Niemand hat die Absicht, einen Flughafen zu bauen."

Er selbst trat 1952 in der DDR auch in die Sozialistische Einheitspartei Deutschlands, die SED, ein: „Ich hab mir gedacht, naja, ich bin ein Antifaschist, das ist dann schon richtig, denn da drüben waren Nazis. Obwohl bei uns auch Nazis waren."

Er sei von der SED unterstützt worden, auch bei seiner Arbeit im Kabarett „Die Distel". „Die haben immer gesagt, der ist vorsichtig. Andere wollten haben, dass wir da mehr draufhauen." Ob da wieder der vorsichtige Jude zum Vorschein gekommen sei? „Das haben die nicht gewusst, das hab nur ich gewusst." Im Kabarett habe man auch Minister angreifen dürfen, aber nicht die Armee, die Partei oder die DDR. „Aber wir konnten schon allerhand machen. Wir haben die Denk- und Verhaltensweisen von Menschen aufgezeigt."

Stark, der genaue Menschenbeobachter, macht sich viele Gedanken darüber, was in der Gegenwart rund um ihn geschieht. Und da wird er ganz ernst: „Dass die Menschen noch immer so antisemitisch denken! In Österreich ist es schlimmer, in Deutschland versucht man nicht die Schuld, die große Schuld, die man hat, abzuladen. Das finde ich sehr gut. Deutschland tritt für Israel ein, die Politiker haben auch gesagt, dass sie Israel schützen wollen. Ich weiß nicht warum, es geht immer gegen Minderheiten. Wir sind doch alle Menschen! Ob Christ, ob Jud, ob Muslim oder Hindu. Wir haben alle einen Gott, nur hat er unterschiedliche Namen."

Stark gesteht, dass er auch über das Sterben nachdenkt. „Man hat ja Angst, keine Frage. Was ist danach? Dann sind wir tot. Manche denken, sie kommen ins Paradies. Manche denken, sie sehen ihre

Verwandten wieder. Manche sagen, der Messias wird kommen und sie erwecken. Jeder denkt anders und ich hab nichts dagegen, dass man so denkt." Was er selbst glaube? „Ich bin ein Lebewesen, das stirbt und nicht mehr wiederkommt. Ich finde, die christliche Kirche hat eine gute Bezeichnung dafür: ‚von Ewigkeit zu Ewigkeit, Amen!' Ewigkeit kann man nicht verstehen, wir können nicht wissen, woher wir kommen. Deshalb sollten wir so leben, dass wir uns und anderen eine Freude machen."

Von einem Augenblick zum anderen ist er wieder der Possenreißer und erzählt zum Abschied noch einen Witz: „Zum Lachen hat man sonst eh zu wenig." Und man fühlt sich an das Bekenntnis des Schriftstellers Heinrich Heine erinnert: „Bis auf den letzten Augenblick spielen wir Komödie mit uns selber."

„Das Sprichwort ‚Zeit heilt Wunden' gilt nicht für Auschwitz. Diese Wunde heilt nicht und wird eigentlich schlimmer, wenn man älter wird."

Eva Umlauf wurde 1942 im Arbeitslager Novaky in der heutigen Slowakei geboren. Der damals 2-Jährigen wurde im KZ Auschwitz eine Nummer in den Arm tätowiert. 1967 kam sie nach München, wo sie als Psychotherapeutin arbeitete.

Wäre Eva Umlauf ein paar Tage früher in Auschwitz angekommen, hätte man sie vergast. Gemeinsam mit ihrer Mutter traf die damals 2-Jährige am 3. November 1944 mit jenem Transport ein, der von Historikern in Auschwitz den Beinamen „der Glückliche" erhielt: Es war der Erste, bei denen Ankömmlinge nicht mehr in Gaskammern geschickt wurden. Noch am 28. Oktober 1944 marschierten von einem Transport aus Theresienstadt mit rund 2.000 Menschen 1.689 direkt in den Tod.

Wer als Kind in den KZ-Komplex Auschwitz-Birkenau kam, hatte ohnehin kaum eine Überlebenschance im größten Vernichtungslager der Deutschen. An der Rampe wurden fast nur Männer als arbeitsfähig selektiert; Kinder, Frauen, Alte und Kranke wurden an der Rampe nach links geschickt – in die Vernichtung.

Agnes und Eva Hecht wurden aber weitergeschoben. Zuerst war ihre Mutter dran: Das Kind auf dem rechten Arm, wurde auf ihren linken Unterarm die Nummer A-26958 tätowiert. Dann nahm der Mann den kleinen Arm der noch nicht einmal 2-Jährigen und stach zu: A-26959 gravierte er mit spitzer Nadel ein, während Eva in den Armen ihrer Mutter blau anlief und ohnmächtig wurde. Sie war eines der letzten Kinder in Auschwitz, das noch tätowiert wurde.

Diese Szene hat Eva Umlauf, wie sie seit ihrer Heirat heißt, von ihrer Mutter unzählige Male erzählt bekommen. Sie kam rasch wieder zu sich, die Nummer blieb, wuchs mit ihr und begleitet sie ihr Leben lang. Diese Tätowierung entfernen zu lassen, was manche Auschwitz-Überlebende tun, ist ihr nie in den Sinn gekommen: „Ich will das nicht, ich kenne mich nur mit dieser Nummer. Das gehört zu meiner Identität. Man kann die Nummer nicht auslöschen. Auch wenn man sie äußerlich auslöscht, ist sie trotzdem da."

Die blassblauen Ziffern stehen für das, was damals geschah und an das sie selbst keine eigene Erinnerung hat. „Ein Wunder, dass ihr überlebt habt!" Diese Worte hörte sie als Kind häufiger nach ihrer Rückkehr

nach Trencin. „Ich habe das damals gar nicht richtig verstanden, dass man sich darüber wundern kann, zu leben." Heute weiß Eva Umlauf, „es waren mehrere Umstände, Zufälle, Glück und Wunder", dass sie überlebt hat. Sie war damals so krank, dass Anfang 1945 die Ärzte in Auschwitz ihrer Mutter Agnes den Rat gaben: „Vergessen Sie das Kind, es wird nicht überleben."

Sie mussten nach der Befreiung des KZs am 27. Januar 1945 sogar mehrere Monate länger im Lager bleiben, weil das Kind und die Mutter schlicht nicht reisefähig waren. Ihre Mutter hat dann auch in Auschwitz im April ihr zweites Kind auf die Welt gebracht, Nora.

Sie selbst kam als Eva Hecht am 19. Dezember 1942 in einem Arbeitslager für Juden in Novaky zur Welt. Dorthin waren ihre Eltern Agnes und Imrich Hecht, genannt Agi und Imro, im Oktober 1942 deportiert worden. Neben Sered und Vyhne war Novaky eines von drei Arbeitslagern in der heutigen Slowakei, rund zwei Autostunden von Bratislava entfernt. Es war auch ein Durchgangs- und Sammellager für Deportationen nach Auschwitz.

1942 wurden die Deportationen aus der Slowakei vorläufig eingestellt, was die Historiker „Ruhepause" nannten. 2 Jahre lang gab es in Novaky ein Leben hinter Stacheldraht, das der Familie Hecht offenbar auch einige unbeschwerte Momente ermöglichte. Davon zeugen vier Fotos, die Eva Hecht bei ihrer Ausreise nach Deutschland 1967 mitgenommen hat. „Wie die Fotos nach dem Krieg zu meiner Mutter gekommen sind, ist rätselhaft. Ich habe heimlich die Fotoalben aus dem Schrank meiner Mutter mitgenommen. Ich habe sie geklaut und dadurch gerettet. Denn als später die Russen den Prager Frühling niedergeschlagen haben und meine Mutter mit nur einem Koffer nach Deutschland geflohen ist, hätte sie die Fotos bestimmt nicht mitgenommen."

Auf einer der Aufnahmen aus der Zeit um 1943/44 ist ihre Mutter zu sehen, die frontal in die Kamera schaut: eine strahlende, junge Frau, die sich zu ihrem

Kind beugt. Beide haben Winterkleidung an und stehen in einer tief verschneiten Schneelandschaft. Wäre nicht der meterhohe Zaun mit Stacheldraht hinter ihnen, könnte es ein Foto aus dem Winterurlaub sein. Ein anderes Bild zeigt die lachende Mutter im Badeanzug mit dem Kind in kurzer Hose und einer Schleife im Haar.

Die Fotos sind auch mehr als 75 Jahre nach der Aufnahme noch von bester Qualität. Im Arbeitslager gab es eine Fotowerkstatt, die Szenen aus dem Lagerleben dokumentierte und in der Öffentlichkeit ein positives Bild vermitteln sollte, auch wenn sich die Insassen in Todesgefahr befanden. Der Fotograf unterhielt später ein kleines Fotolabor in Trencin und fotografierte die Mutter und ihre Töchter noch öfters.

Von Auschwitz ist ihre Mutter ins rund 220 Kilometer entfernte Trencin erst Mitte Juni 1945 aufgebrochen. Sie schlug sich zu Fuß und per Autostopp durch – mit drei Kindern. Neben Eva und der im KZ geborenen und damals sechs Wochen alten Schwester Nora nahm sie noch einen 6-jährigen Jungen mit, Tommy. Er ist am gleichen Tag wie die Familie Hecht in Auschwitz angekommen. Sein Vater starb kurz nach der Befreiung des Lagers an Typhus. Er stammte aus einem Ort in der Nähe von Trencin, sein Onkel und seine Tante holten ihn im Juli ab. Erst Jahrzehnte später hat ihn Eva Umlauf gefunden. „Er lebt in den USA und ist 81 Jahre alt."

In Trencin wurde ihnen eine Ein-Zimmer-Wohnung zugeteilt. In dieser Stadt in der Westslowakei mit damals rund 20.000 Einwohnern lebten damals nur fünf, sechs jüdische Familien. „Man wusste, dass wir jüdisch waren." Aber man blieb auch lieber unter sich: „Meine Mutter ist nur zu jüdischen Ärzten gegangen, sie hatte gar kein Vertrauen zu jemand anderem." Außerdem sei ihre Situation schwierig gewesen, denn die alleinstehende Mutter hatte auch keine Berufsausbildung.

Ihre Schwester und sie hätten aber keine Fragen gestellt. „Wir wussten, dass unsere Verwandten umge-

bracht worden sind. Aber wo, warum und wieso, das haben wir nicht gefragt. Wir haben gespürt, dass das die Mama traurig macht. Ein sensibles Kind spürt das."

Sie habe alle ihre Freundinnen und Mitschülerinnen darum beneidet, dass sie in den Ferien zu Cousinen oder den Großeltern fahren konnten. „Wir sind zu Hause geblieben und haben auf dem Hof gespielt."

70 Jahre lang hatte sie eine falsche Vorstellung davon, wie ihr Vater umkam. „Uns wurde erzählt, er ist bei einem Todesmarsch umgefallen und wurde erschossen." Wegen der vorrückenden Truppen der Russen wurden Zehntausende in andere Lager im Deutschen Reich geschickt. Durch Dokumente in Yad Vashem erfuhr Eva Umlauf, dass ihr Vater noch im Konzentrationslager Mauthausen im heutigen Österreich angekommen war. Später wurde er ins Außenlager Melk geschickt. Dort mussten Häftlinge unter unmenschlichen Bedingungen in den Stollen Quarzgestein aus dem Berg brechen.

Als Todestag wird der 20. März 1945 angegeben. Ob die offiziell angegebene Todesursache, eine Sepsis durch Phlegmone, der Wahrheit entspricht oder ob er an den Folgen der Zwangsarbeit, des Hungers oder durch die in Melk häufig eingesetzte „Todesspritze" starb, hat seine Tochter nie erfahren.

Eva Umlauf hat sich erst spät auf die Spurensuche gemacht. Zwar habe sie schon früher einzelne bewusste Erinnerungen, die erst ab dem vierten Lebensjahr auftauchen und nur einschneidende Sachen betreffen, aufgeschrieben. Das ist dann aber wieder in der Schublade verschwunden. „Wenn man drei Kinder und eine Praxis hat, dann möchte man schreiben, macht es aber doch nicht." Ein Infarkt 2014 war dann aber „ein Schuss ins Herz. Ich wusste, das ist eine ernste Geschichte. Wenn du es jetzt nicht machst, dann macht man es nicht mehr". Gemeinsam mit der Journalistin Stefanie Oswalt begann sie zu recherchieren und in Archiven zu graben: In Auschwitz, in Yad Vashem, in der Slowakei und beim Suchdienst des Roten Kreuzes in Bad Arolsen.

So erfuhr sie erstmals von den Umständen des Todes ihres Vaters.

Auch wenn sie an die Zeit im Arbeitslager Novaky und im KZ Auschwitz keine bewussten Erinnerungen hat, es hat ihr Leben und ihre Berufswahl geprägt. Dass sie Kinderärztin wurde, habe sicher damit zu tun, dass sie als Kind im Lager und auch später so oft krank gewesen sei. Die Mutter sei stets sehr besorgt gewesen. „Das versteht man erst später besser: wir waren das Einzige, was ihr geblieben ist." Später hat Eva Umlauf noch eine zweite Ausbildung als Fachärztin für Psychotherapie gemacht, zuerst für Kinder, dann auch für Erwachsene.

Ist es wichtig, nach den Wurzeln zu suchen? Eva Umlauf antwortet sofort: „Ich finde das wichtig. Ich bin Analytikerin. Wir gehen an die Ursachen und schauen nicht nur die Symptome an. Es ist wichtig, so weit wie möglich weiter zu gehen. Was nicht einfach war."

Ob sie ein Trauma aus ihrer Kindheit habe? „Ich bin ganz sicher, dass wir ein großes Trauma mitgeschleppt haben. Auch meine Schwester. Das ist eine Gefühlserbschaft. Das ist in der Luft und man vererbt das, was sich da unbewusst festgesetzt hat. In der Seele und im Körper." Die Nachkommen übernehmen vieles. „Es wird von einer Generation an die andere weitergegeben, wenn man nichts unternimmt." Ob so ein Trauma nie vorüber gehe? „Das bleibt, das stimmt. Aber ich bin ganz sicher, dass man das Trauma integriert. Wir können das nicht ungeschehen machen. Wir können diese Menge von Toten, mit denen wir leben, nicht ausradieren." Eva Umlauf spricht als Ärztin und gleichzeitig als Betroffene: „Der Sinn der Psychotherapie ist, dass man lernt, damit zu leben. Das Leben geht weiter. Es darf sich nicht verkapseln in einem wie ein Abszess. Das muss man aufmachen und den Eiter abfließen lassen, indem man darüber redet."

Aber ihre Mutter habe doch nur selten darüber sprechen wollen? „Meine Mutter ist auch sehr krank und depressiv geworden am Ende ihres Lebens." Eva Umlauf bestätigt auch die durch Statistiken abgesicherte Annahme, dass bei vielen Überlebenden der Shoah am Ende des Lebens wieder vieles hochkommt. „Da hat man mehr Zeit nachzudenken. Es ist auch so, dass die Abwehrkräfte, auch die der Seele, schwächer werden. Die natürliche Abwehr bröckelt, wie alles im Alter: die körperliche und die seelische."

Ihre Mutter habe die ersten depressiven Schübe mit ihrer Pensionierung bekommen, als sie ihren Beruf als Lehrerin in einer jüdischen Schule in München aufgegeben hat. Die Aufgabe im Beruf sei weg gewesen, die Kinder waren versorgt. „Sie hatte mehr Zeit zum Nachdenken, dann kommt bei vielen wieder vieles hoch. Das Sprichwort ‚Zeit heilt Wunden' gilt nicht für Auschwitz. Diese Wunde heilt nicht und wird eigentlich schlimmer, wenn man älter wird."

Im Alter habe ihre Mutter etwas häufiger Bezüge zur Vergangenheit hergestellt, erzählt Eva Umlauf. Als sie einmal Knieschmerzen hatte, sei es aus ihr herausgebrochen: „Wenn du während des Appells in Auschwitz stundenlang im Schnee hättest stehen müssen, dann würdest du auch Knieschmerzen haben.' Da hat sie die Ursache klar benannt, obwohl sie früher nie darüber gesprochen hat."

Bei der Besichtigung eines Altersheims habe sie sofort gesagt: „‚Nein, da bleibe ich nicht. Meinst du, ich werde unter diesen Mördern leben?' Sie hat jahrelang nichts gesagt. Als sie alt wurde, kamen diese Tröpfchen Wahrheit, die in ihr drinnen waren, zum Vorschein."

Nach Deutschland sei ihre Mutter deshalb gegangen, weil ihre Tochter hier gelebt hat. Ihre Muttersprache sei außerdem Deutsch gewesen. Aber ihr Umfeld ist in Deutschland stets jüdisch gewesen: „Die ganzen Kontakte hier hatte sie fast nur mit Juden." Auch sie selbst, so erzählt Eva Umlauf, habe nach ihrer Übersiedlung nach Deutschland nur jüdische Freunde gehabt und sei zu jüdischen Ärzten gegangen. „Man hat versucht, sich in diesem Land

Eva Umlauf mit ihrer Mutter im Winter 1943/44 im Arbeitslager Novaky.

zusammenzugruppieren. Man hat schon beruflich Kontakt gehabt zu anderen, aber alles andere hat man unter sich ausgemacht."

Ob dieser jüdische Kosmos ein Schutzmechanismus oder ein Abwehrreflex sei? „Das hat mit der Vergangenheit zu tun. Weil man natürlich ein schlechtes Gewissen hatte, dass man in Deutschland lebt. Das würden ihnen nicht alle Leute so offen sagen."

Ob das jetzt auch noch der Fall sei?
„Ja."
Jetzt wieder?
„Jetzt wieder."

Viele polnische Juden hätten zwar hier gearbeitet und gelebt, aber ihre Kinder nach Israel oder London geschickt, damit sie keine Deutschen heiraten. Ihre Söhne leben in Augsburg, München und in den USA. Für sie selbst war eine Auswanderung nach Israel nie eine Option. „Darüber gab es keine Diskussion. Man wusste, dass Israel existiert. Man ist aber nicht dahin gegangen: wegen der Hitze, wegen der Sprache, weil es dort schwierig ist. Wir kommen als Touristen nach Israel."

Erstaunt sei sie aber immer wieder, wie man in Deutschland mit der Nazi-Vergangenheit umgehe. Dass deutsche Politiker nicht regelmäßig nach Auschwitz fahren, ärgert Eva Umlauf. Es dauerte auch bis zum Jahr 1995, dass mit Edmund Stoiber der erste bayerische Ministerpräsident bei einer offiziellen Gedenkfeier in der KZ-Gedenkstätte Dachau eine Ansprache hielt.

Sie selbst „verspürt heute die Verpflichtung, Zeugnis abzulegen". Das tat sie mit einer Rede 2011 bei einer Gedenkfeier in Auschwitz, bei Veranstaltungen und in Schulen. Eva Umlauf will damit auch dazu beitragen, „Unwissenheit abzubauen". Sie schildert, wie sie regelmäßig beim Arzt bei der Blutabnahme auf ihre in Auschwitz eintätowierte Nummer angesprochen wird. „Die jungen Krankenschwestern wissen gar nicht, was das ist. Mich hat jemand gefragt: ‚Was

haben sie sich da hingeschmiert?' Hingeschmiert! Das kann man gar nicht glauben."

Das A und die Ziffern sind deutlich auf ihrem Unterarm erkennbar. Jan Karsai, ein Freund aus Trencin, der inzwischen in Kanada lebt, hat ihr ein Gedicht gewidmet, das den Titel „das zeugnis" trägt. Der zweite Teil lautet:

„die nummer an deinem unterarm
ist blau wie deine augen
wie der stumme himmel über novaky
dein bauch war geschwollen
wie ein ballon
als sie dich fanden im fernen auschwitz
niemand konnte glauben
dass du leben würdest
dass du zurückkehren würdest
um zeugnis abzulegen
für dein zerbrochenes heim."

Die ersten Zeilen „Die Nummer auf deinem Unterarm ist blau wie deine Augen" sind der Titel ihrer mit Stefanie Oswalt verfassten Erinnerungen, die 2016 als Buch bei Hoffmann und Campe erschienen.

Die Ziffern auf ihrem Arm, die als Symbol für ihre Lebensgeschichte und Prägung stehen, zeigt sie zwar Schülerinnen und Schülern bei ihren Auftritten, wenn diese danach fragen. Aber fotografieren will sie ihre Tätowierung nicht lassen, denn: „Ich will mich nicht als Opfer darstellen."

„Man kann diese Sachen nicht im Kopf behalten. Das geht nicht. Noch heute träume ich davon. Gute Sachen behält man, aber schlechte Sachen, 5 Jahre im KZ zu verbringen, das ist nicht so einfach.“

Malwina Braun wurde 1928 in Krakau geboren. Sie überlebte die Konzentrationslager Plaszow und Auschwitz. Wie viele Überlebende redet sie nur, wenn überhaupt, in Bruchstücken über ihre Erfahrungen. Sie lebt mit ihrer Familie in Berlin.

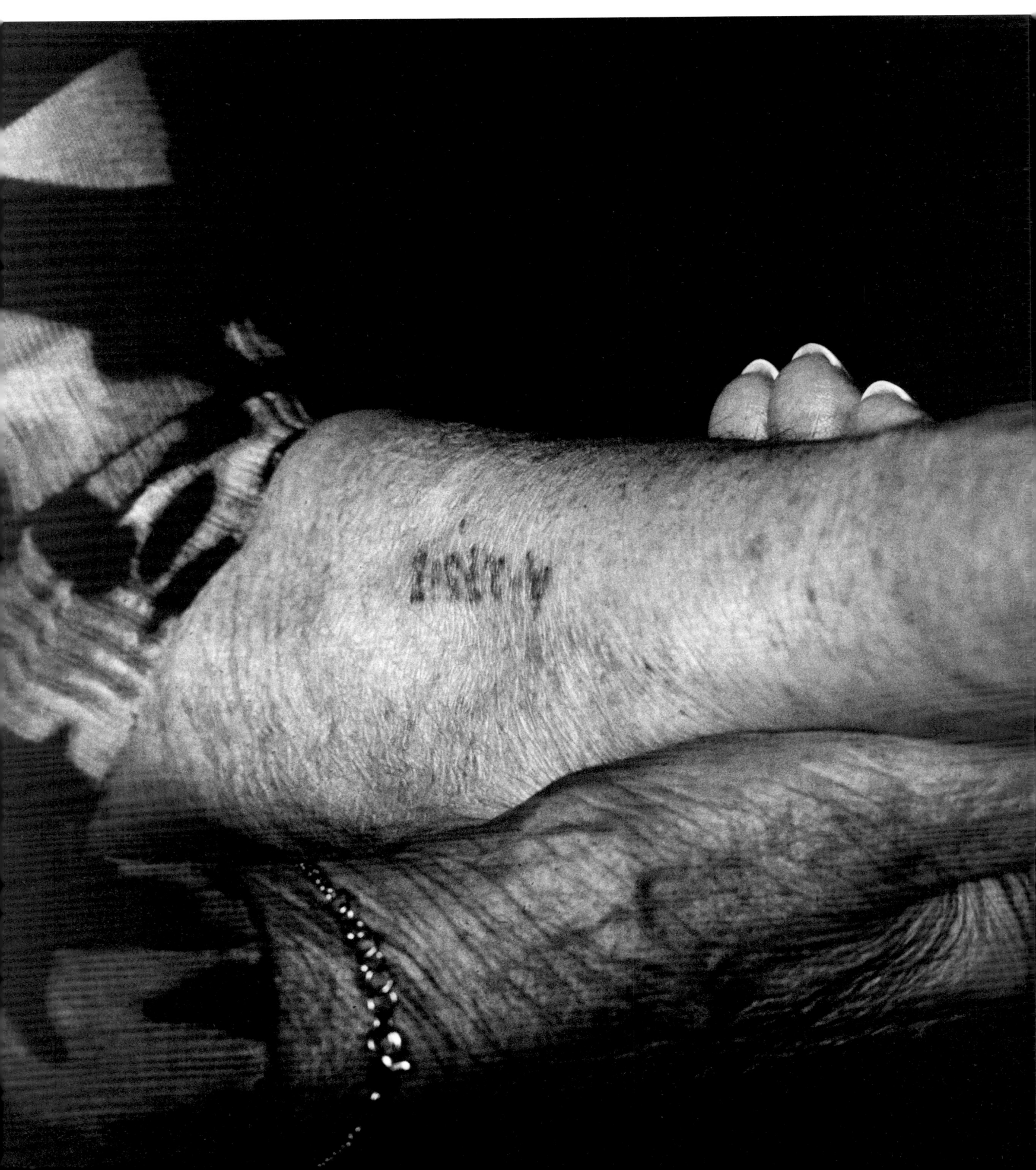

„Als die Deutschen im September 1939 in Polen einmarschiert sind, hat mein Vater zu den älteren Geschwistern gesagt: ‚Geht, es ist Krieg. Jeder soll sein Leben retten. Geht, sucht eure Zukunft.'"

„Meine Eltern flüchteten mit uns jüngeren Kindern an die Peripherie Krakaus, nach Rakowice. Dort haben wir in einer Wohnung gelebt. Das war nur für eine kurze Zeit. Dann mussten wir ins Ghetto. 2 Jahre lebten wir im Ghetto. Drei Familien waren in einer Wohnung. Dann wurde das Ghetto geräumt."

„Wo mein Vater, meine Mutter und meine Schwester Lea ermordet wurden, weiß ich nicht."

„Als wir im KZ Auschwitz ankamen, mussten wir in einer Reihe gehen. Dann wurde sortiert, einer links, einer rechts. Eine Seite bedeutete zum Ofen, eine Seite zum Leben. Mich hat man zum Ofen geschickt. Da hat meine Schwester Perla gebettelt: ‚Bitte, wir sind drei Schwestern!' Da hat man mich durchgelassen. Daran kann ich mich erinnern. Solche schlimmen Sachen. Ja, Perla hat mir das Leben gerettet. Wir haben ungefähr ein halbes Jahr in Auschwitz verbracht."

„Ich war 5 Jahre im KZ, immer woanders. Aber Plaszow war das schlimmste Lager. Die Menschen wurden gehängt, wir mussten daran vorbeigehen und gucken."

„Man hat uns geschleppt wie Vieh, darum will ich das nicht erzählen."

„Wir haben in einer Uniformfabrik gearbeitet. Dort sind wir auch dem Schindler begegnet. Er war ein sehr, sehr netter Mann. Er hat aus dem Lager 1.200 Leute rausgeholt, die für ihn gearbeitet haben und die er beschützt hat. In dem Film „Schindlers Liste" hat ein Ehepaar geheiratet. Das war mein Cousin."

„Am 6. Mai 1945 wurden wir befreit. Wir waren am Morgen noch auf dem Appellplatz, dann waren keine Deutschen mehr da. Und dann sind die Russen auf Pferden gekommen, die wussten, da ist ein Lager. Sie haben gesagt: ‚Ihr seid jetzt frei, macht, was ihr wollt. Geht, wohin ihr wollt. Nehmt euch von den Deutschen alles.' Im ersten Moment verstanden wir das kaum. Wir wussten nicht, ob es wahr ist, dass wir befreit wurden."

„Meine Schwestern Perla, Sonia und ich hatten zusammen überlebt. Das war eine böse, schreckliche Zeit, und ich bete zu Gott, dass das nie wieder kommt."

„Ich habe viel mitgemacht, viel Böses, und da kann man diese Sachen nicht im Kopf behalten. Das geht nicht. Noch heute träume ich davon. Gute Sachen behält man, aber schlechte Sachen, 5 Jahre im KZ zu verbringen, das ist nicht so einfach."

„Zweimal war ich in Yad Vashem. Ich gehe nie wieder hin. Sollen die anderen gehen. Das war schrecklich, das ist so schlimm dort."

„Ich erzähle nicht gern. Es war eine bittere Zeit. Ich habe durch Zufall überlebt, und das ist es.“

Malwina Braun mit ihren
Urenkeln (von links nach rechts):
Ariella, Levi und Golda.

Impressum

Bibliografische Information der Deutschen Nationalbibliothek: Die Deutsche Nationalbibliothek
verzeichnet diese Publikation in der Deutschen
Nationalbibliografie; detaillierte bibliografische
Daten sind im Internet über http://dnb.d-nb.de
abrufbar.

Korrektorat

Jörg Eipper-Kaiser, Graz

Gestaltung

Anzinger und Rasp, München
Miriam Bröckel

Coverabbildung

Marko Feingold

Scans und Bildbearbeitung

Jens Rosendahl, Berlin

Druck und Bindung

Hubert & Co. BuchPartner, Göttingen
Gedruckt auf chlor- und säurefreiem Papier
Printed in the EU

Vandenhoeck & Ruprecht Verlage
www.vandenhoeck-ruprecht-verlage.com
ISBN 978-3-205-23226-1

Böhlau Verlag
Wien Köln Weimar